京师职教
JingShi Vocational Education

职业教育旅游大类
系　列　教　材

LÜXINGSHE JINGYING
YU GUANLI

旅行社经营与管理

主　编：房忠伟　王泓砚　麻广波
副主编：王丽敏　敖　登　张艳华
参　编：于小龙　李文娜　高萍萍
宝音图　崔　勇　徐礼娟

北京师范大学出版集团
BEIJING NORMAL UNIVERSITY PUBLISHING GROUP
北京师范大学出版社

图书在版编目(CIP)数据

旅行社经营与管理 / 房忠伟，王泓砚，麻广波主编．—北京：北京师范大学出版社，2021.11(2024.7 重印)
ISBN 978-7-303-26739-2

Ⅰ．①旅… Ⅱ．①房… ②王… ③麻… Ⅲ．①旅行社—企业经营管理—高等职业教育—教材 Ⅳ．①F590.654

中国版本图书馆 CIP 数据核字(2021)第 011816 号

教 材 意 见 反 馈 **gaozhifk@bnupg.com 010-58805079**
营 销 中 心 电 话 010-58802755 58800035
编 辑 部 电 话 010-58808077

LÜXINGSHE JINGYING YU GUANLI
出版发行：北京师范大学出版社 www.bnupg.com
北京市西城区新街口外大街 12-3 号
邮政编码：100088
印 刷：北京天泽润科贸有限公司
经 销：全国新华书店
开 本：889 mm×1194 mm 1/16
印 张：18.5
字 数：350 千字
版 次：2021 年 11 月第 1 版
印 次：2024 年 7 月第 2 次印刷
定 价：49.80 元

策划编辑：易 新 责任编辑：易 新 钱君陶
美术编辑：焦 丽 装帧设计：焦 丽
责任校对：段立超 王志远 责任印制：马 洁 赵 龙

前　言

我国人民生活水平在不断提高，旅游渐渐成为人们日常生活中的必需品、消费的时尚，作为朝阳产业的旅游业已经成为新的国民经济增长点。各省提出了“旅游强省，旅游建省”的发展战略，纷纷把旅游业作为优先发展的行业。中国出入境旅游人数增长速度之快高居世界前列。作为旅游业三大支柱之一的旅行社业将发挥重要作用。旅游强国需要旅游人才。目前，国际、国内旅行社业竞争加剧，电商平台普及，游客需求多元化，而我国旅行社从业人员整体素质较低，缺乏高素质经营管理人才，现代旅行社的发展面临着严峻的挑战。因此，开展专业化培训、提高旅游专业学生的实践能力、提高旅行社从业人员的素质、增强旅行社的综合竞争力，是发展的当务之急。旅行社经营是一门以众多学科为基础、专门研究旅行社经营管理活动及其规律的应用型管理课程。学生通过此课程的学习能够掌握旅行社行业经营管理的基本理论、旅行社企业的具体运作程序和旅行社企业的管理方式；同时，能够具备导游、计调、销售、财务管理、人力资源开发等旅行社主要岗位要求的工作能力及素质，能够胜任旅行社各级管理工作。

教材在编写修订的过程中坚持以习近平新时代中国特色社会主义思想为指导，全面贯彻党的二十大精神，把推动现代职业教育高质量发展摆在突出位置，坚持服务经济社会发展和学生全面发展，体现鲜明的时代特征、问题导向和创新意识，密切跟踪国内外学术发展和学科建设前沿动态，聚焦行业发展的全局性、战略性和前瞻性的重大现实问题，以深化产教融合为重点，以提升职业学生关键能力为基础，切实提高职业教育质量、适应性和吸引力，严格践行“凝聚人心、完善人格、开发人力、培育人才、造福人民”的教育工作目标，严格践行“为培养德智体美劳全面发展的社会主义建设者和接班人”的教育工作使命，用心打造培根铸魂、启智增慧的精品教材和体现习近平新时代中国特色社会主义先进思想的教材，为培养更多高素质技术技能人才、能工巧匠、大国工匠，为加快建设教育强国、科技强国、人才强国奠定基础。与同类教材相比，本书在采用“任务驱动”“项目任务教学”方法的同时，还综合 应用教学效果较好的案例教学法，真正体现“工学结合”“融做、学、教为一体”“以学生为主体”的高等职业教育理念。本书主要具有以下几个鲜明的特点。

1. 尊重学生职业能力培养规律

本书基于学生职业能力的培养规律，以旅行社工作流程和岗位能力为方向，通过模块化教学的手段，以完成项目的任务方式进行教学，全面训练学生的实践操作能力，培养学生独立分析问题、解决实际问题的能力，实现理论与实践融合的教学目标。

2. 以“知识够用，技能过硬”为指导思想

本书选取符合旅行社岗位需求的核心知识和技能作为教学内容，针对职业院校学生动手能力强的特点选取教学内容。

3.“任务驱动”的模块化教学模式

本书结合旅行社每一个岗位和每一项工作设计了清晰的工作流程，将其中的每一个工作过程通过典型任务来描述，并将其转化为课程项目编入教材。

4. 以实训任务为导向组织教学环节

本书注重实用技能的培养，以教学为需要组织教材编排，以实训任务贯穿始终，设置有理论引导、任务实施、课后小测试等环节。编者都具有丰富的课堂教学经验和行业实践经验，在充分考虑技能训练和课程组织等因素的基础上，全面训练学生的岗位技能。

5. 校企合作共同开发教材

本书是内蒙古高职院校的校企合作开发立项教材项目的成果，在立项过程中，分别得到了内蒙古中国国际旅行社、内蒙古研知行旅行社、内蒙古中雅国际旅行社、内蒙古盛祥国际旅行社、内蒙古盈科美辰国际旅行社、内蒙古华联旅行社、内蒙古金旅假日国际旅行社、内蒙古众信国际旅行社校企合作单位的支持，为教材编写提供相关材料，并协助进行审稿。

本书可作为高职高专旅游管理类专业《旅行社经营与管理》课程的教材，也可作为职大、夜大和中职旅游类专业的教材，还可作为旅行社企业人员的培训和工作参考用书。在编写过程中，我们参考了大量专家学者的专著、教材，在此向他们表示衷心的感谢！本书若有不足之处，敬请读者批评指正。

目录

模块一　旅行社基本理论知识

模块二　旅行社业务运作

模块三 旅行社内部运营管理

模块一　旅行社基本理论知识

项目一　旅行社基本知识

【项目描述】

通过学习旅行社基本知识，了解旅行社的性质和行业特点，掌握旅行社的分类及从事的业务范围。

>> 任务一　旅行社的概念、职能及行业特点 <<

【任务描述】

学习旅行社的概念，熟悉旅游行业的特点。

【任务目标】

知识目标：了解旅行社的定义、特点及组织形式。

技能目标：能够自主延伸学习，查询相关资料。

素质目标：具备耐心和坚持的品质。

【理论引导】

一、旅行社的概念与职能

(一)旅行社的定义

国务院出台的《旅行社条例》(2017 修订)规定："旅行社是指从事招徕、组织、接待旅游者等活动，为旅游者提供相关旅游服务，开展国内旅游业务、入境旅游业务或者出境旅游业务的企业法人。"

(二)旅行社的职能

旅行社的基本职能是满足旅游者在旅行和游览中的各种需要，设法协调交通、餐饮、景点、娱乐、购物等部门并将旅游服务产品销售给旅行者。因此，旅行社是以营利为目的并为旅游者提供有偿服务的企业。

二、行业特点

(一)服务的直接性

旅行社向旅游者提供服务的过程就是旅游者消费的过程，旅行社工作人员需要直接面对旅行者向其提供相关服务。

(二)业务的时效性

1. 季节性

旅游产品很多都有季节性，旅行社需要把握市场机会，充分利用旺季市场，弥补淡季可能出现的萧条业绩。

2. 流水线式服务

旅行社工作人员为旅游者提供一体化流水线式的服务过程，工作内容环环相扣，一环出错或失误，会影响整个服务流程。

(三)工作繁杂性

旅游涉及衣、食、住、行、游、购、娱等环节，需要从游客性别、年龄、民族、信仰、饮食、社会地位、受教育程度等多方面去考虑进行旅游服务安排，这就决定了旅行社工作的繁杂性。

(四)知识广博性

旅游业对从业者的知识量要求很高。除了提供咨询服务、了解不同顾客需求，从业者还要向旅游者传播文化，因此必须具备广博的知识，才能满足旅游者的求知欲。

(五)联系广泛性

旅游业要满足旅游者多方面不同层次的要求，就需要和其他各个行业发生业务关系，需要与不同部门协商沟通，工作的联系范围很广。

(六)脆弱性强

旅游产品的特点是不可储存、不可转移，所以旅游业对供求关系的影响特别敏感。同时旅行也会受到政治、经济、生态等因素影响。

【任务实施】

调查本市旅行社经营现状

实训目的

了解影响旅游业发展的因素。

实训内容

通过问卷调查，分析本市旅行社经营状况。

实训步骤

第一步：以小组形式利用小程序设计调查问卷。

第二步：通过问卷回收的数据分析各旅行社的目标市场、营销手段、产品结构、发展模式等。

实训成果

调查报告。

【知识链接】

世界首家旅行社——托马斯·库克旅行社

1845 年，托马斯·库克(Thomas Cook)在英国的莱斯特成立了托马斯·库克旅行社，开创了近代旅游业的先河。库克还编制了第一本旅游指南——《利物浦之行指南》，并首次发行旅行支票，用于旅游餐饮、商店和旅游景点，该支票可在银行兑换。托马斯·库克旅行社的业务遍及全球。

2019 年英国当地时间 9 月 23 日凌晨，这家拥有百年历史的英国老牌旅行服务商在官网发布信息宣告破产。

【学而思】

了解从托马斯·库克旅行社的破产原因，分析有哪些影响旅游业发展的因素。

>> 任务二 旅行社分类及业务范围 <<

【任务描述】

掌握我国旅行社发展历史及不同时期的分类，熟悉不同旅行社的业务范围。

【任务目标】

知识目标：了解我国旅行社的发展历史，掌握旅行社的分类及不同旅行社的经营范围。

技能目标：具备分类、总结的学习能力。

素质目标：具备分析和协调能力；具备耐心和坚持的品质。

【理论引导】

一、我国旅行社的类型

我国旅行社按照业务范围可划分为不同类型，至今经历了三个发展阶段(见表 1-1)。

表 1-1 旅行社在不同发展阶段的类型

阶段	旅行社类型
1949 年—20 世纪 80 年代	中国国际旅行社（专门接待外国旅游者） 中国旅行社和中国华侨旅行社（国内旅行、探亲华侨，港澳台同胞、外籍华裔） 中国青年旅行社（外国青年旅游者和华侨等中的青年旅游探亲者）
20 世纪 80 年代—1996 年年底	一类旅行社（对外招徕旅游并接待外国人、华侨、港澳同胞回中国或内地的旅游业务） 二类旅行社（只经营一类社或其他涉外部门组织的外国人、华侨、港澳同胞回中国或内地的旅游业务） 三类旅行社（中国公民的国内旅游业务）
1997—2009 年	国际旅行社：出境旅游业务、入境旅游业务、国内旅游业务 国内旅行社：国内旅游业务（中国内地居民境内旅游）

2009 年 5 月 1 日开始，我国对旅行社的分类没有再做明确的规定，所有旅行社都可以经营入境接待业务。

二、旅行社的经营范围

（一）国际旅行社的经营范围

国际旅行社可以经营下列业务：

第一，招徕、组织、接待外国旅游者来我国旅游，香港特别行政区、澳门特别行政区旅游者来内地旅游，台湾地区居民来大陆旅游，以及招徕、组织、接待在中国内地的外国人，在内地的香港特别行政区、澳门特别行政区居民和在大陆的台湾地区居民在境内旅游的业务。为其代理交通、游览、住宿、饮食、购物、娱乐事务及提供导游、行李等相关服务，并接受旅游者委托，为旅游者代办入境手续；

第二，招徕我国旅游者在国内旅游，为其代理交通、游览、住宿、饮食、购物、娱乐事务及提供导游、行李等相关服务；

第三，经国家旅游局批准，组织中华人民共和国境内居民到外国和香港特别行政区、澳门特别行政区、台湾地区旅游，为其安排领队、委托接待及行李等相关服务，并接受旅游者委 托，为旅游者代办出境及签证手续；

第四，经国家旅游局批准，组织中华人民共和国境内居民到规定的与我国接壤国家的边境地区旅游，为其安排领队、委托接待及行李等相关服务，并接受旅游者委托，为旅游者代办出境及签证手续。

（二）国内旅行社的经营范围

1. 国内旅游业务

国内旅游业务是指招徕、组织和接待中国内地居民在境内旅游的业务，为其安排交通、游览、住宿、饮食、购物、娱乐事务及提供导游等相关服务。

2. 代购、代订交通客票、行李服务

为我国公民代购、代订国内交通客票并提供行李服务。

3. 其他业务

其他经文化和旅游部批准的与国内旅游业务有关的业务。

(三)外商旅行社的经营范围

经营范围仅限于入境旅游业务和国内旅游业务。不得经营或变相经营中国公民出国旅游业务及中国其他地区的人赴港、澳、台地区旅游的业务。

三类旅行社的经营内容如表1-2所示。

表1-2　三类旅行社的经营范围

旅行社种类	服务对象	经营范围
国际旅行社	外国旅游者、中国公民	入境旅游业务; 出境旅游业务; 国内旅游业务; 代办入境、出境及签证手续
国内旅行社	中国公民	国内旅游业务; 代购、代订交通客票、行李服务
外商旅行社	外国旅游者、中国公民	入境旅游业务和国内旅游业务

三、旅行社的业务范围

按照旅游业务的分工，旅行社的业务范围可以分为旅游经营业务、旅游批发业务、旅游零售业务、特殊旅游业务和旅游代理业务。

(一)旅游经营业务

旅游经营业务是指旅行社根据旅游资源和旅游设施提供切实可行的能够满足旅游者需求的项目、日程、价格的旅游线路并通过不同的渠道进行销售、推广。

(二)旅游批发业务

旅游批发业务是指旅行社本身不指定旅游线路，而是提供旅游组合业务，把获得的旅游路线通过零售网络或者旅游代理公司向社会发布宣传从而招徕旅游者。

(三)旅游零售业务

旅游零售业务是指旅行社直接为旅游者提供关于旅游目的地、线路、交通工具、餐饮住宿、观光等服务，并从中获利。

(四)特殊旅游业务

特殊旅游业务的内容不同于常规旅游线路，包括专门从事会议旅游、展览会、博览会等特殊类型的旅游业务，其特点是业务内容专业化。

(五)旅游代理业务

旅游代理业务是指旅行社代表客源国或者地区进行旅游销售业务。要代理旅游业务，需要有正式的代理合同，并规定双方的合作方式、代理期限、责任义务划分、利润划分等相关事宜。

按照操作流程，旅行社的业务可以划分为旅游产品开发设计、旅游服务采购业务、旅游产品销售业务、团体接待业务和散客接待业务。

【任务实施】

梳理旅行社种类及其经营活动

实训目的

以结构化的方式梳理旅行社种类及其经营活动。

实训内容

分小组制作教学课件。

实训步骤

第一步：各小组梳理知识脉络。第二步：绘制思维导图。

实训成果

思维导图。

【知识链接】

中国第一家旅行社

20世纪初，中国还没有近代旅游的概念，也不具备新式旅游的条件。1923年8月1日，第一家由中国人(陈光甫)创办的旅行社——上海商业储蓄银行旅行部(后改称为中国旅行社)宣告成立。陈先生是民国时期的著名银行家。

关于中国旅行社的诞生，据说还有一段小插曲。某年陈光甫到香港办事，后准备转赴昆明。当时，从香港到昆明既无火车，也无飞机，只能坐船到越南后再经滇越铁路前往，很不方便。某日中午，陈光甫见一外国旅行社有代买船票的业务，于是便进门打听。孰料进去十几分钟，却见柜台里的一名西籍男子只顾与另一女职员闲谈，而对陈光甫这位中国顾客完全视而不见，不理不睬。

受此冷遇，陈光甫十分气愤，然而，中国没有相应的旅行机构为国人提供方便，只得求助于洋人而遭受白眼。于是，陈光甫决心创办中国自己的旅行社，一方面为本国人服务，另一方面也要与外国人竞争，以挽回中国之利权。

陈光甫先生不但把旅行社设在银行之下，而且为旅行社制定了一套规范的管理制度和独到的宣传方法。他曾对旅行社工作人员说："吾人有必须注意者，吾人经营斯业，宗旨在辅助工商服务社会，平时待人接物宜谦恭有礼，持躬律己宜自强不息，务求旅客之欢心，博社会之好感，庶几无负创业初衷。"

此外，陈先生另一大创举就是在各大城市、各风景名胜区建立了很多平价招待所，以满足游客的基本食宿需求。1927 年，他还创办了《旅行杂志》，这是中国第一本旅行杂志。

【课后小测试】

一、填空题

1. 世界第一家旅行社是由________在________年创立的。

2. 我国的旅行社可以按照经营业务范围主要分为________和________。

3. 国际旅行社的经营范围包括________、________、________。

4. 外商控股或外商独资旅行社只能经营________和________。

5. 中国第一家旅行社是由________创立的。

二、选择题

1. 我国的出境旅游包括（　　）

A. 出国旅游　　B. 边境旅游　　C. 港澳旅游　　D. 国际旅游

2. 按照操作流程，旅行社的基本业务包括(　　)

A. 产品开发业务　B. 服务采购业务　C. 产品销售业务　D. 旅游经营业务

3. 国内旅行社的旅游业务包括(　　)

A. 为旅游者代办出境、入境和签证手续

B. 招徕和接待旅游者

C. 为旅游者提供导游服务

D. 为旅游者安排交通、游览、住宿、餐饮、娱乐等活动

4. 属于旅行社主要业务的有(　　)

A. 提供导游服务　B. 销售旅游产品　C. 办理旅行证件　D. 提供膳食服务

三、简答题

1. 简述旅行社的基本业务。

2. 旅游业的脆弱性主要体现在哪些方面？

项目二　旅行社设立准备阶段

【项目描述】

本项目旨在让学生了解旅行社的组织形式和设立条件。

>> 任务一　旅行社的组织形式<<

【任务描述】

了解旅行社不同的组织形式。

【任务目标】

知识目标：了解不同种类的现代企业制度。

技能目标：具备学习和分析知识的能力。

素质目标：具备团队协作精神和认真学习的态度。

【理论引导】

一、有限责任公司

有限责任公司是指不通过发行股票而由为数不多的股东集资组建的公司。有限责任公司由50个以下股东共同出资设立。有限责任公司的资本无须划分为等额的股份，也不发行股票。股东确定出资金额并交付资金后即由公司出具股权证明，作为股东在公司享有权益的凭证。

二、股份有限公司

股份有限公司是将全部资本划分为等额股份，并通过股票的形式在市场上自由交易的公司。公司可以通过发起设立和募集设立的方式进行组建。发起设立是指以发起人认购公司应发行的全部股份设立公司；募集设立是指由发起人认购公司应发行股票的一部分，然后通过向社会公开发行股票募集其余部分资金的方式设立公司。股份有限公司的资产归股东所有，股东可以是自然人，也可以是法人。

三、个人独资企业

个人独资企业是指依照法律在中国境内设立，由一个自然人投资，财产为投资人个人所有，投资人以其个人财产对企业债务承担无限责任的经营实体。

设立个人独资企业应当具备5个条件：①投资人为一个自然人；②有合法的企

业名称；③有投资人申报的出资；④有固定的生产经营场所和必要的生产经营条件；⑤有必要的从业人员。

四、合伙企业

合伙企业是指自然人、法人和其他组织依照法律在中国境内设立的普通合伙企业和有限合伙企业。普通合伙企业由普通合伙人组成，合伙人对合伙企业债务承担无限连带责任。有限合伙企业由普通合伙人和有限合伙人组成，普通合伙人对合伙企业债务承担无限连带责任，有限合伙人以其认缴的出资额为限对合伙企业债务承担责任。

【知识拓展】

有限责任公司和股份有限公司的区别

中国《公司法》规定，设立股份有限公司，应当有2人以上200人以下为发起人。由于所有股份公司均须是负担有限责任的有限公司(但并非所有有限公司都是股份公司)，所以一般合称"股份有限公司"。有限责任公司，简称有限公司，中国的有限责任公司是指根据《中华人民共和国公司登记管理条例》规定登记注册，由50个以下股东出资设立，每个股东以其所认缴的出资额为限对公司承担有限责任，公司法人以其全部资产对公司债务承担全部责任的经济组织。有限责任公司包括国有独资公司以及其他有限责任公司。

有限责任公司与股份有限公司的特征、设立条件、出资方式、股份转让等方面存在不同，主要区别如下。

1. 特征

有限责任公司：①每个股东以其认缴的出资额对公司承担有限责任，公司以其全部资产对其债务承担责任；②以出资证明书证明股东出资份额；③不能发行股票，不能公开募股；④股东的出资不能随意转让；⑤财务不必公开。

股份有限公司：①资本划分为等额股份；②通过发行股票筹集资本；③股东以其所认购的股份对公司承担责任，公司以其全部资产对公司债务承担责任；④股票可以自由转让；⑤财务公开。

2. 设立条件

有限责任公司：①股东符合法定人数；②股东出资达到法定资本最低限额(根据行业不同而定)；③股东共同制定公司章程；④有公司名称，有限责任公司必须在公司名称中标明"有限责任公司"字样，并建立符合有限责任公司的组织机构；⑤有固定的生产经营场所和必要的生产经营条件。

股份有限公司：①设立股份有限公司，应当有5人以上的发起人，其中必须有过半数的发起人在中国境内有住所；②国有企业改建为股份有限公司的，发起人可以少于5人，但应当采取募集设立方式；③注册资本的最低限额为人民币1000万元；④发起人制定公司章程；⑤有公司名称，建立符合股份有限公司的组织机构；

⑥有固定的生产经营场所和必要的生产经营条件。

3. 出资方式

有限责任公司：股东应当按照其在发起人协议和公司章程中认购的出资数额足额缴付出资。股东如不按期缴付所认缴的出资，应当向已出资的其他股东承担违约责任。

股份有限公司：发起设立时，公司章程中载明的公司全部资本，必须在公司设立时全部发行，并由发起人全部认购。以募集设立方式设立公司的，发起人认购的股份不得少于公司股份总数的35％，其余股份应向社会公开募集。

4. 股份转让

有限责任公司：股东之间可以相互转让其全部出资或部分出资。股东向股东以外的人转让出资时，必须经股东会决议通过。

股份有限公司：股份有限公司的发起人持有的本公司的股份，自公司成立之日起3年内不得转让。公司董事、监事、经理应当向公司申报所持有的本公司的股份，并在任职期间内不得转让。

【任务实施】

梳理不同组织形式之间的差异

实训目的

让学生了解不同种类的组织形式。

实训内容

制作本任务的理论知识课件及课件要点卡片。

实训步骤

对照课件及卡片，复述旅行社企业组织形式的知识点。

实训成果

熟悉不同种类的旅行社组织形式。

>> 任务二　旅行社的设立条件 <<

【任务描述】

熟练掌握旅行社设立的条件，熟悉经营不同业务需要注册资金和缴纳保证金的情况。

【任务目标】

知识目标：掌握旅行社设立的条件以及设立旅行社需要缴纳保证金和注册资金的情况；了解旅行社经营不同业务的条件。

技能目标：具有梳理知识、分析问题、实践方法的能力。

素质目标：具有团队协作精神、认真学习的态度、良好的职业道德和吃苦耐劳的精神。

【理论引导】

根据《旅行社条例》相关规定，设立旅行社在经营场所、营业设施、政策资金等方面必须满足相关条件。

一、设立国内旅游业务和入境旅游业务的旅行社

设立国内旅游业务和入境旅游业务的旅行社需要满足以下条件：

①有固定的营业场所(拥有产权的营业用房，或者申请者租用的，且租期不少于1年的营业用房)；②有必要的营业设施(拥有两部以上的直线固定电话；拥有传真机、复印机；具备与旅游行政管理部门及其他旅游经营者联网条件的计算机)；③有不少于30万元的注册资本；④有必要的经营管理人员和导游；⑤具备缴纳20万元人民币旅游服务保证金的能力；⑥符合法律、行政法规规定的其他条件。

二、经营出境旅游业务的旅行社

经营出境旅游业务的旅行社需要满足以下条件：

①旅行社取得经营许可权满两年；②未因侵害旅游者合法权益受到行政机关罚款以上处罚。

质量保证金情况如表1-3所示。

表1-3　各类旅行社应存质量保证金数额

旅行社种类	注册资本	质量保证金 (利息属于旅行社所有)
国内旅游业务和入境旅游业务	30万	20万
出境旅游业务的旅行社		增存120万
分社(国内旅游业务和入境旅游业务)		增存5万/分社
分社(出境旅游业务的旅行社)		增存30万/分社

按照《旅行社管理条例》，旅行社应当自取得旅行社业务经营许可证之日起3个工作日内，在国务院旅游行政主管部门指定的银行开设专门的质量保证金账户，存入质量保证金，或者向实施许可的旅游行政管理部门提交依法取得的担保额度不低于相应质量保证金数额的银行担保。

经营国内旅游业务和入境旅游业务的旅行社，应当存入质量保证金20万元；经营出境旅游业务的旅行社，应当增存质量保证金120万元。质量保证金的利息属于旅行社所有。

【知识链接】

旅行社设立相关条例

第十四条

旅行社每设立一个经营国内旅游业务和入境旅游业务的分社，应当向其质量保

证金账户增存5万元；每设立一个经营出境旅游业务的分社，应当向其质量保证金账户增存30万元。

第十五条

有下列情形之一的，旅游行政管理部门可以使用旅行社的质量保证金：(一)旅行社违反旅游合同约定，侵害旅游者合法权益，经旅游行政管理部门查证属实的；(二)旅行社因解散、破产或者其他原因造成旅游者预交旅游费用损失的。

第十六条

人民法院判决、裁定及其他生效法律文书认定旅行社损害旅游者合法权益，旅行社拒绝或者无力赔偿的，人民法院可以从旅行社的质量保证金账户上划拨赔偿款。

第十七条

旅行社自交纳或者补足质量保证金之日起三年内未因侵害旅游者合法权益受到行政机关罚款以上处罚的，旅游行政管理部门应当将旅行社质量保证金的交存数额降低50%，并向社会公告。旅行社可凭省、自治区、直辖市旅游行政管理部门出具的凭证减少其质量保证金。

第十八条

旅行社在旅游行政管理部门使用质量保证金赔偿旅游者的损失，或者依法减少质量保证金后，因侵害旅游者合法权益受到行政机关罚款以上处罚的，应当在收到旅游行政管理部门补交质量保证金的通知之日起5个工作日内补足质量保证金。

第十九条

旅行社不再从事旅游业务的，凭旅游行政管理部门出具的凭证，向银行取回质量保证金。

【课后小测试】

一、填空题

1. 经营国内旅游业务和入境旅游业务的旅行社，应当存入质量保证金______万元。

2. 质量保证金的利息属于______所有。

3. 旅行社的组织形式可以是______、______、______、______。

4. 旅行社应该在取得旅行社业务经营许可证之日起______个工作日内，去国务院旅游行政主管部门指定的银行开设专门的质量保证金账户，存入质量保证金。

5. 旅行社自缴纳或者补足质量保证金之日起______年内未因侵害旅游者合法权益受到行政机关罚款以上处罚的，旅游行政管理部门应当将旅行社质量保证金的交存数额降低______，并向社会公告。

二、选择题

1. 根据《旅行社管理条例实施细则》，申请设立国际旅行社在一般经营范围内，分别在注册资本、质量保证金和设立1个分社增加质量保证金方面的要求是(　　)

A. 150；60；75　　B. 150；60；30　　C. 30；10；15　　D. 30；20；5

2. (　　)不属于文化和旅游部对于申请设立国内旅行社的条件。

A. 旅行社章程

B. 持有《国际旅行社经理资格证书》的总经理1名

C. 旅行社责任险

D. 电子计算机

3. 国际旅行社经营出境旅游业务的，需要增存(　　)万元人民币的保证金。

A. 60　　B. 100　　C. 30　　D. 10

4. 我国关于旅行社设立的法律规定，旅行社注册资本不少于(　　)万元人民币。

A. 60　　B. 100　　C. 75　　D. 30

三、简答题

1. 旅行社设立的条件有哪些？

2. 申请设立旅行社，经营国内旅游和入境旅游业务的，注册资本应该有多少？

3. 旅行社何时可以申请旅游出境业务？

项目三　旅行社设立实务

【项目描述】

通过旅行社学习选址条件、商标设计原则、设立程序等相关知识，确定旅行社经营场所，能够完成设立旅行社的工作任务。

>>任务一　选址条件<<

【任务描述】

通过问卷或市场考察，进行旅行社设立的可行性调研，确定旅行社的经营场所。

【任务目标】

知识目标：了解选择旅行社经营场所的条件。

能力目标：具有梳理知识、分析问题的能力；能够撰写调查报告。

素质目标：具有团队协作精神、认真学习的态度、良好的职业道德和吃苦耐劳的精神。

【理论引导】

旅行社选址非常重要，好的场所可以增加客源，还可以通过服务将潜在顾客变为新顾客，将老顾客锁定为忠实顾客。

一、目标市场

旅行社产品的目标市场是选择营业场所的坐落地点时须首先考虑的因素，营业场所应设置在其目标客源群体最集中的地方或其附近的地点。

二、方便顾客

方便顾客是旅行社选择营业场所地点时需要考虑的第二个因素。旅行社的营业场所应该设立在商业区、居民区、机关企业等较为集中的地方，而且一般都设在临街的门面房或一层商铺。如果旅行社将营业场所设在饭店里，应设在前厅比较显眼的地方，最好能够有临街的单独出入的门，以方便旅游者的进出。

三、位置醒目

旅行社在选择营业场所的地点时，还要考虑所选择的地点是否容易被旅游者找到。通常，旅行社把营业场所设在主要交通干线，而不会设在偏僻的里弄。

四、相对集中

在旅行社相对集中的地区设立经营场所可以借鉴的同行们的经营经验，变压力为动力，以吸引更多的旅游者。同时，旅行社相对集中的地区本身就是吸引旅游者前来咨询和购买旅行社产品的一个重要因素。

【知识拓展】

调研报告的格式

(调研标题)(如×××市场调研分析报告)

(正文)

注：一级标题，小二号黑体加粗，顶格；二级标题，三号黑体加粗，顶格；三级标题，小四号黑体加粗，距左边两个汉字符。正文部分，宋体小四号，行间距固定值 22 磅。另：各标题与正文前后间距为 0.5 行。

引言

(说明调研背景和对象，并进行必要性认定)

一、调研目的

二、调研方法

(一)调研设计

(说明所开展的项目是属于探索性调查、描述性调查、因果性调查还是预测性调查，以及为什么适用于这一特定类型调查。)

(二)资料收集的方法

(所采集的是原始资料还是次级资料。结果的取得是通过调查、观察，还是实验。所用调查问卷或观察记录表应编入附录。)

(三)抽样方式

(明确目标总体是什么，抽样框如何确定，是什么样的样本单位，它们如何被选取出来。)

三、调查数据统计分析

(本次调查共有××人参加并且完成了问卷，回收率为××%，有效问卷占××%。我们主要针对××××，被调查的对象主要是××××，针对××问题的××方面进行数据统计和分析并给出我们小组的相关建议。)

四、结论

五、启示与建议

【任务实施】

旅行社选址调研

实训目的

让学生了解选择旅行社经营场所的条件。

实训内容

实地考察几家旅行社，总结选址的特点。

实训步骤

第一步：选择当地几家旅行社进行考察，观察其地理位置、交通状况、人流量、门厅的设计等并总结特点。

第二步：根据考察，撰写选址调研报告。

实训成果

调研报告。

>>任务二　旅行社商标设计<<

【任务描述】

了解旅行社商标设计的原则，学习商标体现的文化内涵，尝试设计企业商标。

【任务目标】

知识目标：了解旅行社商标设计的原则。

能力目标：具备分析问题的能力。

素质目标：具备审美能力。

【理论引导】

一、旅行社的商标

旅行社的商标是识别旅行社形象的符号，是企业与产品的代表符号。它既是以精练的形象表达一定含义的图形，同时也是一种超浓缩的信息生成的独特视觉语言，方便消费者识别认购和文化交流。

二、商标设计的原则

成功的标志要具备如下几个特点：①永久性强，适合性好；②简明易认，便于记忆；③新颖特别，引人注目；④造型美观大方，内涵明确。

公司名称的设计要符合如下几个原则：①简短明快，字数要少；②易于上口，符合公司理念服务宗旨；③要考虑名称的通用性；④独特性，不易被模仿。

【任务实施】

实训目的

让学生掌握商标设计的原则。

实训内容

小王要开一家旅行社，请你为他设计一个企业 logo，并阐明其内涵意义。

实训步骤

第一步：分小组进行讨论。第二步：设定企业的文化，进行企业 logo 设计。

实训成果

小组展示。

>>任务三　旅行社申办阶段程序<<

【任务描述】

了解旅行社的类型、申请许可及设立条件，能够提交申办材料，按照申办程序完成公司的设立。

【任务目标】

知识目标：明确旅行社设立的程序。

技能目标：能够填写各类申请表，办理工商登记，完成旅行社的设立。

素质目标：具备耐心和坚持的品质；具备沟通协调的能力。

【理论导入】

一、申请设立旅行社应提交的文件

(一)申请书

申请书内容包括申请设立旅行社的中英文名称及英文缩写、设立地址、公司类型、出资人、出资额和出资方式等。

(二)设立旅行社可行性报告

可行性报告需反映申请人对市场情况、自身实力和旅行社发展前景等情况的估计和预测。

(三)旅行社章程

旅行社章程内容包括旅行社名称、地址、联系方式，旅行社设立、变动、歇业和破产决策，旅行社的注册资本和资金来源，旅行社的宗旨、目的和经营范围，组织机构及原则、劳动用工及人事管理、分配方案，财务管理制度，章程修改程序，等等。

(四)其他文件

旅行社法定代表人履历表、银行账户开具的资金信用证明和验资证明、经营场所证明、营业设施设备情况证明、工商行政管理部门出具的《企业名称预先核准通知书》等。

二、设立旅行社的审批程序

(一)旅行社业务经营许可的领取

1. 申请设立国际旅行社

向国务院旅游行政主管部门或者其委托的省、自治区、直辖市旅游行政管理部门或者其委托的设区的市级旅游行政管理部门提出申请，拟设地县级以上旅游行政管理部门签署审查意见，文化和旅游部审批。

2. 申请设立国内旅行社

向所在地省、自治区、直辖市旅游行政管理部门或者其委托的设区的市级旅游行政管理部门提出申请，拟设地县级以上旅游行政管理部门签署审查意见，受理申请的旅游行政管理部门进行审批。

3. 审核原则：

①是否符合旅游业发展规划；②是否符合旅游市场需要；③是否具备《旅行社条例》规定的旅行社的设立条件。

4. 审批期限

根据《旅行社条例》，旅游行政管理部门应当自受理申请之日起 20 个工作日内，作出许可或者不予许可的决定，并通知申请人。

(二)营业执照的领取

审核批准后，应当在收到许可证的 60 个工作日内，持《旅行社业务经营许可证》向工商行政管理部门办理开业登记。

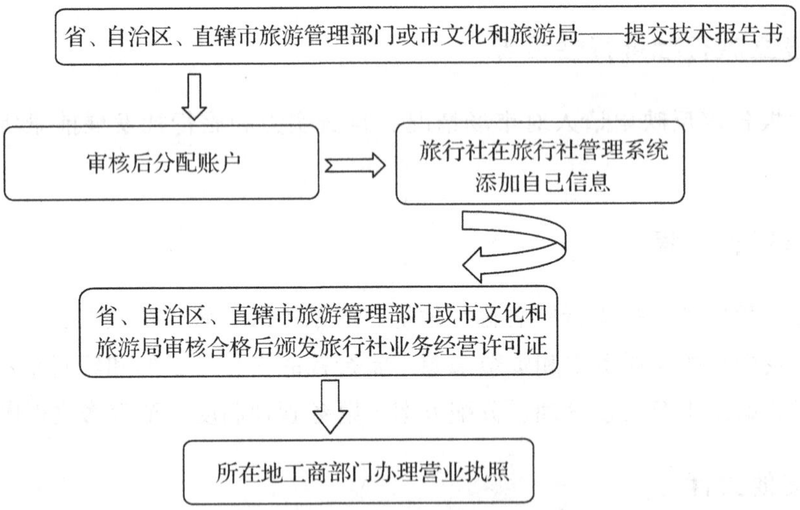

图 1-1　申请开设国内旅行社和入境旅游业务的流程图

三、办理税务登记

旅行社在领取营业执照 30 个工作日内，向当地的税务部门办理开业税务登记，申请税务执照。税务登记结束后，旅行社即可依据营业指导刻制公章，开办银行账户，申领发票。

至此，旅行社正式成立，并可签订合同，进行经营旅游业务的活动。

【任务实施】

以绘图的方式描述旅行社成立的流程。

【知识拓展】

旅行社设立相关条例

第十条

旅行社设立分社的，应当向分社所在地的工商行政管理部门办理设立登记，并自设立登记之日起3个工作日内向分社所在地的旅游行政管理部门备案。旅行社分社的设立不受地域限制。分社的经营范围不得超出设立分社的旅行社的经营范围。

第十一条

旅行社设立专门招徕旅游者、提供旅游咨询的服务网点(以下简称旅行社服务网点)应当依法向工商行政管理部门办理设立登记手续，并向所在地的旅游行政管理部门备案。旅行社服务网点应当接受旅行社的统一管理，不得从事招徕、咨询以外的活动。

第十二条

旅行社变更名称、经营场所、法定代表人等登记事项或者终止经营的，应当到工商行政管理部门办理相应的变更登记或者注销登记，并在登记办理完毕之日起10个工作日内，向原许可的旅游行政管理部门备案，换领或者交回旅行社业务经营许可证。

【课后小测试】

一、选择题

1. 我国设立旅行社的基本程序是(　　)

A. 申请营业许可——办理税务登记——办理注册登记——设立分支机构

B. 申请营业许可——设立分支机构——办理税务登记——办理注册登记

C. 申请营业许可——办理注册登记——办理税务登记——设立分支机构

D. 设立分支机构——申请营业许可——办理注册登记——办理税务登记

2. 旅行社申办程序分为________和________两个阶段。

A. 准备、申办　　　　B. 筹措资金、缴存质量保证金

C. 递交申请、申办　　　　D. 接受许可审核、办理工商注册登记

3. 规定了旅行社的性质、宗旨、任务、成员机构、活动规则和要求的文件，具有法律约束力的是(　　)

A. 旅行社申请书　　　　B. 设立旅行社可行性研究报告

C. 旅行社章程　　　　D. 资信证明

二、简答题

1. 请简述我国设立旅行社时申请营业许可证所需要的文件。

2. 旅行社如何申请设立分社？

项目四　旅行社组织结构设计

【项目描述】

本项目旨在让学生了解旅行社组织设计的相关知识。

>>任务　旅行社组织结构设计原则及结构模式<<

【任务描述】

通过了解旅行社组织结构设立原则及结构模式，能够按照旅行社规模设定合适的岗位。

【任务目标】

知识目标：了解旅行社组织结构的设计原则；了解旅行社组织结构模式。

技能目标：具备学习知识、分析信息的能力。

素质目标：具备团队协作精神、认真学习的态度。

【理论引导】

一、旅行社的职能部门

旅行社常见的部门有业务部门、人事部门、财务部门和办公室。总经理有经营决策和指挥权，其他各部门服从总经理的管理。业务部门通常包括外联部、计调部、接待部、综合业务部门。我国大部分的旅行社按照职能来划分旅行社的组织结构。

二、旅行社组织设计原则

组织设计要遵循“宁简勿繁”的原则。具体说来，旅行社的组织设计应遵循以下原则。

一是目标任务原则。旅行社的主要任务是向旅游者销售其产品，招徕客源，并在旅游者来到后提供旅游服务和组织旅游活动。旅行社组织设计时要以事建构，以事设职，以事配人，而不能因人设职，因职找事。

二是命令统一原则。旅行社在管理工作中实行统一领导，建立起严格的责任制，消除多头指挥和无人负责的现象，以保证全部经营活动正常有效地进行。

三是分工协作原则。旅行社的正常运转是旅行社内部各部门分工协作的结果。对旅行社企业来说，责任越明确、专业化程度越高，旅行社的生产效率越好。分工的目的是提高员工作业的专业化水平。

四是精干高效的原则。旅行社组织设计时，遵循用最少的人办最多的事的原则，杜绝机构臃肿、人浮于事、官僚主义等现象。

三、旅行社组织结构模式

目前，我国大部分旅行社采用的组织结构模式有三种，分别为直线制、直线职能制和事业部制。

(一)直线制组织结构

一般只适用于小型旅行社，采用“一条龙”方式设计组织机构。从外联组团、计调接待、服务采购到市场营销，都集中于一个部门内部全过程运行。这种结构优点是灵活、反应快，比较适合处于成长阶段的组织，但是容易使部分人员掌握企业的客户资源，将企业资源私人化，威胁企业的正常发展。

(二)直线职能制组织结构

这种结构模式的特点是权力集中，上下级之间实行单线从属管理，业务部门和管理部门按照职能进行分工。图 1-2 为典型的直线职能制组织结构示意图。

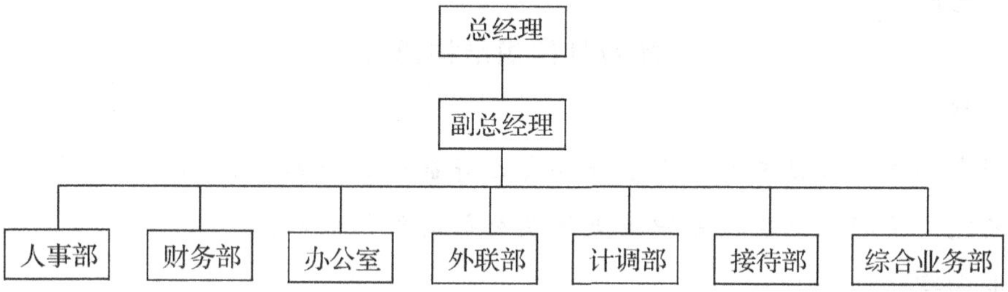

图 1-2 直线职能制组织结构

这种组织结构适合我国大多数旅行社，其优点是：部门之间分工明确，每个员工从事自己熟悉的工作，熟练度提高后，容易成为业务骨干，这会大大提高工作效率，从而稳定公司内部的组织结构，减少了员工在部门间的流动，管理效率也很高。

但这种模式也有缺点：员工内部流动性差，员工长期在某个部门工作，容易形成固定行为模式，形成本位主义，削弱旅行社实现整体目标的能力。同时，职能部门权力过大，容易干扰直线指挥命令系统，可能增加管理费用。此外，部门之间的协调难度会加大，各部门以各自利益为主，内部矛盾会比较难协调。

(三)事业部制组织结构

这种组织模式将旅行社划分为与各个细分市场相关的部门，决策部门和行政管理部门分开，实行分权管理(见图 1-3)。最高决策层负责制定企业发展总目标、方针、总计划及各项政策。各个部门在不违反决策层总方针政策的前提下，自行负责各部门运营。旅行社最高层拥有三方面的决策权：①事业发展的决策权；②资金分配权；③人事安排权。

这种模式适合大、中型旅行社，只是对管理部门的人才要求较高，集权和分权关系比较敏感，各事业部间竞争激烈，可能发生内耗，协调比较难。

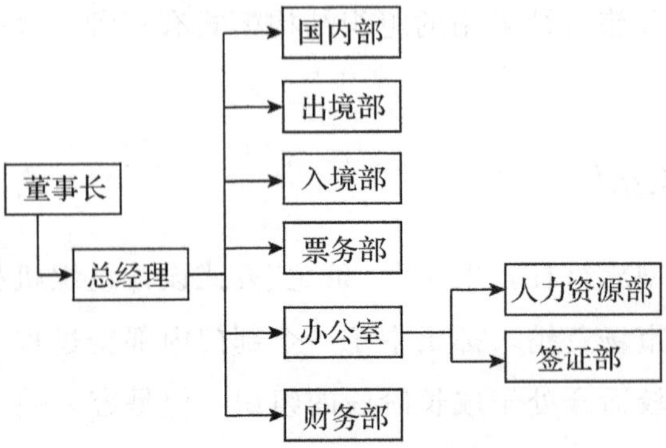

图 1-3　事业部制组织结构

旅行社组织结构的选择需要根据旅行社自身规模和经营内容而确定。旅行社可以根据工作流程对员工的工作进行整合，调整分工，员工应该了解整个工作流程和环节，这样就可以灵活地进行调配。

【任务实施】

旅行社组织结构调研

实训目的

小刚在一家旅行社工作 3 年后准备自己筹备成立一家旅行社，需要写一份可行性报告研究。请帮助他在报告中重点说明公司的组织结构。

实训内容

请同学们到本地区的旅行社实地参观。

实训步骤

同学以小组方式去当地某家旅行社进行实地参观，需要以问卷的形式了解旅行社的部门划分和人员构成，并画出其组织结构图。

实训成果

用电脑绘制组织结构图并进行汇报展示。

【课后小测试】

简答题

1. 按职能划分部门的组织结构适用于哪些类型的旅行社，其主要优缺点是什么？

2. 旅行社组织设计应遵循哪些基本原则？

项目五　认知旅行社产品

【项目描述】

通过学习旅行社产品的组成与分类、设计开发过程等相关知识，掌握旅行社产品设计基本工作流程与标准，能够分析评价已有的旅行社产品的优缺点，按照流程标准设计简单的旅行社产品。

>> 任务一　认知旅行社产品的组成与分类<<

【任务描述】

在学习、理解旅行社产品组成与分类相关知识的基础上，对旅行社产品案例进行分析和比较，辨别产品各要素及相互关系，理解产品特色并进行归类。

【任务目标】

知识目标：了解旅行社产品的概念；熟悉旅行社产品的组成与分类。

技能目标：能够分析旅行社产品组成要素及其组合的科学合理性；能够分析比较不同旅行社产品优缺点。

素质目标：提升专业综合分析、评价能力。

【理论引导】

一、旅行社产品的概念

(一)旅行社产品的定义

根据《旅行社产品通用规范》(GB/T 32942—2016)，旅行社产品定义可表述为：旅行社向旅游者销售的以旅游吸引物、旅游设施和策划安排为主要构成的旅游线路或项目，以及附其上的配套服务，包括各种形式的包价旅游线路和单项委托服务等。总体而言，旅行社产品属于典型的旅游产品范畴，具备无形性、综合性、生产消费同时性、不可储存性、易替代性等特点。

(二)旅行社产品的基本要求

1. 安全性

旅行社产品应保障旅游者人身和财产安全，其中，出境游产品应符合旅游目的地所在国家(或地区)的规定及宗教习惯。

2. 信息真实有效

旅行社产品的信息应真实有效，并可查询。产品供应商和履行辅助人的基本信息应公开，产品价格信息应公开、透明，明示所包含的服务项目和服务等级。

3. 合理实惠

旅行社产品设计应遵循合理可行的原则，确保在规定时间内提供完整体验。产品应符合旅游者需求，且费用合理，使旅游者感到舒适和实惠。产品设计应符合文明旅游要求。

4. 签订书面协议

包价旅游合同和委托代订(办)协议均应采用书面形式，并承诺产品内容、服务等级及质量。包价旅游合同还应符合《旅行社产品通用规范》中的相关要求。

二、旅行社产品的组成要素

旅行社产品主要由以下两项以上组成包价旅游产品或由以下各项代订服务构成：①餐饮安排；②住宿安排；③交通安排；④游览安排；⑤娱乐安排；⑥购物安排；⑦导游员和领队服务；⑧旅游行程设计；⑨旅游信息咨询；⑩其他委托代订(办)服务。

(一)餐饮安排

旅行社产品中应明示餐饮服务供应商的基本信息，至少包括餐厅名称和详细地址、菜品特色和用餐形式、菜品数量、荤素搭配、适用人数等。

(二)住宿安排

旅行社产品中应明示住宿服务供应商的基本信息，至少应包括：①名称、品牌、联系电话、详细地址；②与市区、景区、机场和火车站的距离；③入住、离店时间；④等级标准；⑤主要服务设施和服务项目；⑥可查询网址。

特别注意，向未取得质量标准等级的住宿服务供应商订购服务时，不得使用相关质量标准等级的称谓或标识与旅游者进行质量等级的约定。

(三)交通安排

旅行社产品中应明示交通运输服务供应商及其提供服务的基本信息，至少应包括：①航空客运：载明承运航空公司、航班号与座舱等级；起止时间、起止机场名称、经停情况。②铁路客运：载明起止车站名称、车次、起止时间和经停情况；座位或铺位等级。③水路客运：载明承运公司、船舶号及舱位设施等级；起止时间、起止码头名称和经停情况。④公路客运：载明承运公司、车辆型号规格；设施状况、车龄与空调配置；起止客运汽车站名称、起止时间、区间行驶里程和行驶时间。

需要注意，旅游汽车、观光船应具备责任险和第三者保险。在不计算附加座椅的情况下，旅游汽车、观光船的座位数目应保证能够供给旅游者乘用及行李摆放。旅游汽车或观光船的驾驶人员应具有有效驾驶执照，并有良好驾驶记录。

(四)游览安排

旅行社产品中应明示所游览景区的基本信息，至少应包括：①景区名称、等级标准或游览活动名；②游览时间、游览线路、游览内容；③对特殊人群的优惠政策；④景区内游客中心、购物、餐饮及其他设备设施的情况；⑤景区内交通、缆车索道、观光电梯、游船等服务设施的收费标准；⑥景区游览时注意的事项，宜准备的着装及相关物品。

(五)娱乐安排

旅行社产品应明示娱乐服务供应商的基本信息，至少应包括：①娱乐活动名称及详细地址；②活动内容、时间和收费标准；③主要特色、场所设施和注意事项。

(六)购物安排

旅行社在不获取不正当利益的前提下，经与旅游者协商并签订安排购物协议书后，可安排购物活动。

旅行社宜真实、准确地介绍旅游目的地的特色商业街区、主要购物店、名优土特产品、价格水平等基本信息，至少应包括：①购物店名称、地址；②商品特色与指导价格；③购物停留时间和相关服务费用；④购物注意事项。

(七)导游员和领队服务

旅行社产品中应明示导游员、领队的基本信息，导游员、领队的基本素质和服务规范应符合《导游服务规范》(GB/T15971—2010)和《旅行社出境旅游服务规范》(LB/T 005—2011)中的相关要求。

(八)旅游行程设计服务

旅行社接受旅游者委托为其提供旅游行程设计服务，应保证设计合理且可行。

(九)旅游信息咨询服务

旅行社为旅游者提供旅游信息咨询的服务，应保证信息及时且准确。

(十)其他委托代订(办)服务

旅行社接受旅游者委托提供代订(办)服务的基本信息，至少应包括：①代订(办)服务的内容、时间；②等级标准、收费标准；③相关说明和注意事项；④违约责任追究方式。

【实例分析】

北京至承德二日游

北京某旅行社推出了一条北京至承德的二日游产品。其行程安排如下。

第一天

北京—承德。8:05 北京站乘 K7711 次火车赴承德，抵达后游览避暑山庄及博物馆。住宿：承德。

第二天

承德—北京。早餐后游览普宁寺、普佑寺，午后 13:53 乘 K7712 次火车返回北京。

这条线路的价格是 420 元/人。其中包含的内容如下。

交通：北京—承德往返火车硬座，当地空调旅游车。

住宿：经济型酒店双人标准间。

用餐：正餐十人一桌，八菜一汤，含三正餐一早餐。

门票：景点首道门票。

导游：当地专业导游服务。

保险：旅行社责任保险。

备注：费用不包含火车上用餐。

试分析该产品中所包含的各项要素。

三、旅行社产品的分类

旅行社产品的类型有多种划分标准，如按照产品的档次可以划分为豪华、标准、经济型等旅游产品，按照旅游的位置距离可以划分为远程、中程、短程等旅游产品，按照旅游所需时间可以划分为一日游、二日游、三日游和多日游等旅游产品，以下重点介绍三种分类方式。

(一)按照旅游者的组织形式分类

旅行社产品按旅游者的组织形式可分为团体旅游产品和散客旅游产品。团体旅游也称集体综合旅游，旅游者一般按旅行社设定的日程、路线、交通工具、收费标准等做出选择后事先登记，付款后按时出行。其优点是日程、线路、所住旅馆、参观节目都按计划进行，收费比单独出游要低，尤其是去某些语言不通的国家和地区，团队派有导游，是颇受旅客欢迎的。团队旅游通常由 10 人以上的旅游者组成，旅行社团体旅游产品一般采用包价的形式。旅行社组团人数的标准有时与产品的档次相挂钩，如国内旅游豪华团 10 人成团，标准团 16 人成团，经济团 30 人成团，入境旅游则 9 人成团。另外，我国公民出境旅游一般以团队形式进行，3 人即可成团。

散客旅游也称个别旅游，其旅游日程、线路等由旅游者自己选定，然后再由旅行社做某些安排，如机票、旅馆等。散客旅游灵活、自由，可选择性强，因此为很多旅游者所喜爱。散客旅游通常由 10 人以下的旅游者组成，旅行社散客旅游产品有时采用非包价的形式，有时也采用包价的形式。散客旅游的发展是旅游业进入更高层次、更新阶段的产物，也是旅游业发展的必然趋势。虽然由于老弱游客、初次出游者以及语言障碍等因素的存在，团体旅游在近期内不可能完全消失，但其规模将会缩小，团体模式也将有所改变。目前根据旅游大数据分析，我国散客旅游市场规模已经超过团队旅游市场规模，将成为游客市场主流。因此旅行社必须充分重视散客旅游，设计更多适合散客的旅游产品。

(二)按照产品包含的内容和付费方式分类

旅行社产品按产品所包含的内容可以分为包价旅游产品和非包价旅游产品。

1. 包价旅游产品

包价旅游是旅游者在旅游活动开始前将全部或部分旅游费用预付给旅行社，由旅行社根据与旅游者签订的合同或协议相应地为旅游者安排旅游项目。包游产品可分为全包价旅游产品、半包价旅游产品、小包价旅游产品和零包价旅游产品及组合旅游产品。

(1)全包价旅游产品。旅游者将涉及旅游行程中的一切相关的服务项目费用统包起来预付给旅行社，由旅行社全面落实旅程中的一切相关服务项目。全包价旅游产品中的一切相关服务项目包括食、住、行、游、购、娱各环节及导游服务、办理保险与签证等。团体旅游通常是全包价旅游产品。

(2)半包价旅游产品。它是在全包价旅游的基础上扣除中、晚餐费用(不含中、晚餐项目)的一种包价形式。半包价旅游的优点是降低了产品的直观价格，提高了产品的竞争力，更好地满足了旅游者在用餐方面的不同要求。部分团体旅游产品采用这种半包价旅游形式。

(3)小包价旅游产品，也称可选择性旅游，或自助游。它由非选择部分和可选择部分构成。非选择部分包含城市间交通(长途交通)和市内交通(短途交通)及住房(含早餐)；可选择部分包括景点项目、娱乐项目、餐饮、购物及导游服务。小包价旅游具有经济实惠、手续简便和机动灵活等特点，通常向散客旅游者推出。

(4)零包价旅游产品。这是一种独特的产品形态。参加这种旅游的旅游者必须随团前往旅游目的地，返回时也必须随团离开旅游目的地。在目的地期间旅游者可自由活动，旅行社不安排项目，完全由旅游者自己来安排项目。零包价旅游产品特点是：旅游者活动自由，只受到行程期限的限制，行程内容由自己安排；旅游者即使以散客的形式也能享受团体机票的优惠；旅行社统一代办签证和保险。目前我国公民出境探亲旅游多采用此种方式。

(5)组合旅游产品，也称自由人旅游。这种产品是旅游目的地的旅行社把来自不同旅游客源地的零散游客汇集起来，组成团队进行旅游，旅游活动结束后，旅游团就地解散，各自返回原客源地。组合旅游产品的特点是：异地拼团，避免了一些客源地旅行社组团能力不足而造成客源浪费的弊病。另外，组合旅游的组团时间短，有利于目的地旅行社在较短的时间内招徕大量的客源。组合旅游产品比通常的散客全包价产品费用低，这对于散客是很有吸引力的。

2. 非包价旅游产品

非包价旅游产品主要指单项服务，也称委托代办业务，是旅行社根据旅游者的具体要求而提供的各种非综合性的有偿服务。旅游者需求的多样性决定了单项服务内容的广泛性，其中常规项目包括办理交通票务、订房、订餐、办签证、办边境证、伴游、租车、会务安排等。旅行社单项服务的对象主要限于散客。

从以上旅行社的包价与非包价产品的介绍可以发现，从全包价旅游产品到单项服务产品，旅行社产品的构成要素逐步减少，服务要素的构成方式也各不相同，但绝不可以说旅行社的产品只有这几种形态。事实上，有利于满足旅游者要求和提高产品竞争力的任何形态的旅游产品都大有开发潜力。

(三)按照旅游活动的内容和性质分类

旅行社产品按照旅游者的旅游动机、旅游活动内容和性质可以分为观光游览旅游产品、度假休闲旅游产品和专项旅游产品(特种旅游产品)。

1. 观光游览旅游产品

观光游览旅游产品是指旅行社以旅游目的地的自然旅游资源和人文旅游资源为依托，以旅行社安排的各项接待设施为媒介，组织旅游者前往参观游览自然风光、文物古迹及考察民情风俗的一种旅游产品类型。进行观光游览的旅游者一般无特殊要求，主要是满足自身观光游览的需要。因而旅行社在这一类产品中要安排较多的旅游点，而旅游者旅游时在每一旅游点停留的时间较短，重复旅游的概率较小。观光游览旅游产品包括文化观光、自然观光、民俗观光、生态观光、艺术观光、都市观光、农业观光、工业观光、科技观光、修学观光、军事观光等。观光游览旅游产品一般具有资源品位高、可进入性强、服务设施多、环境氛围好、安全保障强等条件，长期以来一直是国际旅游市场和国内旅游市场的主流产品，深受广大旅游者的喜爱。由于观光旅游产品开发难度小，操作简易，该产品是旅行社开发度假旅游产品和专项旅游产品的基础。观光旅游产品的优点是旅游者能在较短的时间内领略旅游目的地的特色，缺点是旅游者参与的项目少，旅游者对旅游目的地感受不深。

2. 度假休闲旅游产品

度假休闲旅游产品是指旅行社组织旅游者前往度假地(区)短期居住，进行娱乐、休闲、健身、疗养等消遣性活动的一种旅游产品类型。旅游者的主要目的是休息、度假。旅行社在设计这类旅游产品时，旅游景点不需要安排太多，一到两个足矣，让旅游者在每个旅游点的停留稍长时间，这样旅游者重复前往的概率较大。度假休闲旅游产品包括海滨度假、山地度假、湖滨度假、温泉度假、滑雪度假、海岛度假、森林度假、乡村度假等。度假休闲旅游产品要求度假地(区)具备四个条件：环境质量好、区位条件优越、拥有良好的住宿设施和健身娱乐设施、服务水平高。度假休闲旅游产品所包含的项目都是参与性很强的，如水上运动、滑雪、高尔夫球运动、垂钓、温泉浴、泥疗、潜水、放牧、农家乐等。购买度假旅游产品的旅游者在旅游目的地的停留时间较长、消费水平较高且大多以散客的形式出行。

3. 专项旅游产品

专项旅游产品又称特种旅游产品，是以某一主题内容为主要设计思路而开发旅游线路的一种旅游产品类型。产品当中各个组成项目之间有比较统一的内容或属性，具有较强的文化性、知识性、趣味性和专业性。此类旅游产品的主题多种多样，因而受到有各种专项需要或不同兴趣爱好的旅游者的欢迎。专项旅游产品包括：商务旅游、会议旅游、研学旅游、体育旅游、探险旅游、考古旅游、品茶旅游、书画旅游、红色旅游、美食旅游、婚庆旅游、保健旅游、老年旅游、自驾车旅游、事件旅游等。专项旅游产品适应了旅游者个性化、多样化的需求特点，是今后旅行社产品的开发趋势；但同时由于专项旅游产品的开发难度大、操作程序多，有时需要多个部门的协作或参与，费用一般较高，这在一定程度上抑制了旅行社的开发积极性。

【任务实施】

旅行社产品调研

实训目的

让学生撰写旅行产品分析报告。

实训内容

通过旅行社门市调研、电话咨询、网络咨询，完成旅行社产品调研。

实训步骤

第一步：分别选择当地一家旅行社和一家在线旅行社(OTA)，查询了解相类似的旅行社产品，进行对比分析。

第二步：根据调查了解，撰写分析报告。

实训成果

形成旅行社产品分析报告。重点从旅行社产品组成要素是否全面、要素匹配是否科学合理、产品类型与特点等方面进行分析描述。

>> 任务二　分析旅行社产品设计开发过程 <<

【任务描述】

通过了解分析旅行社产品设计开发过程，掌握旅行社产品设计工作流程，能够设计简单的旅行社产品。

【任务目标】

知识目标：了解旅行社产品设计的过程，掌握旅行社产品设计的主要内容和基本原则。

技能目标：能够设计简单的旅行社产品。

素质目标：培养信息收集能力和创新思维。

一、旅行社产品开发设计的一般过程

旅行社产品开发主要包括新产品开发和现有产品的深度开发两个阶段。顾名思义，新产品开发是从无到有的过程，而一个新产品在市场上有了一定的占有率后，必须进一步对其进行深度开发，使其完成从初级产品向中、高级产品的过渡。

旅行社新产品开发过程一般由产品策划、产品制作、市场试销和投放市场四个阶段构成。

(一)产品策划

1. 寻求创意

新产品开发过程从寻求创意开始。所谓创意，就是开发新产品的设想。虽然并不是所有的设想或创意都能变成产品，但尽可能多的创意却可为开发新产品提供更多的机会。因此，大多数企业都非常重视创意的发掘。旅行社产品创意的诞生主要有以下几种途径。

(1)投诉问题分析法。旅游消费者是产品信息的最好来源，而产品若被旅游者投诉则说明产品肯定存在问题，需要改进。分析这些投诉，经过综合整理，最后则可转化为创意。例如，国庆节期间，某旅行社推出北京双飞四日游产品。在促销期间，一些旅游消费者要求旅行社在行程中增加参观天安门升国旗的项目。产品设计部人员经过进一步调查，采纳了这个建议。结果，该产品受到了旅游消费者的高度认同。

(2)内部人员会议法。召集旅行社相关人员，如导游、组团部工作人员等围绕某个问题，各抒己见，从而激发灵感和创意。

(3)旅游中间商、代理商提供法。旅游中间商、代理商与旅游消费者直接接触，他们最了解消费者的行为与心理，同时对竞争对手也比较了解，来源于他们的创意往往是最佳的。

(4)反向头脑风暴法。该方法是把不同岗位、不同职务、不同部门甚至完全不相关的行业的专家或人员召集起来，如媒体工作人员、学校教师等，围绕某一个主题各抒己见，在思想的相互激荡中，寻求新产品设计的灵感。反向头脑风暴法要求主持者有高度的把握会议的能力，成员对彼此的观点不作评价，只是表达自己的观点。而产品设计者的任务是通过听取他人的发言，甄选出对产品设计有价值的建议。

好的产品需要好的策划，而好的策划离不开大胆的畅想。创新性思维在产品策划中的重要性，无论如何强调都不为过。来自社会的各方面信息都能提供给产品设计者许多畅想的机会。旅行社产品设计者的视野应该在缤纷的世界中更为开阔。

2. 市场分析

产品的策划阶段既需要富有激情的畅想，也绝对少不得冷静的市场分析。市场分析要求产品设计人员以理性的态度对拟定的产品进行剖析。设计人员取得足够创意之后，要对这些创意加以评估，研究其可行性，并挑选出可行性较高的创意，这就是创意甄别。创意甄别的目的是淘汰那些不可行或可行性较低的创意，使旅行社有限的资源集中于成功机会较大的创意上。它一般要考虑两个因素：一是该创意是否与旅游企业的战略发展目标相适应，这些目标主要是利润目标、销售目标、旅游形象目标等；二是旅游企业有无足够的能力开发这种创意，这些能力表现为融资能力以及开发所需要的技术能力、资源供给能力、市场营销能力等。事实上，这样的产品分析就是一份详尽的产品可行性报告。它不仅包括对市场状况、市场需求、旅游者承受心理等外部因素的分析，也包括对产品本身的特点、构成、落脚点等因素进行分析。缺少了这样的分析，产品就很可能是出于臆想，成为“建立在沙漠中的大楼”。

3. 形成新产品概念

经过甄别后保留下来的新产品创意还要进一步发展成为产品概念。在这里，应当明确产品创意、产品概念和产品形象之间的区别。所谓产品创意，是指企业从消费者的角度考虑的能够向市场提供的可能产品的构想。所谓产品概念，是指企业从消费者的角度对这种创意所做的详尽描述。所谓产品形象，是指消费者对某种现实产品或潜在产品所形成的特定印象。在确定最佳产品概念，进行产品和品牌的市场定位后，就应当进行试验，用文字、图画等形式将产品概念展示于目标顾客面前，观察他们的反应。

(二)产品制作

在完成产品的策划后，就进入具体的线路编排、制作阶段。旅行社产品开发设计程序的第一个阶段所确定的产品策划及创意，只是一个粗略的轮廓化的产品速写，而产品制作阶段的工作则让产品有血有肉，鲜活起来。

1. 收集相关资料

产品制作阶段的首要步骤是收集相关资料。目的地简介、各类介绍及评论文章等，都可以作为产品设计的参考资料。其他旅行社的产品资料也十分有用，但仅能用作参考，因为受到较多局限，具体表现为：①无法了解产品的最初编创意图；②无法完美体现原有产品的特色；③受原创产品旅行社的局限和束缚。

2. 实地考察

在设计新的产品，尤其是涉及新的目的地、新的线路、新的特色时，实地考察是必要的。在考察中所发现的问题，是在办公室里无论如何也想不到的。为了达到考察的真正目的，考察人员要进行前期资料准备并草拟考察提纲。实地考察期间，考察人员要以旅行社与旅游者的双重身份，从两种角度审视考察对象。考察结束后，要形成详细的考察报告。考察报告应包含这次考察的详细记录，包括产品构想、详细日程、考察笔记及相关的全部材料。在实地考察的评价表中，要至少包括这样一些内容：城市区间交通状况评价、景点评价、地接旅行社评价、旅游目的地接待服务设施评价等。

3. 分析取舍

设计人员在实地考察之后，要对收集的信息进行分析取舍。旅游线路作为产品的体现必须面对现实，面对市场。在进行分析取舍时，要注意以下三点：①产品内容要符合产品名称并突出主题。因为产品名称的确立为产品的生产奠定了基石，产品的主题、形式与产品的名称有着重要的关联。②要从购买者的欣赏角度出发。尤其是一些文化旅游产品，其所蕴含的内容能否满足旅游者的心理需求，要重点考虑。③在产品制作中，应尽力避免对景点选择的不慎重，以及由此可能给旅游者带来的误导等负面影响。

4. 组装产品

这一过程将分析取舍之后的旅游项目编排成一条完整的线路，并确定产品名称。线路编排就像工厂中的总线装配，经过取舍之后的产品名称、交通状况、城市、景点、食宿、娱乐活动等各类资料，都需要在这道工作环节中进行组合装配。经过合理编排的线路，才能变成一个完整成型的产品。产品的组装应当在旅行社产品设计原则的指导下进行，除探险旅游产品外，各类产品的设计，无一例外都要考虑行程安排的科学性和旅游者的舒适性，做到有效合理。

5. 制定市场营销组合策略

产品组装之后，设计人员还需要制定市场营销组合策略，针对不同市场需求对产品进行不同包装，确定产品价格，确立销售渠道，组织促销活动等。

(三)市场试销

如果旅行社的最高管理者对某种新产品开发设计结果感到满意，就可以着手用品牌名称、包装和初步市场营销方案组装新产品，向旅游消费者推介新的线路。推介的主要方法有做广告、发宣传单、营销人员直接对潜在旅游者推介或给予低价、赠送项目等让利方式，以便尽快地吸引第一批游客报名参加旅行。在此阶段，旅行社应当密切关注游客在旅游过程中对活动项目的评价、旅游接待过程中各个环节的衔接状况，以及旅游目的地的接待服务水平等，并且不断地与相关接待部门进行沟通、协商，对旅游中出现的问题加以调整和改进，以便提高产品质量。

(四)投放市场

新产品经过一段时间的试销，如果效果良好，旅行社就应该及时地将该产品全面投放市场，运用恰当的市场营销手段，尽量扩大产品在市场上的占有份额，提高产品的销售量和利润率。

二、旅行社产品设计的主要内容

旅行社产品是旅行社通过组织、协调一系列旅游经营企业，向旅游者提供的满足其在旅游过程中综合需求的服务。旅游者在旅游过程当中的综合需求包括吃、住、行、游、购、娱等方面。旅行社产品的设计就是分析市场需求，选择、采购、组合优化能够满足旅游需求的各项服务，使各项要素发挥最大的服务效益，为旅游者提供令其满意的最佳服务组合。

旅行社产品设计主要包括以下内容。

(一)充分调研，了解市场需求

任何产品的设计开发都必须建立在充分的市场调研、分析的基础之上，只有全面了解客源市场的需求之后，才能有针对性地设计出新产品。旅行社产品也不例外。旅游市场调研的目的是帮助旅行社及时掌握旅游消费者的需求特点，了解市场动向，把握市场脉络，从而确定正确的产品设计方向。旅游市场调研主要针对如下四个方面内容。

1. 旅游市场需求信息

旅游市场需求信息包括旅游者的构成及特征、旅游者消费行为特征及其原因、旅游者的旅游动机等。

2. 旅游市场供给信息

旅游市场供给信息包括旅游目的地的可进入性、旅游资源禀赋、旅游接待服务水平、旅游目的地承载力等。

3. 旅游市场竞争对手信息

旅游市场竞争对手信息包括竞争对手数量，产品特征、质量、品种，营销策略，竞争实力，以及长短期的竞争战略等。

4. 旅游市场环境信息

旅游市场环境信息包括经济环境、政治环境、法律环境、人文环境、自然环境、技术环境等。通过对旅游市场需求信息、供给信息、竞争对手及市场环境的调查，旅行社可以获得所需要的基本信息，在对这些信息进行整理分析的基础上设计开发旅游产品。

(二)突出主题，确定产品名称

每个旅行社产品，不论是传统的观光旅游，还是度假或专项旅游都有一定的主题，其名称是对这个产品的性质、主题项目和设计思路等内容的高度概括。因此，确定产品名称应综合考虑各方面的因素，力求体现简约、突出主题、时代感强、富有吸引力等原则。旅行社产品的名称包括旅游目的地、旅游项目、旅游时间、旅游交通形式、旅游线路特点等内容。

产品命名可以采取多种形式。有的名称朴实，简明扼要地说明旅游线路的目的地、交通方式、花费时间，如“桂林漓江山水四星四日游”“昆明、大理、丽江双卧五晚六日游”“九寨沟汽车四日游”等；也有的产品名称用优雅浪漫、富有文采或激情澎湃的语言突出线路最吸引人的主要特征，如“珍藏瞬间，见证中国航天历史——相约中国神舟五号载人航天飞船首次发射现场”“拜祭民族始祖、瞻仰革命圣地、领略黄土风情延安三日游”“地中海的味道·原装欧版地中海游轮塞浦路斯岛环游”等。

(三)优化资源，策划旅游路径

完整的旅行社产品通常包含了一个以上的旅游目的地，以及多个游览、休闲景区(点)。产品所涉及的不同的旅游目的地，被称为线路节点。一定的交通方式串接各节点的先后顺序构成旅游路径。节点是构成旅行社的基本空间单元。同一条旅游线路中的各节点可以具有相同或相似特点，用于满足旅游者的专项需求并服从于某一特殊主题的旅游目的地，如中国精品红色旅游线；也可以是在游览内容、旅游项目上差异性较大的旅游目的地，以满足游客求新、求异的多样化需求。节点可以是城市，也可以是独立的风景名胜区。线路的始端是第一个旅游目的地，是该线路的第一个节点；终端是线路的最后一个节点，是旅游活动的终结或整个线路的最高潮部分；而途经地则是线路中除始端和终端外的其他节点，是为主题服务的旅游目的地。策划旅游路径一方面是对符合主题特色的节点城市或风景区的选择；另一方面是对节点游览顺序的安排。旅行社在设计产品时，要科学合理地、人性化地选择和安排旅游路径，优化旅游资源，使整个线路形成鲜明的特色和强大吸引力。

(四)充实内容，巧排活动日程

活动日程是指旅游路径当中，在各旅游目的地或旅游景点游览的具体项目或开展的具体活动内容，以及各项活动进行的日期、在各地停留的时间长短等。活动日程不仅包含参观旅游景点，通常还包含住宿、餐饮、购物、娱乐活动的安排及交通方式的选择。因此，在计划活动日程时，旅行社应当使旅游行程劳逸结合，丰富多彩，特色明显，高潮迭起。在交通工具的选择上，不同交通工具的速度、价格、载客量、舒适度等有很大差异，旅行社必须在耗费时间、舒适享受和花费金钱之间寻找到最佳的平衡点，最大限度地提高游客的旅游性价比。

【实例分析】

坝上草原风情之旅

北京某旅行社推出了一条坝上草原风情之旅线路，其行程安排如下。

第一天

6:00从北京出发，约12:30到达美丽的坝上草原。稍作休息后在宾馆用午餐。

午餐后，游客经过简单的马术培训，即可开始进行骑马活动，或游览闪电湖、辽金遗址，黄花岛、点将台、白桦林等景观，尽享草原清新空气。19:30 用晚餐，在熊熊篝火旁品尝香味四溢的草原美味——烤全羊。

第二天

4:00(随季节变动)观草原日出。7:30 早餐，餐后统一组织娱乐活动：参加专业马术培训，或骑马游览草原中心著名景点——点将台、黄花岛、白桦林，或骑骆驼、开越野车、垂钓、划船、坐滑翔机、坐马车、草地四轮摩托车、滑索、爬山、采摘野花、放风筝等。11:30 午餐，餐后 12:30 发车离开草原。大约 18:00 返回北京出发地。

该线路的费用含吃、住、行、门票、保险、娱乐等项目，游客可以自行选择特色农家小院、草原风情木屋、蒙古王府四合院或双人间、四人间、八人间等，住宿标准不同，报价也不相同。

该线路名称为"坝上草原风情之旅"，突出"草原风情"主题，主要面向有体验草原风情需求的北京市民。在具体项目安排上，各个活动都突出草原特色，第一天上午从北京到坝上草原，以空间位移为主，稍作休息，用餐之后即引入旅游活动，让游客学骑马，观赏草原风光，安排品尝烤全羊风味大餐以及篝火晚会等娱乐活动，第二天一早看草原日出，上午组织只有在草原上才能进行的娱乐活动，中午用餐后返回北京。整个行程以草原风情为卖点，策划了诸多极具参与性，涉及吃、住、行、游、娱等多方面内容的草原游产品，使旅程丰富多彩、高潮迭起，令人回味无穷。

三、旅行社产品设计的基本原则

(一)市场导向原则

市场导向原则是指旅行社必须根据旅游市场的需求，即根据旅游者的需求为导向设计产品。由于旅游者的年龄、文化、职业、经历和所在地区不同，旅游者的需求千差万别，而且随着社会经济的发展，旅游市场的总体需求也在不断发生变化。旅行社要对旅游市场进行充分调研，以市场为导向，了解并预测市场需求的发展趋势和需求数量，分析旅游者的旅游动机，并根据市场需求的变化不断加工、完善、升级已有产品，以最大限度地满足旅游者的需要，使旅行社产品对旅游者具有长久的吸引力。市场导向原则具体体现在以下三个方面。

1. 根据市场需求状况开发产品

尽管旅游者的需求千变万化、差异较大，但是对于大多数旅游者来说，有些需求是相对稳定和具有代表性的，如：

(1)求名、求新、求异。希望能去著名景区、热点景区、未曾去过的景区或者与日常生活环境差异大的旅游目的地。

(2)放松、享乐。希望通过旅游使其从紧张烦琐的生活中解脱出来，舒适身心，怡情养性。

(3)游有所值。希望旅游过程既内容丰富又不是很劳累；能够有效地利用预算，购买物美价廉的产品和服务。

因此，旅行社产品中应包含必要数量的著名的、有价值的旅游地，以及自然环境和人文环境与游客常住地差异较大的旅游地。

2. 根据旅游者或旅游中间商的要求开发产品

旅行社根据从旅游者或旅游中间商获得的意见和要求，设计专门的个性产品以满足他们的需要。例如，某旅行社原有一条北京六日游产品，价格为2780元/人。在销售过程中，该旅行社发现全市销售的北京六日游行程是完全一样的，标准也一样，产品的同质化造成了恶劣的价格竞争。旅行社销售部门员工通过市场调查发现，旅游消费者认为北京行程不够丰富，线路中景点都是传统景点，新开发的景区没有被纳入，而且价格稍高，大多数人能够接受的价格是2200元/人。旅行社根据旅游者的要求，在线路安排中增加了三个新景点，并且设法与交通、住宿等经营企业谈判取得特别优惠，将总价格降低到2200元/人，最终推出了广受旅游者欢迎的独家北京六日游产品。

根据旅游者或中间商的要求设计个性化产品符合现代旅行社产品开发的趋势，但由于旅游者的需要差异较大，旅行社设计个性化产品时必须考虑其成本。因此，要充分调查并科学分析旅游者或中间商的个性需求，找出其中的共性并正确预测其发展趋势，使个性化产品在市场上有足够的消费群体，从而保证旅行社的赢利空间。

3. 创造性地引导游费

旅行社可通过构思创新，创造性地开发出新产品，以引导旅游消费。例如，云南丽江旅游线原来在深圳一直不温不火，深圳某旅行社经过周密策划推出“丽江假期”系列产品，其设计的以“深呼吸一次，足足回味一辈子”“在丽江适合发呆”为主题的产品，极具创意，对中等收入群体产生了巨大的吸引力。该旅行社还进一步对市场进行细分，把丽江游做成一个有多种选择的线路套餐，策划构想了一系列特色旅行团：针对白领的“周末偷闲白领度假团”；针对喜欢特种旅游发烧友的“徒步虎跳峡”“壮观三江并流”“寻源中甸香格里拉”“攀越哈巴雪山”“迪庆生存挑战”等一系列探险线路；针对英语爱好者的English talk in Lijiang纯英语情境对话团、纯自助丽江游等线路。

此外，该旅行社通过构思创新，还创造性地开发出丽江深度半自助游产品，该产品既有观光团的便利，又有自由行的灵活之优点，使到丽江的深圳游客避免了与广大的常规线游客“抢索道”“抢餐”“抢房”的局面。这样的自由行线路一经推出，在深圳市场上取得了立竿见影的良好业绩。

(二)突出特色原则

旅行社不实际拥有线路当中的旅游景点、住宿、餐饮设施、交通工具等资源，旅行社在设计产品时只能是将这些资源以不同方式组合在一起，因此，旅行社产品很容易被模仿。一家旅行社推出某个特色产品之后，往往不能对其申请专利进行保护，其他旅行社可以很快复制该产品，最后大家只能陷入低价竞争的无奈状况。真正好的旅行社产品必须有自己的特色，突出特色是旅行社产品具有吸引力的根本所在。旅行社要对产品的资源、形式等进行精心选择，力求充分展示旅游的主题，做到特色鲜明，以新、奇、异、美吸引旅游者的注意；同时还要建立各种业务网络，在软件服务上下功夫，形成难以被模仿的核心竞争力。突出特色，体现以差异竞争代替价格竞争的原则，是旅行社产品摆脱低水平竞争的根本所在。突出特色的原则具体体现在以下方面。

1. 从市场的角度挖掘旅游资源的特色

在这个问题上，旅行社必须以市场的价值观念看待资源的吸引力问题，而不是凭自己的主观意识做出决定。比如，江西南昌有个厚田沙漠景区位于江之滨，过去政府把这里视作土壤沙化的典型，每年投入大量资金防风固沙。随着旅游产业的兴盛，当地政府改变视角，突出其独特性——“绿洲中的沙漠”，开发出与周围江南水乡风光迥异的沙漠景区，对旅游者产生了巨大吸引力。

2. 选择具有突出特点的旅游资源

旅行社产品设计者应当选择具有突出特点的旅游资源，以满足旅游者求新、求异、求奇的心理。例如，浙江丽水的飞石岭景区，虽然旅游者不是很熟悉，但如果突出其网络景点特征，则较容易引起旅游者的兴趣。此外，如果旅游资源拥有悠久历史，如位列“三大古建筑群”或“四大佛教名山”之一等，也能更轻易地引起旅游者的兴趣。

3. 选择最具有地方风格和民族特色的旅游资源

每个旅游目的地独特的地方风格和民族特色都是宝贵的旅游资源。少数民族地区独特的自然地理风光、居民的日常生活习俗都对旅游者有巨大的吸引力。旅游资源的差异性是使旅游者产生旅游动机的重要因素，如果产品中的旅游项目同客源地的情况无差别，游客是不太愿意前来游览的，即使来过一次，以后也很难故地重游，除非旅游地有新的变化。

(三)旅游体验效果递进原则

旅游者选择旅行社产品最基本的出发点是以最少的旅游时间和旅游花费获取最多的有效旅游信息和旅游享受。旅游者对一次旅行的感受，不仅受旅游者本人的性情、爱好、修养、旅游同伴等影响，还与旅游路线当中各个景区、项目安排的先后次序有关。同样的旅游景点和活动项目会因旅游线路的结构、顺序、节奏不同而给旅游者带来差异很大的体验效果。

旅行社在设计产品时，应当在交通方便的前提下，充分考虑旅游者的生理和心理特点，使整个旅游线路呈现“序曲——小高潮——高潮——次高潮——大高潮”的节奏，有张有弛。应把吸引力最大的、消耗体力最多的景点放在游览过程的最后，这样才能极大地调动旅游者的兴趣；把主要购物地安排在最末一站，既有利于旅游者采购物品，又免去携带不便的烦恼，增强其对旅行社产品的满意程度。

【实例分析】

庐山二日游

南昌某旅行社推出庐山二日游，具体行程安排如下。

第一天

从南昌(7:00 南昌宾馆，7:15 江西宾馆侧门，7:30 洪都宾馆)乘空调旅游车赴庐山(约 2 小时)，上午游三宝树、黄龙潭、乌龙潭、黄龙寺、芦林湖、如琴湖等。中午在庐山牯岭云庐山庄用餐。下午游览花径、锦绣谷、天桥、仙人洞、险峰、美庐别墅，参观国民党军官训练团旧址——庐山会议会址。晚餐、住宿都在云庐山庄。

第二天

宾馆早餐后游览含鄱口、五老峰、三叠泉。中午在三叠泉景区用餐后下午乘车返南昌(约 18:00 到南昌)。

报价：550 元/人。其中包含的内容如下。

(1)住宿：云庐山庄双标间。

(2)门票：景点第一大门票。

(3)交通：旅游空调车、景区观光车。

(4)用餐：一早三正餐(十人一桌、八菜一汤)。

(5)导游：优秀导游服务。

(6)保险：提供旅行社责任保险 8 万元/人，旅游意外保险自愿购买。

在上述行程安排中，首先，旅行社设计了一个时间不长、花费不多，却能够游览庐山的绝大部分精华景点的旅游产品，符合市场需求原则。其次，旅行社选择了庐山最有代表性的景点：三宝树——寺前三株树，一树一菩提；芦林湖——群峰环抱，山水相映，桥如虹，水如空；花径——白居易咏桃花之处，“人间四月芳菲尽，山寺桃花始盛开”；锦绣谷——全长 1452 米，庐山最美的峡谷；天桥——神龙巧救朱元璋；仙人洞、险峰——毛泽东曾咏颂“天生一个仙人洞，无限风光在险峰”；美庐别墅——毛泽东、蒋介石等人都曾居住于此；含鄱口——“春如梦，夏如滴，秋如醉，冬如玉”，中国著名的日出观赏点之一；五老峰——中国领袖峰；三叠泉——庐山落差最大的瀑布，“不到三叠泉，不算庐山客”；等等。这是突出特色原则的体现。

此外，旅行社充分考虑了游客欣赏自然美景的心理需求和体能分配，第一天上午游览庐山的次热线景点，路途较为平坦，属于“序曲”部分，下午则是庐山最热线的景点，进入一个“小高潮”，但游览路径也较为舒缓，游客不至于过度疲劳。第二天需要登山，游客要耗费较多的体力，旅行社把庐山最壮美但路途也最艰辛、最耗费体力的景点——三叠泉，放在旅游路径的终端，使全线旅游在经历高潮之后精彩收尾，留给游客美好的回忆。这是旅游体验效果递进原则的体现。

如果旅行社把第二天的行程放在第一天进行，游客在游完三叠泉之后，疲惫不堪，根本就没有心情进行第二天的游览活动，即使勉强游玩，观景的感受也会不如第一天好。同样是安排这些景点，最后游客的印象却大相径庭。

（四）避免重复原则

旅游者在游览过程中，其注意力并不局限在旅游景点和活动项目上，旅游沿途的景观也是可供旅游观赏的对象。在游览过程中，如果要走回头路，就意味着要重复观赏相同的沿途景观。这种重复不仅会令旅游者感到乏味，而且造成时间和金钱上的浪费，是旅游者最不愿意接受的。因此，旅行社在设计产品时，应竭力避免重复经过同一旅游点，或尽量使旅游路径成为环形结构。如果实在受限于自然条件，必须回头，也应当考虑变更交通方式，比如乘缆车上、步行下，或者乘船去坐车回，以给旅游者带来多重体验。

避免重复原则还体现在对旅游景点和活动项目的选择上。旅行社在设计常规的观光型产品和度假型产品时，要考虑到各旅游点的代表性，不能重复安排同一主题的旅游点。同一主题的旅游点对一般旅游者来说往往大同小异，吸引力不大。例如，对于短线型旅游产品，忌上午看寺，下午再逛庙，或者第一天登山，第二天再爬山。对于专项型产品，虽然这种产品针对特定的目标市场，旅游者需要对同一主题的旅游项目进行深度体验，但也应尽量考虑同中求异，围绕主题安排各有特点和侧重的专项旅游项目。

（五）择点适量原则

旅游者希望花最少的时间和金钱获得最多的旅游体验。旅行社在设计产品时，应该综合考虑旅游花费和旅游体验两个方面。择点适量既可以使整个产品的价格控制在旅游者可以接受的水平，在激烈的竞争中获得价格优势，又能够使整个旅游行程有张有弛，紧凑而不忙乱，使旅游者达到放松享受、娱乐身心的目的。在时间一定的情况下，如果旅游项目安排过少，空闲时间太多，旅游者就会抱怨旅行社没有尽心尽责地安排旅游活动；而过多地安排旅游点同样是不可取的，不仅使整个产品直观价格偏高，而且旅游节奏太快，在各点停留的时间太短，游客无法充分地欣赏、品味旅游点的文化内涵，无法体验旅游点的参与性项目，更容易紧张疲劳，达不到休闲娱乐的目的。老年旅游产品如果安排景点过多、节奏过快，还可能引发部分老人身体不适等。

(六)时间合理性原则

首先，时间合理性原则体现在制订合理的旅游活动停留时间和恰当的景点间距。内容丰富、参与性项目多的旅游点停留的时间要长，观光游览性项目停留时间可以稍短。旅游点之间的距离也不宜太远，以免造成旅途中大量的时间和金钱耗费。另外，在花费一定的情况下，尽量选择快捷的交通工具，这样既可以缩短交通运行时间，以争取更多的游览时间，又可以减轻旅途劳顿。

其次，行程安排要留出一定的机动时间。不论是短途旅游还是长途旅游，都要留有适当的自由活动时间，同时还要留出一定的机动时间，以应付旅途中可能发生的意外情况。比如，有些旅游者时间观念较强，有些则自由散漫，通常很难按导游的预先安排全部准时集合到位，因此留出机动时间就显得尤为重要，否则旅游很难顺利进行下去。

最后，游程安排要符合人体生物钟的规律。一般来说，人经过一夜睡眠，上午的精力较为充沛。旅游者在上午的猎奇、感知欲望较强，心理上希望并且实际上能够收集和感知的环境信息量较大。午餐过后，大部分人有昏昏欲睡的感觉，此时旅游者对获取和感知环境信息的需求大为下降。午餐一两个小时之后，人的大脑又逐渐活跃起来。因此，上午的游览最好安排较为丰富的旅游项目，否则就容易使旅游者产生游览内容不够丰富甚至平淡的感觉。而在午餐后，应让游客适当休息。下午游览的内容又要相应地充实一些。总之，游览内容的丰富程度应尽量与游客一天中对旅游环境感知欲望的强弱相吻合，恰到好处地为游人提供适量的感知对象，以满足其旅游感知需求。

(七)安全第一原则

旅游是人们在解决了基本温饱之后，在有钱有闲的情况下进行的较高层次的享受活动。这种享受活动必须在保证安全的前提下进行。出门旅游，人们最担心的是安全问题；组织旅游，旅行社最担心的也是安全问题。常见的旅游安全事故包括交通(铁路、公路、民航、水运等)事故、治安(盗窃、抢劫、诈骗、行凶等)事故，以及火灾、游客食物中毒、游客突发疾病等。旅行社在设计产品时，必须遵循安全第一的原则，在组合产品的各个环节，尽量选择安全性高的吃、住、行、游、娱、购的设施、场所和安全有保障的经营单位，并且通过导游人员周到、尽心的服务，把旅途中安全事故的发生概率降到最低。

比如，青藏铁路通车之后，向往去西藏旅游的人与日俱增，旅行社纷纷开设青藏旅游线，但高原反应也令很多游客望而却步。旅行社在组织旅游之前，一方面，要做好宣传解释工作，减轻游客对未知环境的恐惧，让尽可能多的游客参加旅游；另一方面，要让游客做体检，确保其身体状况能够适应高原环境，并要反复向游客说明初到高原不要洗澡、严防感冒、保持行动平缓等注意事项以及预防高原反应的措施等。到达拉萨的第一天，也不要安排太多的、过于辛劳的旅游项目，让游客有充分的时间消除高原反应带来的不适，把游客在青藏高原上旅游的危险性降到最低。

(八)机动灵活原则

旅游过程牵涉面广，过程复杂，即使做了最充分的准备，仍有可能发生意外情况，如遇到不可抗力的突发灾害或由于某些特殊原因必须临时更改旅行安排，比如有游客走失，为寻找游客耽误了行程，或飞机晚点、交通堵塞等。这种情况下必须随机应变，更改部分旅行安排。因此，旅行社在设计产品时，日程安排要充实，但又不能过于紧凑，应留有一定的回旋余地。在执行计划过程中，也须灵活掌握，允许局部变通。

大部分旅行社对旅途中可能发生的意外有预先的准备，在发给游客的行程安排中，会特别注明："导游可根据实际情况调整旅游景点游览顺序或取消自理景点，但不减少行程中所含景点。如遇不可抗拒的因素而导致费用增加，我社不予承担。"

【任务实施】

旅行社产品设计初体验

实训目的

让学生体验旅行社产品设计的过程。

实训内容

通过小组活动进行市场调研与策划。

实训步骤

组成设计小组→市场分析与主题创意策划→收集景区、食宿、交通、娱乐等旅游供给信息→策划旅游路径组装产品→优化活动日常内容→市场营销策划

实训成果

形成旅行社产品设计报告。除了产品介绍，报告还应重点阐述市场分析与主题卖点、旅游路径的科学合理性等。

【课后小测试】

一、填空题

1. 旅行社产品组合设计的第一步就是充分调研，了解市场需求，调研内容包括旅游市场______信息、旅游市场______信息、旅游市场______信息、旅游市场______信息。

2. 旅游路径是以一定的______串接各旅游节点的先后顺序。

3. 活动日程是在各旅游目的地或旅游景点游览的具体项目或开展的具体活动内容，以及各项活动进行的日期、在各地停留的时间长短等，即把______具体化。

4. 旅游产品设计过程中，必须秉承"______第一"的原则。

二、判断题

1. 旅游线路节点只能是独立的风景名胜区。

2. 策划旅游路径一方面是对符合主题特色的节点城市或风景区的选择；另一方面是对节点游览顺序的安排。

3. 虽然根据旅游者或中间商的要求设计个性化产品符合现代旅行社产品开发的趋势，但由于旅游者的需要差异较大，旅行社设计个性化产品时成本很高，极不划算，在设计旅游产品中尽量避开这样的做法。

4. 旅游产品都是经过认真调研和精心策划的，具有很强的科学性和计划性，因此在线路编排上无须预留机动时间。

5. 一般来说，人经过一夜睡眠之后，上午的精力较为充沛。旅游者在上午猎奇、感知欲望较强，心理上希望并且实际上能够收集和感知的环境信息量较大。因此，上午的游览最好安排较为丰富的旅游项目，否则就容易使旅游者产生游览内容不够丰富甚至平淡的感觉。

三、单选题

1. 以下不属于旅行社产品的基本要求的是(　　)

A. 安全性　　B. 信息真实有效　　C. 合理舒适　　D. 质优价廉

2.(　　)也称为可选择性旅游，或自助游。它由非选择部分和可选择部分构成。非选择部分包含城市间交通(长途交通)和市内交通(短途交通)及住房(含早餐)；可选择部分包括景点项目、娱乐项目、餐饮、购物及导游服务。

A. 全包价旅游产品　　B. 半包价旅游产品

C. 小包价旅游产品　　D. 零包价旅游产品

3. 旅行社产品制作步骤正确的顺序是(　　)

①收集相关资料；②制定市场营销组合；③组装产品；④实地考察；⑤分析取舍

A. ①②③④⑤　　B. ①③④②⑤　　C. ①④⑤③②　　D. ④①⑤③②

4.“内蒙古草原沙漠 5 日游”的产品命名类型属于(　　)

A. 夸张型　　B. 朴实型　　C. 煽情型　　D. 以上都不对

四、多选题

1. 旅行社产品策划的第一步是寻求创意，其途径主要有(　　)

A. SWOT 分析法　　B. 内部人员会议法

C. 旅游中间商、代理商提供法　　D. 反向头脑风暴法

E. 投诉问题分析法

2. 旅游市场环境信息调研包括的内容有(　　)

A. 经济环境　　B. 政治环境

C. 人文与法律环境　　D. 技术环境

E. 自然环境

3. 旅游产品设计策划中的市场导向原则体现在(　　)

A. 根据市场需求状况设计产品　　B. 根据旅游者要求设计产品

C. 根据旅游中间商要求设计产品　　D. 创造性引导消费

E. 选择具有突出点的旅游资源

项目六　分析旅行社产品消费市场

【项目描述】

本项目旨在让学生了解、掌握旅行社产品设计营销的内外部环境、旅行社产品消费市场形成的条件，以及旅行社产品消费市场的特点。

>> 任务一　分析旅行社经营环境 <<

【任务描述】

在今天消费者掌握市场主动权的情况下，要使旅行社产品设计体现科学性，旅行社必须引入市场导向、顾客中心的理念，分析市场，全面了解消费者的行为习惯和心理需求，根据市场需求研发设计产品，真正做到"顾客需要什么，旅行社就设计什么产品"。

【任务目标】

知识目标：熟悉旅行社所处的经济、社会文化、政治法律、科学技术、自然地理等外部宏观环境，掌握旅行社行业经营特点。

技能目标：能够描述旅行社宏观外部经营环境和行业经营环境，并在旅行社产品设计过程中规避或解决不利环境因素，抓住并利用环境机会因素。

素质目标：提高信息搜集、分析能力，培养创新精神和解决问题的能力。

【理论引导】

一、旅行社外部经营环境分析

随着我国经济的持续快速发展和大众对休闲、旅游认识的逐步深入，我国旅行社的营销环境与20世纪相比已经发生了巨大的变化。这种变化表现在：旅游消费的日常化和全民性；旅游消费者的个体化和多次性；旅游消费的多元化和梯次性；旅游消费者阅历的丰富化和成熟化。简言之，我国旅游业已经完全进入了买方市场。

旅行社外部经营环境是企业运营的重要环境，它对企业经营活动产生直接或间接的影响，是企业不可控制的因素。外部经营环境由一些大范围的社会力量构成，包括经济环境、社会文化环境、政治法律环境、科学技术环境、自然地理环境等。所有旅游企业都处于这些外部环境因素的包围之中，不可避免地受到其制约和影响。这些因素及其发展趋势为旅行社的发展提供了机会，同时也对旅行社的生存构成威胁。

(一)经济环境

经济环境是指旅行社经营活动所面临的经济条件，它是开展市场经营活动的基础。旅游企业从事市场营销活动的前提是市场的存在，而旅游市场是由旅游消费者、购买力、购买意愿、购买权利四个要素组成的，旅游市场的四要素实质上都是直接受经济环境变化的影响。因此，经济环境对旅游营销活动有更为直接的影响力。

旅游业是一种休闲产业，只有经济发展到一定阶段，人们有了旅游的愿望和需要、充足的时间和资金的保障，旅游才会被提上日程，旅游业发展才具有原动力。现代旅游业首先是在经济发达国家兴起的，如美国、德国、英国、法国、意大利、加拿大、日本等国。与此相反，众多的发展中国家经济底子薄，交通落后，基础设施不完善，在国际旅游市场上缺乏竞争力。

(二)社会文化环境

社会文化环境是指由社会地位和文化素养的长期熏陶而形成的生产方式、价值观念和行为准则，是一个社会的风俗习惯、宗教与民族特征、教育水平、语言、价值观等的总和。风俗习惯对旅游者消费行为和旅行社营销方式影响重大。宗教与民族影响着人们的价值观、审美观、行为准则与认识事物的方式，从而直接或间接地影响着人们的旅游消费行为。教育水平不仅影响人们的旅游水平，而且影响旅行社的市场调研与促销活动。掌握当地语言，易于人们的感情沟通，对旅游营销活动十分有利。因此，旅行社的营销活动必须适应社会文化因素，并随社会文化因素的变化而变化。反映在具体的旅游营销活动中，特别是在开展国际旅游营销活动时，旅游企业不能以本国、本地文化为参照系，而要自觉地考虑异国、异地社会文化的特点，使旅游营销活动与社会文化因素互相适应。例如，制作旅游广告、旅游产品目录必须顾及语言文字、模特形象是否符合异国、异地文化。一个漂亮女性形象的广告在许多国家都可以被接受，但在伊斯兰国家却可能遭到抵制，无法进行电影、电视广告宣传。

(三)政治法律环境

政治法律环境是指政府、政党、社会团体在国际关系和国家社会经济生活方面的政策、活动。旅行社的营销活动是社会经济生活的组成部分，必然受到政治与法律环境的调整与约束。构成政治法律环境的因素主要有：①国家的政治体制、政局变动；②经济管理体制、政府与企业的关系；③法律法规，特别是有关旅游的立法；④政府的有关经济政策。

2013 年 10 月 1 日《中华人民共和国旅游法》(简称《旅游法》)正式施行。《旅游法》分别对旅游者、旅游规划和促进、旅游经营、旅游服务合同、旅游安全、旅游监管、权利救济等内容作了规定。旅游法采取综合立法模式，突出保障旅游者和旅游经营者的合法权益，坚持以人为本、安全第一并实行统一的旅游市场准则，对旅行社经营的方方面面均做出了规范。《旅游法》第四章第三十五条针对“零负团费”规定，“旅行社不得以不合理的低价组织旅游活动，诱骗旅游者，并通过安排购物或者另行付费旅游项目获得回扣等不正当利益。旅行社组织，接待旅游者，不得指定具体购物场所，不得安排另行付费旅游项目”。这一条款严格规定了旅游线路的报价，限制了旅游购物活动。2013 年国庆节就有多家旅行社因为违反《旅游法》相关内容而被罚款甚至责令停业。这些行业的变化都与国家的政治法律环境是密不可分的。

(四)科学技术环境

科学技术环境的变化，给旅行社带来了前所未有的机遇与挑战。一方面，新技术的发明和应用，给旅行社开发新产品创造了条件，增加了产品的吸引力，提高了旅游服务水平和质量，提高了服务效率和服务的准确性，也给旅行社创造了新的市场，带来了新的利润。例如，电子计算机的广泛应用提高了旅行社的工作效率，旅行社能够开展一对一营销，为客人定制个性化产品。又如，交通技术的飞速发展使得旅游者的出行更加便捷，旅游需求量也随之增加。另一方面，新技术的发明也对老产品构成了威胁。旅游产业信息化的发展，使得游客选择旅行社的范围更广泛，行业竞争更加激烈，这无疑也加大了旅行社的成本。互联网的出现弱化了旅行社的代理功能，使不少旅行社面临生存危机。

(五)自然地理环境

从人类审美的心理需求来看，自然景观美是旅游的基础。秀美的山水、清新的空气等自然旅游资源较好地满足了游客返璞归真、放松心情、回归自然的心理需要。特别是随着生产的发展和科技的进步，人们的闲暇时间逐步增加，长期生活在钢筋混凝土中的城市居民，工作和生活节奏快、压力大，通过旅游的方式回归自然，从而达到锻炼和疗养身心的目的。旅游资源本身蕴含的各种美学特征及历史文化、科学价值是旅游行为的直接激发者，资源的好坏将直接影响旅游者的满足程度。在一个空气污浊、水体污染严重的环境中，游客是无法去领略、欣赏游览对象的各种美学特征的。

旅行社在为社会提供舒适、安全、有利于人体健康的旅游产品的同时，要以一种对社会、对环境负责的态度，合理利用资源，保护生态环境。旅行社产品的设计和开发需考虑对环境的保护，要使对环境的负面影响最小化，经营过程中对资源和能源的消耗尽可能降到最低。同时，旅行社应向顾客提供绿色的旅游产品，并积极参与环境保护和旅游资源保护活动，处理好保护与开发利用的关系，从而达到社会效益、经济效益和生态效益的“多赢”。

二、旅行社内部经营环境分析

(一)旅行社发展分工体系

我国旅行社采用水平分工体系，无论旅行社的规模大小，都开展所有的旅游业务，这样的分工体系使得大型旅行社无法实现规模经济，其优势得不到发挥，而中小旅行社缺乏明确的市场定位，难以形成自身的核心竞争力。这种分工体系在旅行社发展的实践中弊端日益暴露。要改变目前我国旅行社企业的这种经营状况，就应该改革其分工体系，由平行分工体系向垂直的分工体系发展，使得各个旅行社可以通过资源共享、合理分工，达到各自利益的双赢。

(二)旅行社产品具有多重特性

旅行社产品是由吃、住、行、游、购、娱各种要素组成的“组合产品”，且大部分是无形产品，其多样性、无形性和综合性使旅行社的产品开发具有一定的难度。由于单个旅行社拥有的资源有限，在开发旅游产品的过程中，旅行社要整合和利用外部资源来设计最好的旅游产品组合。

(三)旅行社需要加强联合，优势互补

由于不同的旅行社的核心业务各不相同，这就需要拥有不同优势的旅行社之间进行联合，优势互补，增强各自的竞争力。随着出入境旅游的发展，境外旅行社集团进入我国旅行社市场，使我国旅行社面临着严峻的挑战。散客旅游是国际旅游业发展的一大趋势，旅游者消费观念进一步成熟，对旅游产品的需求也日益个性化。这种大趋势要求旅行社不断推出不同种类的散客旅游产品。然而，单个的旅行社受到资金、资源等的限制，要开发散客旅游产品的成本较大。要有效地参与国际竞争，我国旅行社只有加强联合，走集团化的道路，将各地的散客集中统一操作，这样才能降低操作成本，应对快速变化的旅游市场。

(四)大型旅行社集团化、中小型旅行社专业化

目前，我国少数大型旅行社由于大而全的经营模式，优势得不到进一步发挥，难以做强，而多数中小型旅行社小而碎的经营模式使其举步维艰。因此，大型旅行社应当把重点放在实现规模经济上，通过合并、兼并小旅行社或其他方式重新组合，形成集人力资源、财力资源和景点资源一体化的旅行社集团，进行统一的组织管理，这样可以发挥其在采购、预订、营销、资金、人才等方面的优势，并可以引导和稳定旅游市场，避免出现因旅行社市场过度分散和混乱而导致的问题。中小型旅行社可以采用集中化市场营销战略，如做某条专线代理，或者是提供机票预订、门票代订、酒店代订、代办签证等单项服务，这样既降低成本和风险，形成特色产

品或特色服务，也可避免在残酷的市场竞争中被淘汰，还使得市场上的旅游产品更加多样化。

（五）多渠道开发市场，寻找有利商机

目前，市场开发的形式很多，而大多数旅行社由于规模和盈利的限制，一般采用的是最传统的开发方式。大量新的市场开发方式，如电子商务的运用可以吸引更多的游客，特别是年轻群体的加入，因而旅行社开发市场可以借助网站、微博、微信等新媒体来进行宣传，或者建设自身的旅游电商网站寻找新的商机。

【任务实施】

旅行社经营环境分析

实训目的

让学生了解影响旅行社经营管理的内、外部因素。

实训内容

选择一家本地旅行社作为分析目标，拟订访谈提纲，与旅行社管理、工作人员进行访谈交流。

实训步骤

第一步：组成分析小组。

第二步：确定目标企业，联系确定访谈时间，访谈方式。

第三步：上门访谈或电话问卷访谈，访谈结束后整理、讨论。

实训成果

旅行社经营环境分析报告(从内、外部环境两方面进行阐述、分析)。

>> 任务二　分析旅行社产品市场的形成与特点<<

【任务描述】

通过本任务学习，深刻理解旅行社产品消费市场的形成条件和特点，为更有针对性设计旅行社产品、更好满足顾客需求奠定基础。

【任务目标】

知识目标：掌握旅行社产品消费市场形成条件以及各项条件对消费市场的影响；熟悉旅行社产品市场的特点，尤其对市场需求及其变化趋势要有准确判断。

技能目标：能够在设计旅行社产品过程中以市场需求为导向，善于发掘和引领市场需求。

素质目标：提高发现问题、分析问题、解决问题的能力。

【理论引导】

一、旅行社产品消费市场的形成条件

一个人如果要外出旅游，必须同时具备主观和客观两个方面的条件。主观上，

要有外出旅游的动机，客观上，要具备一定的支付能力和闲暇时间，并且身体状况允许。因此，旅行社产品消费市场形成的条件包括旅游者的可支配收入、闲暇时间和旅游者的个人情况，以及其他条件。

(一)可支配收入

某一国家或地区的富裕程度和经济发展水平往往是旅游者产生的首要条件。但个人的收入并非全部用于旅游活动，所以确切地说是其可支配收入影响其旅游需求。

消费支出可分为日常生活(衣、食、住、行等)必备支出、纳税及社会消费(如健康人寿保险、老年退休金、失业补贴的预支)等。可支配收入是指一年总收入扣除上述部分，即扣除掉全部税收、社会消费和衣、食、住、行等生活必需消费等基本开支后剩余的部分。这部分开支是能够根据个人意愿自由支配的。可自由支配收入越多，人们选择旅游的可能性越大，二者成正比关系。

(二)闲暇时间

闲暇时间是指日常工作、学习、生活及其他必需时间之外，可用于自由支配、从事消遣娱乐活动或自己乐于从事的任何活动的时间。闲暇时间是一个非常重要的因素，是否有闲暇时间决定一个人能否旅游的重要条件。一般来讲，人的时间可以划分为 6 个部分：①进行满足人的生理需要的活动的时间，如吃饭、睡眠等；②必要的生计时间，如上班、工作等；③用于家务或杂事等的时间；④用于社会交往的时间；⑤用于如购物、加班、处理不可预知的突发事件等的时间；⑥完全由个人意愿支配，不受其他条件制约的时间——闲暇时间。在上述时间中，只有闲暇时间是对旅游有意义的时间。

闲暇时间可以划分为每日零碎的闲暇时间、周末公休时间、公共假日时间、带薪假期时间和其他法定的休息时间等。每日的零碎闲暇时间最多，但这部分时间较为零散和不确定，虽然可以用于娱乐和休息，却不可能用于旅游活动。相比较而言，周末公休时间和公共假日的时间段较长，是完全可以进行旅游的时间。带薪假期较长，又有相应的经济支持，因此是进行旅游的绝好时机。其他的法定休息时间主要针对从事某些行业的人群，如教师、海员、部分铁路或航空工作人员，这些人员在某一段时间会有较长的休闲时间，可以用来进行旅游活动。

(三)旅游者的个人情况

除了可支配收入和闲暇时间外，旅游者的个人情况也是影响旅游活动的重要因素，主要表现在旅游者个人的身体状况、所处的年龄阶段、性格和性别等。

1. 身体状况

通常，身体好的人更易于选择旅游活动，反之则难以成行。外出旅游虽然是种精神和身体的享受，但也要有一定的身体条件作为保证，因为各项旅游活动都需要旅游者亲身参与。既然是旅游，到了景区，每一个景点都是要看一看的，整个游览路线走下来，需要消耗大量的精力和体力。如果是长线旅游，旅游者更要长时间奔波于旅游地和旅游景点之间，因此，身体不好的游客很难接受。如果游客在旅游中只是疲于奔命，走马观花，旅程中没有得到美的享受，反而不如在家里舒适，那就得不偿失了。必须指出的是，不能正常活动的病人，即使有充裕的时间和较好的经济条件，也不能外出旅游。

2. 年龄阶段

不同年龄阶段的人出游的愿望不一样，出游的频率也不同。一般来讲，具有自主行为和一定经济来源的中青年旅游较多。据统计，在不同年龄阶段中，中青年游客(16～59 岁)占全部旅游者的 50％以上。但是其中的很多游客，特别是青年游客都喜欢采用自助或者是自驾游的方式，所以，对于这部分游客来说，开发更适合他们的旅游线路可以使更多的这类群体通过旅行社报团出游。我国老年群体的状况也值得关注和研究。一方面，老年人能否出游取决于他们的身体能否适应旅游过程中的颠簸和频繁的活动，若身体状况不成为限制性因素的话，老年旅游者的市场潜力是较大的，他们有充足的时间和一定的财力，因此，具有旅游的充分条件。另一方面，我国的城镇老年人群虽然退休后有经济保障，但是受传统家庭观念的影响，更多的老年人把精力和金钱花费在下一辈身上，所以老年旅游者数量偏少。随着生活观念和生活方式的转变，老年人有望成为一个较大的旅游群体，其消费潜力需要挖掘和开发。

3. 性格和性别

按照心理活动的倾向划分，旅游者的性格大致可划分为外向型和内向型两种。外向型的人大多好动、热情、直爽，容易流露自己的感情，具有较强的冒险和开拓精神，更倾向于进行旅游活动。内向型的人不爱交际，安静稳重，办事小心谨慎，经常反复思考同一问题，更倾向于保守，他们旅游的兴趣低于外向型者，这类人即使出去旅游，也大多选择活动量较小、自己熟悉的旅游地。

从性别来看，热衷于冒险的男性更易于成为旅游者。在旅行活动中，女性旅游者所占的比例要低于男性旅游者，而且所参与的范围也较窄。原因如下：一是来自于社会角色的认同。从社会角色角度来看，男性从事的工作和职业较为广泛，接触面很宽，其所承受的社会压力也较大，他们更倾向于通过旅游来放松身心；同时，社会大环境也为男性的出游提供了大量的条件。而女性除了工作之外，还要承担更多的家务、照顾老人和孩子等职责，即使是双休日等假期，女性的休闲时间也远不如男性休闲时间多。二是男女两性的特点和差异所致。男性较强壮，愿意参加各种活动，女性较为柔弱，即使出去旅游，也偏爱游览风景、购物等旅游活动。性别的差异造成休闲方式也有差别，例如日常生活中，大多数女性认为去逛商场是一种休闲和享受，而大多数男性则认为是受罪。

此外，城市化程度、旅游业的发达程度、政府对旅游业的重视等因素也会影响旅游需求。

二、生活方式转变对旅游消费行为的影响

随着社会的发展，人们的生活方式和生活观念都在发生着日新月异的变化，越来越多的人把旅游看成生活的一部分。现代经济发展对人们生活方式的改变，突出表现在消费社会化、享受时尚化、追求精神化等方面，这些方面的变动都对旅游消费产生了很大影响。

(一)消费社会化促进旅游消费

所谓消费社会化，即人们的生活消费依托社会服务，把个人从繁杂的家务中解脱出来，由此便增加了人们的休闲时间，滋生了旅游消费的主观愿望。社会公共消费服务为旅游消费创造了条件。所谓社会公共消费服务，是由社会公共消费机构投资、社会有关开发和管理部门举办的直接以社会服务的形式满足人们的物质和文化需要的消费服务。旅游活动的诸要素(包括吃、住、行、游、购、娱等)是人们消费社会化的集中表现形式。实践证明，消费社会化程度越高，旅游就越发达。

(二)享受时尚化吸引旅游消费

所谓享受时尚化，即人们在满足基本物质要求的基础上，解决生活用品从“有没有”的状态，上升为“好不好”的状态，它表现为享受求新颖、赶时尚。旅游消费是一种新兴消费领域，人们从中可以获取多方面全新的享受。旅游消费流行的渠道多、速度快，往往自发地形成一种“消费导向”，为众多消费者接受或趋从。

(三)追求文化推动旅游消费

旅游消费本身是文化消费现象，旅游者在旅途中获取综合的文化享受。同时这种消费过程又是精神财富的消化、继承、积蓄、再造和创新的过程。

旅游消费具有一定的启蒙和教化作用，能够增进人们之间的社会交往和相互了解，使消费者得到精神享受，同时能达到益智和发展个性，从而符合信息时代对复合型人才的需要。旅游还有助于增进跨文化理解，促进社会和谐，提高人们的文化素养，改善人与人之间的关系。旅游既含有消费文化成分，又是文化消费行为。旅游是现代人满足文化消费需求的重要途径之一。随着中国特色社会主义社会进入新时代，我国社会的主要矛盾已经转化为人民日益增长的美好生活需要和不平衡不充分的发展之间的矛盾。而丰富多彩的旅游活动产品将成为人民美好生活的重要组成部分。

【实例分析】

“舌尖之旅”应运而生

2012年，随着纪录片《舌尖上的中国》的热播，很多人开始对各个城市的美食

产生了浓厚的兴趣，旅行社也看到了这一商机，一大批的“舌尖之旅”旅游线路应运而生。

某旅行社推出了“舌尖上的徽州——徽州美食之旅两日游”，将徽州的美景和美食巧妙地结合在一起，线路是这样安排的：第一天白天游览新安江山水画廊，晚上前往屯溪老街品尝汪一挑馄饨、黄山徽墨酥、小烧饼等特色小吃。第二天早上游览歙县的徽州古城，中餐品尝一桌地道的徽菜大餐。

除此之外，还有“舌尖上的江南”“舌尖上的大连”“舌尖上的内蒙古”“舌尖上的山西”等有明显的“舌尖效应”的旅游线路。

虽然这些线路的价格几乎是通常线路价格的两倍，但是因为其美食特色，受到了很多“吃客”们的追捧。由此看出，文化是旅游消费的重要内容，旅行社要善于挖掘市场需要、把握市场脉络。

三、旅行社产品消费市场的特点

(一)旅游市场容量增大

随着居民可支配收入不断增加，居民身体素质和文化素养不断提高，生活和消费观念也发生了根本变化，人们迫切希望通过旅游满足开阔视野、陶冶性情的高层次的需求。国民的闲暇时间增多，出游机会更多，旅游人数会稳步增长。旅游是一次性购买和一次性消费的产品，它没有需求饱和的情况，也没有储存的可能。从旅游产品的特征来看，它与住房、汽车等不同，不是一次性购买后就可以长久享用的耐用品。旅游产品是一个不断消费、再行购买的过程，正朝着生活快消品的方向发展。此外，目前旅游消费价格比较贴近和适应中国中等收入水平群体的意愿，因此旅游消费市场具有更广阔的发展前景。

(二)旅游消费需求多样化

随着经济发展、物资流通、人民生活水平不断提高，旅游者消费心理日益成熟。一方面，旅游者的消费需求越来越多样化；另一方面，旅游消费的形式由初级向高级发展。旅游者不再满足于初级的游山玩水，对享受性和游乐性的要求大大增强，由基本满足型向舒适型、享受型过渡。旅游市场这种需求分化的明显趋势，必然要求具有能够满足相应需求的旅游产品。因此，一部分市场感觉比较敏锐的旅行社，主动进行业务转型，开始试水大众观光旅游之外的其他目标市场，如高尔夫旅游、拓展训练、探险旅游、研学旅游等。而在那些历来比较火爆的传统经典线路中，激烈的价格竞争大大压缩了利润空间，一方面，迫使部分旅行社退出这些市场，转而谋求其他行业发展；另一方面，仍然身在其中的旅行社，开始对原有的线路产品重新进行差异化的创新整合。

(三)旅行路线由短途向长途发展

旅游者逐渐不满足于家门口的短距离启蒙式旅游，而转向中长途旅游。旅游的区域扩大，热点仍热，温点和冷点将随着国内旅游的发展而逐步升温。随着我国交通事业的进一步发展和人们的闲暇时间增多，人们的目光逐步投向远方的世界。

(四)旅游市场结构发生变化

当前我国国内旅游消费结构中吃、住、行的比重较大，游、购、娱的比重较小。旅游业发达国家和地区，如新加坡和中国香港，旅游消费中游、娱、购支出较大。我国旅游消费结构中，物质消费比例高，精神消费比例低。旅游消费者构成中，自费旅游的人数将逐步增加，公费旅游中的职工奖励旅游、公务旅游、会议旅游仍将在国内旅游中占一定比重，只不过份额将逐步下降。随着人民生活水平的提高，越来越多的人将会选择自费旅游的方式出行。

(五)旅行社产品消费市场竞争激烈

类似的旅游资源可能导致类似的旅行社产品设计，因此也就极有可能导致旅行社之间的恶性竞争。由于旅游资源的相似性，不同的旅行社之间极易出现相互抄袭产品设计的现象，这些旅游产品一旦在相同的客源市场上重叠，就可能形成恶性竞争。

【任务实施】

撰写大学生旅游需求分析与对策报告

实训目的

让学生掌握旅游市场特定人群需求分析方法。

实训内容

以自己所在学校及周边学校大学生为调研对象，以本任务理论知识为基础设计调查问卷，运用网络问卷工具开展调研，并对数据进行统计分析，发现问题、提出对策。

实训步骤

第一步：设计调研问卷。问卷应科学、合理，符合调查对象特点和习惯。

第二步：发放问卷，回收数据。

第三步：数据分析与讨论，酌情开展补充问卷调查。

第四步：撰写调研分析报告(包括调研发现、对策建议等)。

实训成果

大学生旅游需求分析与对策报告。

【课后小测试】

一、填空题

旅行社产品消费市场形成的条件包括旅游者的______、______和旅游者个人情况，以及其他条件。

二、判断题

1. 旅行社外部经营环境是企业运营的重要环境，它对企业经营活动产生直接或间接的影响，是企业不可控制的因素。

2. 旅行社产品是由吃、住、行、游、购、娱各种要素组成的组合产品，且大部分是无形产品，因此，旅行社的产品开发没有难度。

三、单选题

1.《中华人民共和国旅游法》于（　　）开始施行。

A. 2002 年 10 月 1 日　　B. 2003 年 5 月 1 日

C. 2012 年 10 月 1 日　　D. 2013 年 10 月 1 日

2. 旅游者个人情况也对旅游的产生起到一定作用，以下不属于旅游者个人情况的是（　　）

A. 身体状况　　B. 年龄阶段

C. 可自由支配收入　　D. 性格和性别

四、多选题

1. 旅行社外部经营环境一般有（　　）

A. 经济环境　　B. 社会文化环境　　C. 政治法律环境

D. 科学技术环境　　E. 自然地理环境

2. 闲暇时间可以划分为（　　）

A. 零碎的每日闲暇时间　　B. 每周的周末公休时间

C. 公共假日时间　　D. 带薪假期时间

E. 其他法定的休息时间

3. 旅行社产品消费市场的特点有（　　）

A. 旅游市场容量大　　B. 旅游消费需求多样化

C. 旅行路线由短途向长途发展　　D. 旅游市场结构发生变化

E. 旅行社产品消费市场竞争激烈

项目七　设计不同类型的旅行社产品

【项目描述】

旅行社产品按照旅游活动的内容和性质，一般分为观光旅游产品、休闲旅游产品和专项旅游产品(特种旅游产品)。本项目针对目前旅行社产品设计的发展趋势，着重介绍观光游产品、休闲游产品和专项旅游产品中的商务游产品、老年游产品、研学游产品、自驾游产品的主要特点和设计思路。

>> 任务一　“传统观光游”产品设计 <<

【任务描述】

在了解观光游旅游产品及其特点的基础上，掌握观光游旅游产品设计思路和要点，并熟练运用在产品设计中。

【任务目标】

知识目标：了解观光游产品的概念，熟悉观光游产品的特点，掌握观光游产品的设计思路。

技能目标：能够设计符合市场需求、适销对路的观光游旅游产品。

素质目标：培养创新精神和解决问题的能力。

【理论引导】

一、观光游产品概述

(一)观光游产品的概念

观光游产品是旅游产品中出现最早的一类，作为传统旅游产品的代表，观光游产品既是现行旅行社生产的主要产品之一，也是旅行社的立社之本。在市场经济环境中，观光游旅游产品既面临着旅游者的选择，又经受着周边区域和同类产品的竞争的考验，这就需要创新才能立于不败之地。

实现观光游产品创新的源泉和基础就是要了解这种旅游方式的内涵。它是旅行社以旅游目的地的自然旅游资源和人文旅游资源为依托，以旅行社安排的各项接待设施为媒介，组织旅游者前往参观游览自然风光、文物古迹及考察民情风俗的一种旅游产品类型。

观光游产品最大的优势在于种类繁多，如今市场上流行的农业观光、工业观光、军事观光、生态观光、科技观光、医疗观光等都属于观光游的范围，正是这些广泛性和多样性给观光产品创新提供了有利条件。

观光游中的旅游资源一般是不变的，旅行社面临着激烈的市场竞争，需要让其“资源不变产品变”，充分挖掘出原有旅游资源的内涵，创造新卖点，才能在旅游市场上永葆生命力和竞争力。

(二)观光游产品的主要特点

1. 旅游者逗留的时间短

观光游产品大多数要求参观的旅游点较多，加之旅游消费者在某旅游目的地的时间既定，因此旅游者在每一旅游点停留的时间较短，大多数旅游者只能对景点形成一个基本自然属性(外在形象)的感性认识或一般了解，难以产生深层次的认识。

2. 旅游者重游率低

观光游产品主要是针对旅游目的地的自然景观和人文景观设计的，对旅游消费者来说，第一次来某旅游目的地进行观光游是出于“求新、求奇、求知”的消费心理，当其到达此旅游目的地观光时，这种消费心理逐渐得到满足而淡化，使其再次来观光游的冲动和积极性骤减。同时，绝大多数旅行社在设计产品时，将旅游目的地的所有标志性参观游览点全部安排，使旅游消费者没有了进行二次消费的潜在欲望。因此，对于观光旅游产品，旅游者一旦消费过，其进行二次消费的可能性就会明显降低。

3. 旅游者的构成大众化

观光游参与方式简单、适应性广，因而适宜男女老幼、各种职业和各种身份的人，具有大众化的特点。

4. 产品的季节性强

一般来说，观光游旅游产品主要依赖自然旅游资源吸引游客，因而旅游接待量的季节性波动比较大，如北戴河、青岛、大连等海滨旅游胜地因为其特殊的海滨旅游资源，具有明显的季节性。北戴河为“夏都”，青岛为“避暑疗养胜地”，夏季游客增多，其他时间去的人自然就会减少。

5. 产品主动参与性弱

观光游产品市场的成熟性，使得众多的观光型产品成为市场常规产品，即对于某一观光产品，绝大多数旅行社在设计、开发过程中都形成了一种定式，也就是通常所说的常规行程。在常规行程中，所有的旅游产品消费者只能按部就班地根据旅行社既定的观光游安排进行被动式消费，基本上难以主动地参与旅游行程的安排。

6. 旅游者追求“刺激”

从心理学的深度剖析观光旅游需求，观光旅游者追求的是“刺激”，即通过求新、求异获得刺激，从而获得与日常生活全然不同的体验，“刺激”越大，体验越深刻，旅游效果越好。

二、观光游产品的设计思路

(一)寻找新颖主题

常见的观光类旅游产品可以分为自然主题观光旅游产品、历史主题观光旅游产品、民俗主题观光旅游产品、城市主题类观光旅游产品、乡村主题观光旅游产品等五类。设计这五类产品，既要考虑资源特色和消费市场的不同，设计出集展示性、表演性、参与性于一体的观光旅游精品；又要注重延伸，设计一些丰富多样的观光商品与观光旅游活动，使观光旅游产品在表现形式上具有新颖性。

(二)整合新型项目

随着旅游开发进程的加快，很多旅游地都推出了新的旅游项目，不少地方还出现了新的目的地。这为传统观光旅游产品创新提供了新的机遇。设计线路以传统观光胜地为主，组合新型旅游项目，适当延伸至新的目的地，往往可以取得意想不到的效果。例如，某旅行社推出的“新庐山之旅”，就在原来庐山常规两条观光线路的基础上，增加了天沐温泉等温泉古镇区线路，吸引了不少游客。

(三)提高游客参与度

在激烈竞争的旅游产品市场中，旅行社要积极主动地把握市场先机，这不是依靠自身力量就可以实现的，关键是要借助旅游消费者的社会力量。因此，旅行社提高产品的社会吸引力和社会认可度就显得异常重要。而产品的社会吸引力和社会认可度主要来自旅行社对旅游消费者的主动参与性的尊重，要在旅游产品开发中贯彻“服务至上，游客为本”的服务观，积极拓展能够吸引游客主动参与的项目。

(四)创造附加价值

传统观光旅游产品创新的另一种方式是突破观光的局限，为游客提供爱和归属、受尊重、自我实现等方面的附加值。例如，海南某旅行社曾经设计“多背一公斤”观光线路，游客只需在出游时多背上一公斤的文具或书籍等，就可在旅行的过程中顺便将它们送给贫困地区的孩子以献爱心，同时获得一种使命感和自豪感。

【知识链接】

庐山以其秀美的自然风光、深厚的文化积淀，先后被评为世界文化景观、世界地质公园联合国优秀生态旅游景区等。因此，到庐山旅游的人络绎不绝。庐山游也成为江西省内众多旅行社的主打产品。但是，纵观江西省内的旅行社，大多数关于庐山旅游的产品都是庐山一日游、庐山二日游，而且各旅行社的行程安排大都一样。庐山最大的亮点应该是它的包容性，“自然、人文、宗教、政治”都有许多可以让人留恋的胜处，这是许多其他旅游景点无法比拟的。正是认识到这一独特之处，一家旅行社开发了一些关于庐山观光游的旅游产品。这些产品刚一面市，就受到众多旅游消费者的关注。

【实例分析】

多主题庐山一日观光游

1.“亲自然采草莓”庐山一日观光游

7:00乘旅游车赴石门河景区，游石门涧铁索桥、桃园、古石刻、杜宣亭、情人园、会仙园、王西林书画馆、讲经台、三希苑、咒裂石、试剑石、石门大佛、龙虎情天然壁画、匡庐绝壁、青龙潭、石门洞大瀑布、石猴观瀑等景观。中餐后赴草莓园，亲自动手采摘草莓。返回，结束愉快的旅程。

2.“观别墅探其幽”庐山一日观光游

行程一天，乘车游览东谷的美庐别墅、中八路359号别墅、柏树路124号别墅河东路176号别墅、河西路442号别墅、中四路310号别墅。庐山别墅是镶嵌在青山绿水之间的一颗颗璀璨的明珠，不仅在于它与周围自然环境和庐山的奇秀风光完全融为一体，而且几百幢糅合了20世纪初欧美和东方各种流派建筑理念的别墅，没有一幢是相同的。名人、事件与别墅相连，建筑、历史与文化相映，此条线路的精华之笔是可居、可游、可赏。

3.“观瀑布泡温泉”庐山一日观光游

7:00乘车赴秀峰，游秀峰；赴天沐温泉用中餐。下午在天沐温泉度假村日式园林露天区温泉区：鄱阳池、渊明泉、石板温泉、瀑布温泉、花草泉、人参泉等泡温泉。返回，结束愉快的旅程。

4.“觅桃花源品茶”庐山一日观光游

7:00左右从南昌赴桃花源游桃花源景区：仿古城、赏桃花竹亭、农田美景、茶圣陆羽亲自评定的天下第一泉——谷帘泉。下午返回，结束愉快的旅程。

5.“寻宗教沾文风”庐山一日观光游

庐山秀峰、白鹿洞书院、东林寺一日游。7:00乘车赴中国四大书院之一的白鹿洞书院，感受白鹿洞书院的文化气息；往有“庐山之美在山南，山南之美数秀峰”之誉的秀峰，观“飞流直下三千尺”的开先瀑布；游净土宗祖庭庐山东林寺。返回，结束愉快的旅程。

6.“忆往昔峥嵘岁月”庐山一日观光游

早上游览美庐、庐山会址、芦林一号；中餐后游庐山别墅群，整个行程安排有蒋介石和宋美龄住过的“美庐”、毛泽东主持三次重要会议的“会址”、毛泽东住过的“芦林一号”、彭德怀住过的176号别墅、邓小平住过的286号别墅、朱德住过的359号别墅、周恩来和邓颖超住过的446号和442号别墅。返回，结束愉快的旅程。

案例分析：

以上所列举的关于庐山游的旅游产品，改变了对产品的传统包装方式，力求在激烈的市场竞争中脱颖而出。这些产品的设计者正是认识到庐山最大的亮点是它的包容性，“自然、人文、宗教、政治”都有许多可以让人留恋的胜处，因而采用了些比较大胆的创新做法，突破了庐山游产品设计的惯例，使得产品与众不同，受到旅游消费者的青睐。

首先，上述旅游产品丰富了常规庐山游的内涵。在大多数去过庐山游览的消费者的概念中，庐山就是那些旅游景点可以供游客参观。参观过的景点对游客不再会有太大的吸引力。但是，这些新产品所涉及的景点是属于庐山整个风景区的子景区，而且常规行程都没有涉及这些景区。因此，当这些景区被开发成新型庐山游产品时，必然会引起人们前往参观游览的兴趣。

其次，概览上述所有旅游产品，不难发现，所有的产品都只不过是庐山的“冰山一角”，要想彻底认识庐山真面目，旅游消费者必须多次参观游览庐山，从不同角度来认识庐山，来完善对庐山的认识。这些产品的设计者，在进行产品推介的时候，正是抓住了旅游者的心理，增加旅行社产品的卖点，刺激其进行二次消费。

最后，在这些新产品中，设计者还关注到要调动游客的主动参与性。在庐山石门涧采草莓一日游的产品中，为游客提供亲自动手采摘草莓的机会，让游客不仅欣赏了美丽的自然风光，还深深感受到了旅游的乐趣。

【任务实施】

“传统观光游”产品设计

实训目的

让学生掌握“传统观光游”产品的设计。

实训内容

以自己家乡所在的地级市为旅游目的地，按照旅行社产品设计流程、内容和原则，结合观光游产品特点和设计思路，设计一款2～3日“传统观光游”产品。可独立进行，也可以由来自相同地区的同学组成小组进行(每小组不超过3人)，并向全班同学进行推介。

实训步骤

第一步：组成设计小组。

第二步：市场分析与主题创意策划→收集景区食宿、交通、娱乐等旅游供给信息→策划旅游路径组装产品→优化活动日常内容→市场营销。

实训成果

旅行社产品设计报告(包括市场分析与主题卖点、产品介绍、产品报价等)，产品推介PPT。

>> 任务二 “休闲度假游”产品设计 <<

【任务描述】

在了解休闲度假游产品及其特点的基础上，掌握休闲度假游产品设计思路和要点，并熟练运用在产品设计中。

【任务目标】

知识目标：了解休闲度假游产品的概念，熟悉休闲度假游产品的特点，掌握休闲度假游产品的设计思路。

技能目标：能够设计符合市场需求、适销对路的休闲度假游产品。

素质目标：锻炼创新精神和解决问题的能力。

【理论引导】

一、休闲度假游产品概述

(一)休闲度假游产品概念

休闲度假游产品是旅游业发展到一定阶段后出现的旅游产品形式，相对于观光游产品来说，它属于更高层次的产品，更强调康养休闲、放松身心。随着国民经济的快速发展，人均可支配收入不断增加，休闲的时间也越来越多，人们的旅游观念也发生了重大改变，越来越多的人厌倦了走马观花式的观光旅游，转向了放松和娱乐为主的休闲度假旅游。

休闲度假游产品是旅行社为了使人们暂时规避紧张、压抑的工作环境以及改变枯燥单一的生活方式，组织旅游者前往那些空间空旷、环境优美、静谧的度假地(区)或休闲场所短期居住，并进行娱乐、休闲、健身、疗养等消遣性活动的一种产品类型。

近年来，全国各省市高度重视休闲度假旅游发展，旅行社推出的休闲度假游产品日益丰富，海南三亚、浙江杭州等知名度较高的地区出现了众多休闲度假游品牌。购买这类品牌旅游产品的消费者主要期望通过旅行社的组织，在假期期间前往海滨胜地或者是山清水秀的湖畔放松，从喧嚣的城市环境和紧张的生活、工作节奏中解脱出来。依托我国丰富的休闲度假资源，各地形成了丰富多彩的休闲度假产品体系。

从空间分布看，这些休闲度假区最初以滨海休闲度假带为主，逐步向环城市度假带、乡村休闲拓展；休闲度假核心资源类型也涵盖滨海、滨湖(江河)、温泉、森林滑雪等；休闲活动方式从最初的体育、康体疗养向生态、文化体验等发展。我国休闲度假产品体系呈现全面繁荣的局面。

休闲度假旅游产品的创新，需要考虑市场的关注度和效益。随着生活节奏的加快和工作压力的增大，人们对休闲度假的需求也不断增加，再加上国家法定节假日调整以后，人们更愿意选择此类旅游产品，所以要有新颖独特的产品吸引客源。

(二)休闲度假游产品的主要特点

1. 旅游者复游率高

复游就是我们通常说的有回头客。较一般旅游产品，休闲度假旅游产品复游率更高。因为度假目的地给游客带来熟悉感、亲切感，所以游客对其认同的度假地具有持久的兴趣和稳定的忠诚度，只要具备了出游时间，在经济条件允许下，都会进行再次消费。

2. 旅游者在旅游目的地的停留时间更长

休闲度假旅游产品是人们为了缓解压力，借助假期去休闲度假地(区)进行消遣活动所选择的产品。该类型产品的消费者不像观光游型产品消费者那样进行大范围的空间移动，而是通常会在某一休闲度假地(区)停留较长时间。与观光游型旅游产品相比，该产品的消费时间相对较长，因为观光旅游者的基本心态是到处多看，看得越多越过瘾，越觉得有所值，休闲度假游产品的旅游目的地停留时间一般为一周以上。

3. 旅游指向集中

旅游指向集中是指休闲度假客人的度假需求非常集中。例如度假需求的时间非常集中，一到周末双休日或全国休假日，出游意愿就会增强；度假目的地选择也比较集中，寒冬寻暖往南方，海南等地成为热门度假地。

4. 产品消费者以散客为主

观光型产品通常是以组团旅游为消费方式，而休闲度假型产品则主要是以散客旅游形式消费。随着工作压力的增加，家庭成员在日常生活中很少有机会深入沟通，因此，在假期期间，人们会珍惜和家人相处的机会，举家出游，到度假区欢度假期。以家庭为单位的散客消费形式已成为大多数散客的选择。

5. 旅游者消费水平相对较高

休闲度假旅游产品对度假地(区)的要求比较严格。一般度假区必须具备四个基本条件：良好的环境质量、区位条件、住宿和健身娱乐设施、服务水平。这样的综合条件要求度假区大规模投资，成本相对较高。旅行社在开发该类型的产品时，通常会选择那些度假条件优越、设施设备齐全的度假区。产品消费者停留时间长，对配套设施的需求和依赖感就会增强。种种因素都提高了度假休闲旅游产品消费者的消费水平。

6. 产品涵盖内容较为单一

购买休闲度假型旅游产品的消费者的主要目的是休息和放松，他们对旅行社安排的景点多少并不太敏感，甚至有时不要求旅行社在行程中安排过多的景点项目，只要为数不多、能够体现旅游品位的精华景区(点)。他们更加在意度假地的服务与配套设施。从这个角度来看，旅行社在设计此类型的产品时所提供的服务内容相对单一。

7. 产品的内容设计中西有别

中西方休闲旅游产品的内容设计是有区别的，西方提倡的休闲“3S”是指阳光(Sun)、海水(Sea)、沙滩(Sand)；中国提倡的休闲“3S”是山、水、森林——选择有山有水有森林的地方修养身心，投入大自然。根据中国式消费心理，产品设计人员可将各地民间文化与自然山水相融合，提炼、策划更适合游客休闲度假的产品。

二、度假休闲游产品的设计思路

(一)重品质

度假休闲重在品质。人们外出度假休闲本身就是为了寻求与长住地不同的生活体验。随着生活水平的提高，人们不再仅仅满足于粗糙的发现式体验，而会更加注重享受式的体验，因此越来越追求休闲产品的安全性与品质。

(二)重特色

旅游目的地是度假休闲旅游产品设计首先要考虑的问题。一个具有吸引力的旅游目的地可以使得产品在面市之后迅速得以销售，并且在销售过程中产品设计的完整性被不断检验，从而促使该产品日益完善，提高其在同类产品中的竞争力。在旅游目的地的选择上，要选择自然环境优美、静谧，区位条件优越，交通便利，具备良好的住宿和健身娱乐设施，且接待服务水平高的地区作为开发对象。

(三)重活动

活动项目在度假休闲旅游产品中的比重并不大，但是它直接关系着旅游产品的丰富性，以及对消费者的吸引力。在度假休闲旅游产品中只需安排旅游目的地的部分标志性景点，不宜安排过多的参观景点。要将此产品与传统的观光游产品明确区分，不要以观光型产品为导向，要注重产品的度假性和休闲性；为了丰富产品，在产品设计中要根据旅游休闲目的地的有利条件开展一些具有地方特色的活动，调动消费者的主动参与性，加强消费者对产品的深层次体验。

(四)准确定位

休闲旅游对象的选择，应根据市场的需求，针对当前国内外不同收入水平的消费对象，准确定位，增强针对性，减少盲目性。

(五)灵活多变

休闲度假旅游产品的度假属性，要求旅行社以消费者为中心。旅行社在进行产品设计时，应该因地制宜，根据消费者的假期时间合理地进行规划，努力使产品在整体上丰满，且要使消费者劳逸结合。针对消费时间的长短，适当安排观光景点。

休闲度假旅游产品的消费形式以散客为主的特点，决定了旅行社在设计产品时，要以散客旅游的操作流程来指导。根据实际情况，可以开展自驾游，即旅行社为产品消费者提供代订度假地宾馆、度假地餐饮、度假地休闲娱乐场所等旅游单项服务；亦可开展房车游，即旅行社为那些要求进行长途度假的消费者代租房车作为旅游交通工具，让游客以边行边游为方式，最终到达某地度假而设计的专项产品。

(六)高标准

休闲度假旅游产品的休闲属性，决定了产品是以使消费者得到休闲、放松为目的的。旅行社要满足消费者的多层次消费心理，应重视产品服务与接待标准。首先，设计人员在进行产品设计时，要和旅行社的采购人员沟通，充分了解、掌握旅游度假休闲目的地的接待设施与休闲活动的配套设施各种状况，在熟悉这些基本信息的情况下再开展设计。其次，设计人员应该尽力满足消费者所提出的要求，当消费者的需求没有得到及时满足时，对于确实不能满足的情况要做出细致、耐心的说明和解释。再次，产品的设计方案要留有余地，保证在特别时期能够做出及时细微的调整而不会影响整个产品的消费。最后，产品的设计过程中，设计人员务必要始终将人性化服务思想渗入其中，在产品中多增加一些人性化的细节服务，如为产品消费者免费代订往返机票、车票，免费提供客房送餐服务，免费提供洗衣、送衣服务等。

【实例分析】

山东某旅行社以“到蓬莱，过神‘闲’日子”为主打口号，面向以北京为核心的京津冀市场推出了五条精品旅游线，打造海滨休闲度假目的地——蓬莱。

蓬莱神“闲”度假游

1. 滨海寻仙神“闲”度假游

行程中安排游览国家5A级景区——蓬莱阁景区，欣赏苍茫豪放的山海风光，到海水浴场，享受清凉的海风，乘坐帆船，感受大海的魅力。在蓬莱特色餐馆品尝海鲜，参观4A级景区——海洋极地世界，观赏精彩的海洋动物表演，体会别样的海洋风情。

2. 浪漫仙境神“闲”度假游

行程中安排赴蓬莱最美乡村马家沟，抵达后体验农家休闲，品尝乡村特色美食，可以在村中自由活动，与村民聊天，再前往君顶酒庄，采摘葡萄，自酿美酒，在苏格兰酒堡，尽享温馨浪漫。

3. 醉享蓬莱神“闲”度假游

行程中安排游客游苏格兰酒堡，欣赏丘山风光，感受英伦风情，品味贵族生活；漫步和圣马场，与马儿亲密接触；游览君顶酒庄，享受品酒乐趣；鉴赏巴洛克风格的文成城堡；金山罗斯兰酒堡体验露天温泉，品尝马家沟农家美食；参观国宾酒庄，尽享美酒海鲜。

4. 康体养生神“闲”度假游

行程中安排游客登蓬莱仙阁，赏古港水城，品美味海鲜，在海水浴场享受自由与快乐。感受三仙山园林之壮美，再参观君顶酒庄，体验葡萄酒养生文化。晚上安排入住美丽乡村木兰沟，品尝农家宴。次日到崮山和易农场，体验高山冥想等养生项目。

5. 豪华商务神“闲”度假游

行程中安排游客乘坐帆船，扬帆出海，欣赏海上美景。登蓬莱仙阁，欣赏山海风光，可选择在海滨垂钓、撒网、拔蟹笼，用餐可安排在国宾酒庄品尝蓬莱八仙宴。探访君顶酒窖，体验高尔夫竞技运动，还可前往和圣马场一睹世界名马，欣赏盛装舞步表演。

案例分析：

蓬莱五种不同风格的休闲度假旅游产品，可供游客自行选择。其设计内容与理念紧扣度假休闲旅游产品的基本特征。

(1)集传统文化、海洋文化、葡萄酒文化于一身，以倡导一种新生活方式的形式，让游客来蓬莱身处仙境，感受心灵回归，让游客到蓬莱过神“闲”日子，休闲度假旅游产品有了自己新颖之处，迎合了游客需求。

(2)产品消费时间长。在设计过程中，将常规的蓬莱一日游的行程通过项目的拓展，延伸为5天至7天的行程，区别于传统的观光型旅游产品。在整个行程中，有意地将多项运动休闲项目错开进行，使消费者在休闲活动中度过假期，切实做到劳逸适度。

(3)安排了众多丰富的休闲活动，且活动对旅游消费具有极强的吸引力，能够吸引产品消费者的主动参与，增强其对产品内容的认同感。

(4)安排了具有地方特色的帆船运动，由专业驾驶员全程护航，游客可亲手扬帆掌舵，体验乘风破浪出海的乐趣。这些与众不同的策划以及非常规行程的惊喜体验，将极大刺激消费者的求新、求奇心理，激发出游动机。

(5)产品内容丰富。到蓬莱除了体验中西共融的文化，还可以选择山海风光闲情、城乡和美的和谐、快活慢享的逍遥和动静结合的欢愉，完全尊重了旅游者的消费意愿。

【任务实施】

“休闲度假游”产品设计

实训目的

让学生掌握“休闲度假游”产品的设计。

实训内容

按小组自选旅游目的地，按照旅行社产品设计流程、内容和原则，结合“休闲度假游”产品特点和设计思路，设计一款7日“休闲度假游”产品，并向全班同学进行推介。

实训步骤

第一步：组成设计小组。

第二步：市场分析与主题创意策划→收集景区、食宿、交通、娱乐等旅游供给信息→策划旅游路径组装产品→优化活动日常内容→市场营销策划。

实训成果

旅行社产品设计报告(包括市场分析与主题卖点、产品介绍、产品报价等)，产品推介 PPT。

>> 任务三　“商务会展游”产品设计<<

【任务描述】

在了解商务会展游产品及其特点的基础上，掌握商务会展游产品设计思路和要点，并熟练运用于产品设计之中。

【任务目标】

知识目标：了解商务会展游产品的概念，熟悉商务会展游产品的特点，掌握商务会展游产品的设计思路。

技能目标：能够设计符合市场需求、适销对路的商务会展游旅游产品。

素质目标：培养创新精神和解决问题的能力。

【理论引导】

一、商务会展游产品概述

(一)商务会展游产品概念

随着我国经济的发展和各种具有国际影响力的会议和展览活动的举办，商务旅游的基础设施逐步完善，商务旅游服务系统日益齐备，商务旅游市场已从传统的一般商务旅游和特殊旅游扩大到现代的会展旅游、奖励旅游等领域。

我国会展旅游出现于 20 世纪 90 年代中期。

会展旅游消费主要包括交通、住宿、餐饮、购物、娱乐、旅游方面的消费，而旅行社正是将酒店、餐饮企业、交通部门等串联起来的链条，在对参展人员、与会者及观展者提供旅游接待服务方面具有先天优势，同时长期与境内、境外各旅游客源地和目的地的合作，也使旅行社在客源预测及对外招徕会展旅游者方面享有优势。因此，目前越来越多的大型旅游集团以其行业优势和网络优势进入会展旅游市场，会展旅游市场潜力巨大。

奖励旅游是会展旅游的一种旅游形式，即通过旅游的形式来实现企业管理的目标。奖励旅游产品包含精心设计的旅游活动项目，通过这些项目激励员工来实现特定的企业目标，其包含的内容广泛，诸如企业会议、公司展览、员工培训、主题晚会、颁奖典礼等活动。我国会展旅游业的起步比较晚，但发展较快。2013 年 10 月 1 日起实行的《中华人民共和国旅游法》，对会议、奖励旅游产生了相当大的影响，会奖活动增加，会奖服务质量得到更多保障。

尽管与传统观光旅游和休闲度假旅游相比，商务旅游在旅游市场中所占份额还相对较小，但是其创造市场利润的潜力却不容低估。

（二）商务会展游产品特点

1. 消费能力强，对价格不敏感

商务会展旅游者在交通费用和住宿、餐饮等方面的费用大部分非个人支出，拥有更强的自费消费能力，这种较强的消费能力也使得商务旅游者较少关注所消费的产品价格，而更注重在旅游过程中的舒适性、安全性和便利性。

2. 自主选择性低，受季节影响小

对于商务旅游者来说，他的旅行目的地、交通工具以及从离开到返回居住地的时间并不是由个人决定的，而更多的是公司意愿的体现。所有这些都意味着商务旅游者在出行过程中和在目的地期间都需要较多的“管家式服务”。

3. 旅游服务的综合性

商务旅游的商务特性以及产品消费群体的庞杂性，要求提供产品的旅行社不仅代买机票、预订酒店，更重要的是为商务游客提供一揽子旅游管理项目的解决方案，甚至是国际直拨电话及传真、复印、网络接口等设施设备的配套服务。

4. 产品联动范围广

商务旅游产品比传统的休闲型旅游产品涉及的范围更加广泛，包括了正常的旅游产品的六大要素，还包括了个性化服务所联系到的一些行业部门。特别是商务旅游产品系列中的会议会展以及大型的商业活动等具有极强的联动效应。

除上述特点之外，该类型产品还具有一些别的旅游产品所不具备的个性特征，如重复性强、预订计划早、持续消费时间长久、消费稳定等。

二、商务会展游产品的设计思路

对于新兴商务旅游产品，旅行社的经营导向必须有所改变，不管是差旅管理，还是会展旅游或奖励旅游，旅行社的目标都是企业或组织，旅行社提供有效服务的前提是和目标客户建立起长期的、稳定的合作关系，旅行社不能再坚持生产导向，而必须坚持市场导向，提供具有针对性的产品。

（一）产品设计应当尊重需求

旅行社在开发商务旅游市场时应综合考虑两个方面的需要：一是购买商务旅游产品的企业管理者的需求，二是商务游客的需求。总的来说就是旅行社要站在企业管理者的角度为商务游客提供满意的服务，因而在设计产品时要尽可能地融入企业理念与管理目标，维护供求双方共同利益，这样换来的才是双方的长期合作。

(二)产品设计应把握好层次

1. 商务旅游产品主要类型的层次

现代商务旅游有别于传统的商务游，产品设计者应该注意到会展旅游、奖励旅游与商务旅游往往三者交叉在一起。近几年的旅游市场变化，会展旅游已逐步成为现代商务旅游的核心部分，旅游过程中会展旅游市场凭借强大灵活的展示、交易及信息沟通的功能，逐渐取代传统的奖励旅游市场和商务旅游市场。

2. 商务游产品客源群体的层次

我们往往认为购买商务旅游产品的消费者对价格敏感性不强，因为大多数商务旅游都非个人行为，商务旅游产品消费者既可以是职业经理人又可以是企业的白领，所以对产品的需求也不同，不要一概认为商务旅游产品就是高端产品。

3. 商务旅游市场的层次

我国商务旅游市场与国际商务旅游市场的发展还有一定差距，需要区别对待。旅游产品设计者在产品开发手段和设计上要有所区别，除此之外，大型企业与小型企业所选择的产品也是有差别的，所以产品设计应考虑到旅游市场的层次不一。

(三)产品设计应遵循质高价优原则

商务旅游产品是一种关联性很强的旅游服务综合体，旅行社在进行产品设计包装前，势必要对各生产要素进行采购，在采购过程中，要积极拓展采购渠道，并针对某一要素进行不同采购渠道的价格与服务对比，做到性价比最优组合。同时，基于商务旅游产品的总体效益比传统旅游产品效益好，商务旅游产品必然会吸引众多的旅行社加入竞争行列，因而，旅行社在进行产品设计时要始终贯彻质高价优的产品设计理念，以期获得最大的市场竞争力。

(四)产品设计要有灵活性

商务游客在公务期间，往往有较充裕的机动时间，在既不费力又无风险的情况下，很容易加入当地的旅游活动中。针对这种情况的游客，应该相应地采取灵活的商务旅游方式，如选择能为游客提供各类旅游信息的酒店。

【实例分析】

2018年，江西某旅行社接到一个商务招商会议江西承办方组委会的业务通知。从通知内容获悉，该招商会议将于同年10月在南昌某酒店召开，招商会议时间为3天，会议日程除了商务洽谈，还将组织所有与会成员到南昌周边的一些企业进行考察。组委会希望该旅行社为这次考察做出一个接待方案。旅行社随即委派专人根据组委会的要求设计出了该会议团队的考察旅游产品。该产品设计完成之后得到组委会的高度评价，并交由该旅行社运行操作。以下是该会议团队的考察接待安排。

南昌企业考察二日游

第一天

8:30 乘豪华旅游巴士赴滕王阁参观游览；10:00 前往南昌进贤参观李渡烟花集团；中餐安排在军山湖吃特色螃蟹宴，后前往进贤县军山湖鱼蟹开发公司参观游览，学习交流“军山湖”品牌创业；16:00 乘车前往进贤金峰茶业有限公司，参观游览江西省红壤低丘面积最大的茶园，品“金峰金针”“金峰毛尖”茶，欣赏茶艺表演和江西独具特色的采茶戏。18:00 返回宾馆用晚餐，晚餐赠李渡酒，畅谈进贤食品加工业的经验。

第二天

8:30 乘车赴南昌八一起义纪念馆(游览时间约为 1.5 小时)，身临其境地体会“打响武装反抗国民党反动派的第一枪”的激动时刻；拜谒八大山人纪念馆(游览时间约为 1.5 小时)，了解八大山人朱耷传奇一生；中餐后乘旅游巴士返回，结束愉快之旅。

接待标准：

(1)住宿。四星级标准豪华双人间。

(2)用餐。自助餐。

(3)门票。景点第一大门票。

(4)用车。全程豪华空调旅游巴士。

(5)导游。全程优秀导游服务(特派江西省优秀文明导游员)。

(6)友情赠送项目。

a. 旅行社责任险(最高标准 8 万元/人)。

b. 旅游纪念装备 1 套/人。

c. 进贤土特产 1 份/人。

(7)特别接待安排。

a. 旅游期间正餐将安排一次特色餐，包含军山湖螃蟹、餐后水果拼盘等。

b. 宾馆立欢迎牌、挂欢迎条幅。

(8)免费增值服务。

a. 代订南昌至全国各地机票、车票。

b. 宾馆内免费上网、免费长途电话。

案例分析：

本旅游产品之所以受到大会组委会的高度评价，主要是因为该产品在设计过程中充分考虑到了会议团队的消费特点，能够从个性化角度、高标准接待思路、人性化关怀视野出发，具体体现在以下方面。

第一，讲究产品线路包装。旅游产品给产品消费者的直观了解就是旅游线路或旅游日程安排。旅游消费者通常所看到的旅游线路就是旅游景点的简单罗列。本产品却摒弃以往的常规做法，用符合商务特征的知名企业作为旅游景点，同时明确标注了整个游览安排的大致时间，让游客事先掌握景点的参观时间，在参观时可以量力而行。

第二，注重产品接待标准。旅游产品的接待质量很大程度上受制于接待标准。高接待标准造就高接待质量。商务(会议)团队的参加者都有着较高的社会地位，对于接待标准特别关注。本旅游产品考虑到该会议团队的与会人员都是专家与商人，为此特别安排了四星级酒店住宿；考虑到与会人员的饮食习惯，特安排自助餐形式，以满足不同代表的用餐要求；考虑到游客的文化层次，在安排旅游时注重文化品位，游览南昌最具代表性的文化历史名胜及参观其典型成功企业，并全程安排省级优秀导游员提供导游讲解服务；考虑到游客消费心理——受到接待方的尊重与重视，特别安排在宾馆门口立欢迎牌和悬挂欢迎横幅，以此满足游客的心理需要。通过上述措施，切实提高接待质量。

第三，重视产品外的服务。额外服务是旅行社在激烈的市场竞争中常用的经营手段之一，它可以使旅行社在不过度增加成本的前提下为旅游消费者提供人性化的服务，并由此博得消费者的青睐与好评，占据更多的市场份额。本旅游产品中，旅行社的设计思路明确贯穿了该思想，如为旅游者友情赠送保险和土特产品，安排地方特色餐等。同时，考虑到与会代表的办公与通信需求，酒店特别安排免费上网与长途电话。此外，旅行社方基于与会人员的返程票务需求，还推出代订南昌至全国各地机票、车票服务。

思考：

1. 假如你是该旅行社从业人员，受到组委会邀请去洽谈该会议团队旅游接待业务，你会怎样为该会议团队设计旅游产品？

2. 假如你是当时的参会人员，你参加了该公司组织接待的南昌考察，你会怎样评价该旅游产品？

【任务实施】

“商务会展游”产品设计

实训目的

让学生掌握“商务会展游”的产品设计。

实训内容

新一届中国国际进口博览会即将于11月在上海举行，请以此为背景，结合商务会展游产品特点和设计思路，设计一款3～5日“商务会展游”产品，并向全班同学进行推介。

实训步骤

第一步：组成设计小组。

第二步：市场分析与主题创意策划→收集景区、食宿、交通、娱乐等旅游供给信息→策划旅游路径组装产品→优化活动日常内容→市场营销策划。

实训成果

旅行社产品设计报告(包括市场分析与主题卖点、产品介绍、产品报价等)，产品推介PPT。

>>任务四 “老年游”产品设计<<

【任务描述】

在了解“老年游”产品及其特点的基础上，掌握“老年游”产品设计思路和要点，并熟练运用在设计该类产品过程中。

【任务目标】

知识目标：了解“老年游”产品的概念，熟悉“老年游”产品的特点，掌握“老年游”产品的设计思路。

技能目标：能够设计符合市场需求、适销对路的“老年游”产品。

素质目标：锻炼解决问题的能力。

【理论引导】

一、老年游产品概述

(一)老年游产品概念

随着社会经济科学技术、医疗卫生事业的不断发展，人均寿命不断延长，加之出生率的降低，我国老年人口比率逐年增长。根据国家统计局公布数据，截至2019年年底，全国60岁及以上人口达2.54亿，占总人口的18.1%。中国正面临人口结构的变化，老龄化趋势不可逆转。预计到2050年，我国老年人占比将超过33%。

传统的观念往往认为老年人是社会的边缘人，但却忽略了中国进入老龄化社会之后，庞大的老年群体为形成一个巨大的老年消费市场奠定了基础。拥有数亿人的老年人消费市场是未来中国必然的商机与趋势。认识到老年市场为旅游市场提供源源不断的客源，旅行社才能创造出新的市场契机。

“老年”的界定并没有全球一致的标准，一般以退休年龄为标准。在我国，旅游行业一般采用56岁来界定老年市场，这在很大程度上参照了中国企事业单位的退休年龄标准。因此，老年旅游产品就是泛指所有为满足老年游客生理、心理等要求，而专门为老年人开发设计的旅游线路与活动安排，业内也习惯把老年市场称为银发旅游市场。目前，我国有100多家旅行社设立了专门的“老年部”，也出现了专门从事老年旅游业务的旅游公司。以各种老年特色为主题开展的休闲游、疗养游、纪念游、健身游、养生游等旅游项目和旅游线路受到广大老年消费者及其子女的欢迎。

近年来，我国的银发旅游市场不断升温。银发旅游市场最具有开发潜力的目标市场有 3 个：文化水平较高的离退休人员；经济能力相对较好的退休职工和市郊乡村的老年群体；经济能力较强的老年群体。这些老年群体都有一定的经济基础、闲暇时间和外出旅游的愿望。“中老年单身派对游”“金婚、银婚纪念游”都是比较热门的老年特色旅游项目。

(二)老年游产品的主要特点

1. 消费强调经济实惠

我国老年人大多数有勤俭节约的习惯，即使在外出游玩时也注重物有所值，强调舒适、安全，不太追求单纯的奢侈和豪华，哪怕是子女支付旅游费用也不希望花费很多，这也符合老年人的消费心理——实用，我国老年人中具备很强支付能力的人并不多，所以多数老年人对旅游产品价格要求经济实惠。有调查表明，我国近 70％的老年人有旅游愿望，能接受经济实惠的出游方案。

2. 出游方式喜欢结伴

老年人的旅游心理谨小慎微，拥挤的交通、景区治安问题等都可能引起老年人的担忧。他们畏惧孤独，所以更加倾向于参加集体活动。同时，老年人由于行动迟缓和身体健康状况欠佳，往往夫妇结伴或与邻居、老朋友随团而行，这样既可以避免旅途中的孤寂，又可以相互关照。旅行社必须关注的是，老年旅游产品的组团性质是同质性，即该团的构成者必须都是老年人，纯老年人旅游团更适合老年人的心理特征，这样老年游客彼此之间更容易拥有共同话题，而且游览速度和进度更好协调一致，能够避免老年游客和年轻游客同团所带来的众多不便情况。

3. 更加关注身体健康和生命质量

老年人特别是城市老年人大都具有丰富的社会阅历和较高的文化修养，且有相对稳定的职业甚至较高的社会地位，以及较为稳定可观的经济收入，因而富有见解，注重实际，珍惜自己的健康和追求生命质量，致使其在旅游产品的选择上更加关注能够增进身体健康水平、提高生活质量的产品。远离城市的雾霾，亲近大自然吸氧，寻求新型多样的休闲娱乐(垂钓、野营、日光浴等)，这些都折射出老年旅游产品应最大限度地满足老年人对身体健康、生活质量的旅游需求。

4. 更加重情感及文化因素

老年人普遍对历史和传统文化有着浓厚兴趣，且大多数人具有深切的怀旧思乡情结，喜欢追根溯源、寻亲访友。旅行社在为老年旅游消费者设计产品时应该着重追求旅游线路内容的文化性，努力发掘旅游产品的历史文化底蕴，满足游客对历史文化的渴求。与此同时，老年游客期望旅行社提供的旅游产品能够引起其对曾经美好经历的遐思和对过去生活的无穷回味。从这个角度来看，旅行社的产品对老年朋友的吸引力体现在对老年游客个人情感等精神需求的尊重。

5. 出游频率呈两极分化

老年人受身体状况和经济条件等因素的影响，出游频率呈现两极分化：身体和经济条件好的，出游频率则高；反之，出游频率则低。老年人不喜欢打“疲劳战”，因而出游天数安排不宜过长，一周为宜。

6. 消费更具灵活性

老年游产品的消费者对于旅游行程的安排要求更加灵活，他们在游程安排上要求相对宽松，需要自行支配的时间相对较多；而且，由于老年人闲暇时间多，他们可以根据自己的实际情况并结合旅游市场行情机动灵活地安排出行时间——选择在旅游淡季出行，避免旅游高峰期的诸多不便，这样他们可以在从容的状态下体验旅游带来的众多乐趣，追求最大限度的消费便利性和舒适性。

此外，老年游产品还呈现出服务成本高、利润低、保险费用高、操作难度大、经营风险系数高等特点。

二、老年游产品的设计思路

为更好地适应老年旅游市场的需求，旅行社必须多方面地分析老年人的需求特征和旅行习惯，结合其旅游动机及其特定的心理、生理特点进行老年游产品的设计与开发。应当充分遵循以下思路。

(一)合理定价

大多数老年消费者成熟理智，对价格较为敏感，旅游产品价格直接影响着他们的消费决策，物美价廉、经济实惠是大多数老年人消费的基本准则。老年人出游花费属于中等水平，考虑到自己的身体状况，老年人既不会对自己太苛刻，也绝不会追求奢侈。因此，旅行社在进行产品定价时要充分考虑这些因素，在保证老年游产品质量的前提下，切实执行经济实惠原则。质优价廉、薄利多销是旅行社进入老年旅游消费市场的最佳策略之一。当然，针对一部分消费水平高、对旅游产品要求较高的老年游客，也可以推出价格较高的豪华线路产品。

(二)强调特色

一般老年人出游的目的以观光为主。我国旅游资源丰富，旅游既能开阔老年人视野，也能使老年人在旅游中健身强体。老年人还具有浓厚的怀旧心理，故地重游是其另一主要消费动机。因而旅行社可根据此类消费需要，积极设计开发“经典往事游”产品，如“金婚纪念游”“老战士观光战地重游”“知青返乡游”等，唤起老年人对过去生活的回忆。健康也是老年人所关心的问题，利用农家乐、温泉养身旅游产品等，可以让老年人乐在其中。

(三)重视特殊需求

老年旅游市场是旅行社行业未来竞争的主战场之一，谁在产品设计方面注入更多的人性化思考，谁就将获得老年消费群体的青睐，也就意味着谁将最终拥有此市场的战略先机。产品的人性化设计是旅行社在老年旅游市场上竞争最为关键的因素。旅行社应以人性为根本立足点，提供特色服务。

第一，在“食”服务方面，旅游活动行程安排上应尽量符合餐饮规律，最大限度地按老年人肠胃特点选择食品，尽量安排香、脆、软和含糖少、营养高、易消化、易咀嚼的食物，饮食安排以清淡为宜，少油腻和辛辣、生冷食物；在旅行中多提醒老年游客注意节制饮食和注意卫生，进食不要过快或太饱，少饮或不饮酒。

第二，在“宿”服务方面，旅行社应尽量选择舒适安静、环境优美的住宿地，保证老年游客充足的睡眠时间。住宿房型宜选 2～4 人间，安排其与陪同人或旅伴共处，以便于相互照顾。考虑到老年人身体平衡能力差，要做好地板、楼梯、卫生间等的防滑、防磕碰的预防及提醒工作。同时，为避免老年游客身体不适等突发事件的发生，住宿地附近最好有医院等医疗机构。

第三，在“行”服务方面，旅行社应注重交通工具的安全性和舒适性，以陆路为主，必要时以专车、专列、专机等方式，来满足老年游客对交通工具的需求。在旅游交通设计中，老年人短途旅行可乘坐旅游巴士或火车硬座，长途旅行最好乘火车卧铺或飞机，也可分段前往。

第四，在“游”服务方面，旅行社应着重考虑两方面：一方面，基于老年人身体机能和身体状况，旅行社在安排线路时，尽量将老年旅游者游览参观的节奏放慢，把时间安排得充裕些；在景点的选择上，选择老年人喜欢的、不需要太多体力的景点；老年旅游团出行时间应尽量避开旅游高峰期。另一方面，在导游安排上，导游不仅要具备丰富的专业知识讲解技巧和过硬的表达能力，还要具备高度的责任感和良好的职业道德，更要了解一定的老年心理、老年保健等方面的知识。旅行社应根据老年旅游的要求，安排相应风格的导游，可以考虑以年龄偏大、阅历丰富的中老年导游为主。这类导游和老年游客有共同话题，更容易沟通，缩短导游员与老年旅游者的心理距离，使旅游在轻松愉快的气氛中顺利进行。在旅游服务中，由于老年人重感情和亲情，导游应该倾注更多的情感，营造一种其乐融融的气氛。

第五，在“购”服务方面，应该有针对性地安排购买一些具有纪念意义的旅游产品。旅行社在线路设计中，要充分尊重老年游客的消费意愿，不能安排强制购物项目，让旅游者有充裕的时间游玩。如果游客要求购物，则应安排前往当地大型超市或游客愿意去的购物点，真正为游客提供一个环境优美、货真价实的“健康”的购物环境，让其切身感受旅游商品的价格公道合理、质优价廉、质价相符，使其明明白白消费、开开心心消费，提高游客对旅行社产品的满意程度。同时，按照《中华人民共和国旅游法》要求，购物安排必须写进旅游合同或签订补充协议。

第六，在“娱”服务方面，旅行社应根据老年旅游者的文化程度、兴趣爱好、个人品位酌情安排组织一些有个性的娱乐活动。但是娱乐活动的时间不宜过长，活动内容不宜太惊险或太沉闷，活动场地不宜太闹太杂。

总之，在我国老年群体迅速壮大的背景下，旅游消费需求走高的整体市场环境下，旅行社应加强开发富有特色的老年游产品。

【实例分析】

郑州某旅行社为招徕老年游客设计了一款广西长寿之乡巴马的老年团队旅游产品。

广西巴马老年养生度假休闲行程

第一天

11:12 从郑州乘 K1627 次火车(空调硬卧)赴美丽的绿城南宁。宿火车上。

第二天

13:35 到达南宁，接团后从南宁往北海(220 千米，约 3 小时)。宿北海。

第三天

早餐后，游览北海市的北部湾广场、南珠魂城雕(约 30 分钟)；参观游览北海近二百年历史的北海老街(40 分钟)，中餐后游览国家 4A 级景区北海银滩，银滩以“滩长平，沙细白，水温净，浪柔软，无鲨鱼”著称，海边绿树成荫，是老年人的天然免费氧吧。宿南宁。

第四天

早餐后乘车赴硕龙(约 3.5 小时)，沿途经绿岛行云，中餐后，游览位于中越边境的世界第四大跨国瀑布“德天瀑布”，之后乘车前往巴马，住酒店。

第五天

乘车途经神秘“命河”(观景台观景 20 分钟)，前往罕见珍稀溶洞巴马水晶宫，水晶宫内琳琅满目的钟乳石包含鹅管钟乳石、石笋、石柱、石带、石旗和各类石幔、石瀑布、石盾等数十种，多姿多彩。后前往长寿村，走访百岁老人，探访长寿奥秘，感受养生氛围。晚上自由漫步寿乡文化广场，感受巴马人对生活的热情，融入简单而淳朴的快乐氛围。宿巴马。

第六天

早餐后乘车沿途游览美丽的长寿河“盘阳河”，前往延寿隧道“巴马百鸟岩”(行车时间 30 分钟)，乘船游览 9.5 亿年前形成的长寿生态地质自然景观(约 1 小时行程)，中餐后乘车前往南宁，19:55 乘坐 K1628 火车(硬卧)回郑州。

第七天

返回温馨的家，结束愉快的旅程。

友情提示

(1)证件带好。住宿要登记，而且很多的景点对 70 岁以上老人是免票的，也有不少景点对 60 岁以上老人是半价票的，所以身份证必须带好。

(2)早晚天气温差较大，请老年游客准备好衣物防止着凉，携带雨具，以防天气变化。

(3)建议身体健康且有自理能力的客人参加此线路。中老年人，尤其是患病者参加旅游，须如实向旅行社提供健康信息，并根据自己的健康状况量力而行。如游客感觉身体不适，请马上告知导游，团队会配备一名专业医师随老年游客出游，旅游过程中，注意饮食卫生，以防吃坏身体，带来不便。

(4)为缓解老年游客的旅途劳累，旅游用车安排了设施豪华、车内空间宽大的旅游巴士，并给每位老年游客发放旅游装备——航空气枕。

案例分析：

产品设计考虑到老年人的需求特点，以实惠为主。老年人往往喜欢慢节奏、少刺激、有内涵的旅游项目，火车这种慢节奏的交通工具，更适合老年游客的需求。团队中同行的人大都年纪相仿，车上有说有笑，游景点时也步伐一致，这种友好型的旅行方式更环保、更绿色。

产品设计针对老年游客这一特殊群体，提供人性化服务，老年游不仅仅是休闲观光游，长寿养生是吸引老年游市场的一大因素，到长寿地巴马也许可以收获一些养生之道。整条线路山水相依、洞水相连，自然环境优美，作为养生之地比较理想。从心理需求来看，健康养生、寻求心灵宁静的特色产品广受老年人的喜爱。

产品的设计与经营过程中，明确了人性化服务的思想，服务在旅游行业中的重要性不言而喻。针对老年游客这一特殊群体，能否提供人性化服务，多为老年游客着想，对开拓和占领市场具有特殊的战略意义。该社考虑到旅途相对较长，为缓解老年游客的旅途劳累，给每位老年游客发放航空气枕，让老年游客在接受优质服务后产生了满足感，并因而形成了营销学中著名的口碑效应，即游客以自己的亲身经历为例向四周的亲朋好友传达这种满足感，为企业带来一个规模庞大的潜在消费市场。

思考：

结合你身边的旅行社的产品设计和经营情况，简要讨论该社在老年旅游产品开发过程中存在的问题。假如你即将加盟该社，主管老年旅游市场的拓展，你将如何规划老年游产品的开发？试举例分析。

【任务实施】

高校工会“老年游”产品设计

实训目的

让学生掌握“老年游”的产品设计。

实训内容

本市某高校工会拟组织退休教职工进行一次“红色革命记忆之旅”。请按照旅行社产品设计流程、内容和原则，结合“老年游”产品特点和设计思路，设计一款5～7日“老年游”产品，并向全班同学进行推介。

实训步骤

第一步：组成设计小组。

第二步：市场分析与主题创意策划→收集景区、食宿、交通、娱乐等旅游供给信息→策划旅游路径组装产品→优化活动日常内容→市场营销策划。

实训成果

旅行社产品设计报告(包括市场分析与主题卖点、产品介绍、产品报价等)，产品推介 PPT。

>> 任务五　“研学游”产品设计 <<

【任务描述】

在了解“研学游”产品及其特点的基础上，掌握“研学游”产品设计思路和要点，并熟练运用在设计该类产品过程中。

【任务目标】

知识目标：了解旅行社组织结构的设立依据、设立原则；了解旅行社组织结构模式。

技能目标：能够根据旅行社规模进行岗位的设计；能够设计科学美观的旅行社标识和名称；能够使用计算机进行图标的绘制。

素质目标：具备洞察力、审美力。

【理论引导】

一、研学游产品概述

(一)研学游产品的概念

一般而言，研学游是旅游者出于文化求知的目的，离开常住地，到特定地区开展研究性、探索性学习的文化专项旅游活动。其旅游活动主体是非常广泛的，可以是学生群体，也可以是非学生群体。但从实践来看，研学游的主要参与者是学生群体，主要活动形式为传统的夏(冬)令营、春(秋)游和新兴的营地教育活动，以及被纳入中小学课程的研学旅行。

2013 年 2 月，教育部首次提出“研学旅行”，2016 年，教育部会同 10 部门联合印发了《关于推进中小学生研学旅行的意见》，2017 年教育部发布《中小学综合实践活动课程指导纲要》，包括研学旅行在内的综合实践活动已被明确列为必修课程。一系列的政策文件指导各地把研学旅行纳入学校教育教学计划，与综合实践活动课程统筹考虑，促进研学旅行和学校课程有机融合，不断提高中小学生实践能力、创新精神和社会责任感。文件明确要求，学校应根据教育教学计划灵活安排研学旅行时间，一般安排在小学四到六年级、初中一到二年级、高中一到二年级，尽量错开旅游高峰期。2017—2018年，教育部先后组织、遴选了622个全国中小学生研学实践教育基(营)地，通过各地努力推动资源共享和区域合作，打造一批精品线路和课程，基本形成了以基地为站点、营地为枢纽的研学实践教育网络。研学旅行正迎来高速发展时期，市场前景广阔。

(二)研学游产品的主要特点

1. 体验教育，知行合一

研学游中的旅行是一种手段，学生在过程中能够进行深度体验，获得真正成长，感受到和自然、人、社会及历史之间的对话。它不是“游而不学”或“学而不游”，更不是简单的“教育＋旅游”、粗放的“讲解＋参观”、拼凑的“主题＋活动”、随意的“景点＋课本”，需要牢牢把握知行合一的导向，真正实现体验教育的目标。

2. 特别注重安全保障

研学游的主体绝大部分是未成年人，不具备独立的行为能力，对安全风险的认知与安全防范技能不足，因此，设计和开展“研学游”产品过程中，保障安全是必须贯穿始终的红线，要做到“活动有方案，行前有备案，应急有预案”。开展研学游，要根据需要配备一定比例的安全员负责学生活动管理和安全保障。此外，住宿和餐饮场所、交通设施设备、游览场所与活动等方面，也需要格外注意安全，要针对青少年特点采取特殊安全防范措施。

3. 组织管理严密

从现在的行业实际发展情况看，研学旅行活动的开展涉及研学导师、研学营地、主办方、承办方、供应方五大主体，需要大量人员组织、提供相关专业产品和服务。对研学导师哪里来、研学营地如何选、主办方有哪些职责、承办方如何落实、供应方有什么标准等问题思考，都需要纳入整个研学游产品策划与管理之中。

二、研学游产品的设计思路

(一)明确产品分类和内容

研学游产品按照资源类型可以划分为知识科普型、自然观赏型、体验考察型、励志拓展型、文化康乐型。

- 知识科普型：主要包括各种类型的博物馆、科技馆、主题展览、动物园、植物园、历史文化遗产、工业项目、科研场所等资源；
- 自然观赏型：主要包括山川、江、湖、海、草原、沙漠等自然资源；
- 体验考察型：主要包括农庄、实践基地、夏令营营地或团队拓展基地等资源；
- 励志拓展型：主要包括红色教育基地、大学校园、国防教育基地、军营等资源；

· 文化康乐型：主要包括各类主题公园、演艺影视城等资源。

承办方(旅行社)应根据主办方(学校)需求，针对不同学段特点和教育目标，设计研学游产品。针对小学一至三年级，宜设计以知识科普型和文化康乐类型资源为主的产品，并以乡土乡情研学为主；针对小学四至六年级，宜设计以知识科普型、自然观赏型和励志拓展型资源为主的产品，并以县情市情研学为主；针对初中年级，宜设计以知识科普型、体验考察型和励志拓展型资源为主的产品，并以市情省情研学为主；针对高中年级，宜设计以体验考察型和励志拓展型资源为主的产品，并以省情国情研学为主。

(二)设计教育服务项目

承办方和主办方应围绕学校相关教育目标，共同制订研学旅行教育服务计划，明确教育活动目标和内容，针对不同学龄段学生提出相应学时要求，其中每天体验教育课程项目或活动时间应不少于 45 分钟。

教育服务项目可分为以下四类。

· 健身项目：以培养学生生存能力和适应能力为主要目的的服务项目，如徒步、露营、拓展、生存与自救训练等；

· 健手项目：以培养学生自理能力和动手能力为主要目的的服务项目，如综合实践、生活体验训练、内务整理、手工制作等；

· 健脑项目：以培养学生观察能力和学习能力为主要目的的服务项目，如各类参观、游览、讲座、诵读等；

· 健心项目：以培养学生的情感能力和践行能力为主要目的的服务项目，如品德养成教育活动、团队游戏、情感互动、才艺展示等。

(三)完善教育服务流程和教育服务设施与教材

教育服务流程宜包括：

· 在出行前，指导学生做好准备工作，如查阅相关资料、制订学习计划等；

· 在旅行过程中，组织学生参与教育活动项目，指导学生撰写研学日记或调查报告；

· 在旅行结束后，组织学生分享心得体会，如组织征文展示、分享交流会等。

教育服务设施及教材要求如下：

· 应设计不同学龄段学生使用的研学旅行教材，如研学旅行知识读本；

· 应根据研学旅行教育服务计划，配备相应的辅助设施，如电脑、多媒体、各类体验教育设施或教具等。

(四)合理配置研学导师

研学导师团除了学校教师和旅行社专业导游之外，还需要吸纳社会机构的专业人士和一切愿意助力青少年健康成长、具有教育情怀的专业人士加入。研学导师团大致包含以下几类人士。

1. 旅行社导游

旅行社作为研学旅行课程的主要承办服务机构，拥有从业经验丰富的专业导游。但旅行社导游不能直接成为研学导师。导游服务的本质属性是提供旅游休闲服务，要求导游具有较好的服务理念和休闲服务的技能。而研学旅行的本质是“教育”，课程实施的对象是青少年学生，它不仅考验服务人员的服务理念与技能，还考验其教育理念和技能。这包括对课程概念和课程内涵的理解和认识、对中小学生心理的认知、对课程实施的基本操作能力等。

因此，旅行社导游要成为研学旅行课程老师，应经历转型和专业培训过程，并获得某种认证，才可成为研学导师。

2. 传统基(营)地教练等工作人员

研学旅行基(营)地、综合实践基地等机构接待中小学生并提供相应服务的各类工作人员，包括教练、教官、讲解人员、体验师等，从某种意义上讲，也是研学导师。

上述这些专业人员也不能直接成为研学导师。研学旅行有完整的课程方案，研学旅行课程师资应对课程方案有较深入的了解和认识，并且对上课的学生有较深入的了解，应具备组织能力、授课能力和分享能力，同时具备较好的教育理念、教育情怀。

3. 博物馆等场馆的讲解人员

各类场馆的讲解人员具备一定的专业知识和讲解技能，在研学旅行课程中，他们临时担当专业导师。但此时的场馆讲解人员还不能成为真正意义上的研学导师，由于工作时间的阶段性和地点的固定化，他们此时的讲解与一般的旅游讲解并无区别。因此，这些场馆的专业讲解人员，需要提前了解课程目标和研学任务，了解研学旅行课程方案的设计，并为研学旅行课程设计专门的课程内容，才能成为合格的研学导师。

4. 各类专业人士

社会生活中的各类专家和各行各业的专业人才，如大学教师、科研机构研究人员、非物质文化遗产的传承人等，都可成为研学导师。因为研学旅行课程会涉及丰富的文化资源和广泛的社会资源，以帮助中小学生增长见识、学会共处、提升素养，所以要做好研学旅行课程的服务工作，必须整合更多专业人士的力量。

5. 在校大学生群体

大学生群体与中小学生心理距离较近，容易与中小学生亲近，在学业上有着突出的示范性。因此，选择合适的大学生参与研学旅行课程，更容易帮助中小学生掌握研学旅行课程目标，参与研学旅行课程学习，达到研学旅行课程的理想效果。对合适的大学生进行专业的培训、指导，将有利于壮大研学旅行课程的师资队伍，有利于研学旅行课程的实施。

研学导师团是研学游课程的“灵魂”。将社会上各类乐于参与研学旅行活动、有助于开展研学旅行课程的人力资源进行良好整合，共同推动对研学课程的指导、实施和优化，必将有助于研学游活动的深入开展。

（五）重视研学课程评价设计

研学课程的评价一般包括四个方面（见表 1-4）。

表 1-4　研学课程评价

评价类别	评价客体	评价主体
学习效果评价	参加课程的学生	学生自评＋研学导师评价
课程设计评价	研学线路产品	学生评价＋研学导师评价
研学导师评价	研学导师	学生评价＋研学导师互评
服务机构评价	服务机构	学生评价＋研学导师评价

这里需要重点对学习效果评价进行科学合理的设计。研学旅行是一门活动课程，虽不需要考试，但应有课程评价，并通过课程评价，指导和优化课程的教与学。同时，作为一门活动课程，研学旅行与传统学科课程大不相同，因此，其课程评价方式、评价维度也会大不相同，应允许多元化、多角度评价的探索。

【实例分析】

福建某旅行社为中学生设计了一款去武夷山的研学旅行产品。

武夷山山水人文研学课程

1. 课程名称

武夷山山水人文研学。

2. 课程对象

中学生。

3. 课程目标

(1)感受非遗文化，体验茶艺茶道。了解茶从生长到被制成饮品的历程，懂得以茶为媒的生活礼仪，了解以茶修身的生活方式。

(2)领略自然奇观，探究丹霞地貌。观览千姿百态的奇山幽谷，欣赏悠悠流淌的九曲碧水，在博物实景课堂中探究地球奥秘。

(3)感悟深厚人文，领悟先贤家训。探究宋代理学大家朱熹的学说，学习先贤的优秀思想和治学之道。

4. 研学日程

(1)课前导入。①行前一课。讲述此次研学的具体行程安排、注意事项、简单的背景知识。②探寻武夷山。A. 观看《武夷山》纪录片，整体感知武夷山风貌；B. 温习地形知识，了解丹霞地貌；学习《朱子语类》(三则)。

(2)研学实施，如下表如示。

时间		研学安排
第一天	下午	乘车前往武夷山
	晚上	入住营地，举行开营仪式
第二天	上午	前往武夷山第一胜景天游峰、玉女峰，感受碧水丹山的自然之美；参观武夷精舍，体悟朱子文化；研读镌刻在苍崖翠壁上的“中国古代书法宝库”——摩崖石刻，收获古代文人墨客留下的精神财富
	下午	参观水帘洞景区，在原生态山林中看猴群自由嬉耍；在天然生物课堂中考察植被；在鸟语溪声、青山碧水间陶冶“热爱自然、保护环境”的情怀
第三天	上午	参观茶博园，了解制茶“十三道工序”；前往武夷山九十九名岩之一的楼阁岩，看丹霞地貌，赏自然美景
	下午	观赏大红袍母树，了解茶树种植知识；聆听茶文化主题微讲座，动手泡一壶茶，体验茶艺、茶道，感受传统文化的魅力
第四天	上午	前往五夫古镇，走进兴贤书院，重温朱子讲学，诵读《朱子家训》，举行谢师礼，延续尊师重教的传统
	下午	前往武夷宫，开展诗词主题活动；参观柳永纪念馆，研读婉约绮丽的宋词；走进武夷山博物馆，了解武夷山自然风光与人文历史概况
	晚上	开展闭营分享晚会，分享见闻收获
第五天	上午	返程，结束研学之旅

(3)课后建议。①整理研学旅行感悟，完成研学游记；②组织以武夷山为主题的分享会(主题可为自然、诗词等)；③开展武夷山影像比赛、征文比赛。

5. 师资安排

(1)专业研学导师(经过研学产品培训的资深导游)，负责带领学生开展研学体验活动和引导分享；

(2)学校带队老师，协助研学导师指导课前导入的相关内容；

(3)随团工作人员，负责团队后勤保障并协调解决其他可能出现的问题；

(4)其他人员：博物馆讲解员、茶艺专家、礼仪专家等。

6. 课程评价

为评估和检测研学旅行效果，请相关负责教师和学生积极参与评价工作，填写研学课程评价表。

研学课程名称		被评价人		自评	师评
研学课程时间		填写时间			
学习态度	准备好每一次的讨论	A. 优秀 B. 良好 C. 待提高			
	完成自己承担的任务	A. 优秀 B. 良好 C. 待提高			
	积极提出创意	A. 优秀 B. 良好 C. 待提高			
	乐于合作与分享	A. 优秀 B. 良好 C. 待提高			
学习方法	乐于探究，勤于动手	A. 优秀 B. 良好 C. 待提高			
	态度严谨，善于反思	A. 优秀 B. 良好 C. 待提高			
	提炼信息，提高归纳能力	A. 优秀 B. 良好 C. 待提高			
	综合运用，提升统筹能力	A. 优秀 B. 良好 C. 待提高			

续表

创新实践	运用新技术、新思路	A. 优秀　B. 良好　C. 待提高		
	发挥个性特长，施展才能	A. 优秀　B. 良好　C. 待提高		
团队协作	尊重他人，欣赏队友	A. 优秀　B. 良好　C. 待提高		
	分工合作，各展所长	A. 优秀　B. 良好　C. 待提高		
研学效果	预期研学成果达到程度	A. 优秀　B. 良好　C. 待提高		
	研学成果的可信度、实际水平	A. 优秀　B. 良好　C. 待提高		
	研学成果展示与分享	A. 优秀　B. 良好　C. 待提高		
	特别收获			

案例分析：

该研学产品课程对象为中学生，针对中学生身心成长、学业知识发展程度，结合研学资源特点，合理发掘和设计课程目标，在此基础上，完善研学课程导入、课程实施、课程评价等环节，真正将旅行变为“行走的课堂”，寓教于游。研学导师团方面，课程以研学导师为主(由资深导游员经培训转化而来)，吸纳学校带队教师、博物院讲解员、茶艺专家、礼仪专家、后勤保障人员共同组成，切实保障研学旅行安全顺利开展，并达到预期课程目标。内容编排上，课程将自然、人文有机结合，不仅有助于学生开阔眼界、增长知识，而且有助于其陶冶身心、培育生活情趣与礼仪品格。

【任务实施】

初中“研学游”课程设计

实训任务

让学生掌握“研学游”课程的设计。

实训内容

某旅行社通过政府采购成功获得某中学研学课程的独家承接组织合同。现该中学希望为初中二年级学生提供为期 5 天的研学旅行课程。请按照“研学游”产品特点和设计思路，为该校学生设计“研学游”产品。

实训步骤

第一步：组成设计小组；

第二步：市场分析与主题创意策划→收集景区、食宿、交通、娱乐等旅游供给信息→策划旅游路径，组装产品→优化活动日常内容→市场营销策划。

实训成果

旅行社产品设计报告(包括市场分析与主题卖点、产品介绍、产品报价等)。

>> 任务六　“自驾游”产品设计 <<

【任务描述】

在了解“自驾游”产品及其特点的基础上，掌握“自驾游”产品设计思路和要点，并熟练运用在设计该类产品过程中。

【任务目标】

知识目标：了解“自驾游”产品的概念，熟悉“自驾游”产品的特点，掌握“自驾游”产品的设计思路。

技能目标：能够设计符合市场需求、适销对路的“自驾游”旅游产品。

素质目标：培养创新精神和解决问题的能力。

【理论引导】

一、自驾游产品概述

(一)自驾游产品概念

随着人们生活水平的提高，家庭汽车保有量不断增加，汽车租赁业逐渐繁荣，在假期实行高速免收小型客车通行费的政策刺激下，自驾游数量逐年增加。旅游者根据自己的喜好，选择轿车和越野车为代步工具，自行选择和安排旅游目的地和线路，成为一种流行的趋势。旅行社从业者认识到自驾游有着广阔的市场前景和发展空间，积极开拓自由行市场，向自驾游客人提供详尽、便捷的信息服务。随着自驾游市场的成长壮大，越来越多的自驾游者从原先的潜在客源成了旅行社的现实客源。

(二)自驾游产品的主要特点

1. 自主性

自驾游者根据自己的爱好和需求安排自己的线路、旅游目的地的停留时间，在选择目的地、参与程序和体验自由等方面有很大的自主性。

2. 短期性

区域性的自驾游更多是短期性的，因为节假日休息制度限制了自驾游的时间，旅游者选择 2～3 天出游更为普遍，长达 2～3 周的自驾车旅游(如暑期家庭旅游活动)也在逐步流行起来。

3. 多样性

自驾游者消费习惯呈现出多样性，随旅游者收入、受教育程度、年龄、地域、旅游目的等因素的不同，需要的服务范围也不同。

4. 小团体性

小团体自驾旅游者除单独外出以外，以亲朋好友或家庭形式出游居多，小团体性表现极强。从心理学的角度来分析，旅游者的个人行为受所属群体的影响大，因此旅行社应注重对出游家庭结构的了解，开发出既能满足团体需求，又有特色的自驾车旅游路线，引导自驾游的消费。

5. 信息渠道多元化

自驾游旅游者获取信息途径是多样的，报刊、电视、网络是目前获取自驾游信息最主要的渠道。旅行社需要通过各种媒介向旅游者发布有效信息，建立旅游信息咨询中心，为自驾游旅游者决策提供依据。

二、自驾游产品的设计思路

为更好地适应自驾游市场的需求，旅行社产品设计人员必须多方面地分析自驾游者的需求特征和旅行习惯，结合其旅游动机及其特定的心理、生理特点，进行旅游产品设计与开发。设计者应当充分遵循以下思路。

(一)旅行社的经营理念需要转型

旅游者在自驾游中追求的是自主、自由，因而旅行社要从自驾游的灵活性、随意性、个性化等特点去创新，完善自己传统的业务。例如，旅行社可以成立自己的自驾车旅游俱乐部，利用与酒店、景区等的合作关系为游客提供优惠服务。

(二)旅行社的产品设计要有特色

旅行社要在自驾游市场竞争中盈利并获取新的增长点，首要任务是开发有特色的自驾游路线，引导自驾游的消费，在旅游者消费的同时，提供全面、及时的咨询服务。例如，与汽车维修站、医疗服务、保险和救援组织合作提供意外事故的解决方案，与气象部门、交通部门、旅游目的地和酒店联合发布最新的自驾游动态，等等。这些都是从自驾游者的需求角度出发设计的。

(三)旅行社的服务范围要拓宽

自驾游除了传统的服务内容外，还需考虑到旅游过程中座驾的保养维修问题。例如，旅游者在旅行路上的汽车加油、事故救援、远途驾驶等咨询和保障服务。能否顺利实现旅游产品的价值，就需要旅行社设计人员努力拓展服务空间，增加新的针对汽车旅行、汽车消费乃至汽车文化的服务内容，投旅游者所好，从而引导自驾游者的旅游活动。

(四)旅行社的服务项目要完善

自驾游产品的采购优势，在于为自驾游者提供更为便捷和实惠的酒店、门票订购服务。旅行社提前把游客的行程安排好，给游客最优惠的住宿和门票价格，甚至为其配备带GPS卫星导航系统和对讲机等装备的导航车、修车技工和医生。

(五)自驾游的安全要保障

自驾游者出游最先考虑的就是“高高兴兴出游，平平安安回家”，安全是他们不得不考虑的因素，旅行社可以推出专门负责自驾车游客安全问题的自驾车出游保险服务，为投保人自驾游解决后顾之忧。例如，赔偿损坏丢失的行李，提供车辆救助费用，承担个人责任风险等，这些都能开拓市场的空间。

(六)网上的增值服务要开展

旅行社应建立自己的旅游电子商务网站或者自驾游板块，在酒店预订、票据订购方面充分发挥集中采购的优势，为自驾游者提供更为便捷和实惠的服务；提供相关的自驾车旅游信息，如路线推荐、交通概况、气象预报，加强其纽带作用，提供旅途汽车维修、加油、GPS导航服务等项目；最终发挥网上营销的优势：高效、低成本、无障碍销售，真正实现旅游信息提供的现代化。

【实例分析】

桂林自驾四日游

第一天

广州出发至桂林自驾游，抵达桂林后入住酒店，晚上自由漫步桂林城区夜景环城水系榕杉湖景区，观赏世界罕见的水中日月双塔，音乐林荫道、水晶桥古南门等。

第二天

早上乘船游览桂林十大名山，免去登山之疲劳，尽享市内之精华，感受桂林城三大名山象鼻山、伏波山、叠彩山以及斗鸡山、穿山、塔山、七星山等；参观刘三姐景观园，亲自体验广西壮、侗、苗、瑶的民俗风情；下午开车前往阳朔，沿途游览陶渊明笔下的“世外桃源”，晚上自由漫步古风和现代气息融合的西街。

第三天

早上至“遇龙河漂流”，聆听阿妹唱山歌，尽情享受在绿叶青山中越野的乐趣，后游览电影《刘三姐》中刘三姐和阿牛哥情定终身的地方“大榕树、月亮山”；下午出发赴银子岩景区，一路可欣赏阳朔十里画廊，远离城市之喧嚣，欣赏世界溶洞奇观。

第四天

驱车前往兴坪码头，乘船游览漓江精华风光，寻找20元人民币背景“黄布倒影”。结束愉快旅程，驱车返回广州。

友情提示：

(1)自驾游住宿可根据需求预订，价格另议。

(2)除含漓江游船上的简单中式中餐外，全程其他用餐自理。

(3)含旅行社责任险。

(4)交通方式为客人自驾。

(5)自驾车旅游线路独立安排导游，不安排购物点，完会由客人自行控制时间。

(6)自驾游在驾车出行前，一定要提前掌握路况信息。特别是在起雾的季节更应提前询问路况，掌握准确信息，避免高速公路封闭，道路行驶困难等情况给自己增添不必要的麻烦。

案例分析：

产品设计内容合理。旅行社在安排自驾游行程时，充分考虑了游客对自由的向往，行程张弛有度。宾馆的预订、行程的安排、景点的设计、时间的控制等方面的设计让自驾游客人省心省力。自驾游的目的还是集中在“游”上，只不过是以自驾的方式，因此“游”的部分还是很重要的。

用餐自理彰显自由度。由客人根据自己的用餐需求私人定制，正是考虑到自驾游者消费习惯呈现出多样性，彰显自由度的旅行安排会让游客对旅游产生新的体验。

注重景区可进入性。自驾游者通常自行驾车，这就对旅游线路设计的景区景点可进入性提出了一定的要求，可进入性包含景区的区位因素、硬件设施及其人文环境，这也是自驾游者满意度的基本要求。该产品所选择的景点都是开发历史悠久、可进入性非常高的知名景点，各方面的服务设施可以满足自驾车游客的出入停靠要求。

丰富产品营销手段。产品可采用微信、微博、抖音等传播工具，介绍旅行社自驾游项目，还可考虑采用体验式营销，适当邀请自驾游者参与新产品的设计，听取游客的建议，进行有针对性的修改，使产品更加完善。

【学而思】

自驾游这种散客化旅游方式已成为长假旅游市场的热点。若你是某家旅行社市场策划部经理，谈谈你将如何启动本社的自驾游市场。试举例分析。

【任务实施】

“自驾游”产品设计

实训目的

让学生掌握“自驾游”的产品设计。

实训内容

本市某旅行社拟开拓“自驾游”市场。请按照旅行社产品设计流程、内容和原则，结合“自驾游”产品特点和设计思路，设计一款5～7日“自驾游”产品，并向全班同学进行推介。

实训步骤

第一步：组成设计小组。

第二步：市场分析与主题创意策划→收集景区、食宿、交通、娱乐等旅游供给信息→策划旅游路径，组装产品→优化活动日常内容→市场营销策划。

实训成果

旅行社产品设计报告(包括市场分析与主题卖点、产品介绍、产品报价等)，产品推介PPT。

【课后小测试】

一、填空题

1. 在欧美等西方发达国家，休闲度假产品倡导 3S，即______、______、______。

2. 在我国，休闲度假游产品 3S 更多是指________________________________。

3. 研学旅行是校外综合______教育，也是一种______旅游活动。

4. 研学旅行项目内容安排上，小学以________为主，初中生以________为主，高中生以________为主。

二、判断题

1. 商务旅游要求提供产品的旅行社不仅代买机票、预订酒店，更重要的是为商务游客提供一揽子旅游管理项目的解决方案，甚至是会议组织接待、打印复印、网络视频会议接口等设施设备的配套服务，这些体现了商务旅游产品联动范围广的特点。

2. 商务会展旅游者在交通费用和住宿、餐饮等方面的费用大部分非个人支出，因而拥有更多的自费能力，在一定范围内对价格不敏感，而更注重在旅游过程中的舒适性、安全性和便利性。

3. 与商务会展游产品市场自主选择性低的特点不同，老年游产品消费更具灵活性。他们在旅程安排上要求相对宽松，需要自行支配的时间相对较多；而且，由于老年人闲暇时间多，他们可以根据自己的实际情况并结合旅游市场行情机动灵活地安排出行时间——选择在旅游淡季出行，避免旅游高峰期旅行生活上的诸多不便，这样他们可以在完全从容的状态下享受旅游带来的众多乐趣与体验，追求最大限度的消费便利性和舒适性。

4. 老年人大多具有深切的怀旧思乡情结，喜欢追根溯源、寻亲访友，但普遍对历史和传统文化不感兴趣。

5. 老年游产品还呈现出服务成本高、产品利润高、旅游保险费用高、旅游操作难度大、旅游产品经营风险系数高等特点。

6. 质优价廉、薄利多销是旅行社进入老年旅游消费市场的最佳策略之一。当然，针对一部分消费水平高、对旅游产品要求较高的老年游客，也可以推出价格较高的豪华线路产品。

7. 一般老年人出游的目的以观光为主，而观光游以“新奇特”为主要特点，因此不宜安排老年团游览他们曾经去过的地方“故地重游”。

8. 高中年级参与研学旅行时，宜设计以知识科普型和自然观赏型资源为主的产品，并以省情、国情研学为主。

9. 商务会展游产品的目标客户主要是企业或组织，产品设计必须尊重客户需求，也就是企业或组织管理者的需求，至于具体参加商务会展游的游客需求，可以不考虑。

模块二　旅行社业务运作

项目一　旅行社产品定价的原则和方法

【项目描述】

通过学习影响旅行社产品价格的因素，掌握旅行社产品价格制定过程中的参考因素和遵循的基本原则；熟悉旅行社产品定价的机制和方法，熟练运用旅行社产品定价的各种策略和方法，了解旅行社新产品的定价策略。

>> 任务一　旅行社产品价格的制定<<

【任务描述】

在学习影响旅行社产品价格的相关理论知识的基础上，熟悉掌握旅行社产品价格影响因素，明确旅行社产品价格制定的原则，掌握旅行社产品定价的具体流程和步骤。

【任务目标】

知识目标：识记旅行社产品的定价原则；理解旅行社产品价格的影响因素。

技能目标：能够识别影响旅行社产品定价的因素，运用具体的流程对旅行社产品进行定价。

素质目标：引导学生依据对产品成本、需求及竞争等状况进行研究，熟练掌握旅行社产品的影响因素，理解旅行社产品定价的具体原则及定价程序、步骤。

【理论引导】

一、影响旅行社产品价格的因素

旅行社产品价格是以货币形式表现的旅行社产品的价值，是游客对旅行社产品价值的市场认知，其构成非常复杂，是“后生产性”产品。整体设计好了，销售出去的实际是一套旅行社产品生产方案，然后才是价格与价值的一一验证。旅行业对市场反应极具敏感性，因此产品的价格容易受到多种因素的影响，如供求关系、成本、汇率、通货膨胀率、税金等，把握旅行社产品价格的影响因素是制定价格的基本前提。

(一)供求关系

供给和需求关系直接影响旅行社产品的价格，因此旅行社在制定价格时一定要充分考虑市场的供求关系。一种商品的供给主要指在各种可能的价格上，生产者愿意并且能够出售的这种商品的数量。一种商品的需求主要指在各种可能的价格上，消费者愿意并且能够购买的这种商品的数量。

一般而言，假如供给不变，需求增加，价格就会上升；如果需求降低，价格就会下降。假定需求不变，供给增加，价格就会下降；如果供给降低，价格就会上升。这是市场中存在的供给和需求规律。

在西方经济学中，一种商品的均衡价格是该种商品的市场需求量和市场供给量相等时的价格。在均衡水平下相等的供求数量被称为均衡数量。如图 2-1 所示，需求曲线 D 和供给曲线 S 相交的点 M 被称为均衡点，这个均衡点代表的一种状态是买卖双方都感到满意并愿意持续下去的均衡状态。商品均衡价格的形成是商品市场上需求和供给这两种相反的力量共同作用的结果，它是在市场的供求力量的自发调节下形成的。一般情况下，市场价格偏离均衡价格时，会出现供给量和需求量不相等的非均衡的状态。但在市场机制的作用下，这种暂时的非均衡状态会逐步消失，实际的价格会慢慢回到均衡的价格水平。

旅行社产品的价格在市场中也深受供给和需求关系的双重作用，在这种作用力下形成买卖双方均较为满意且相对稳定的均衡价格。

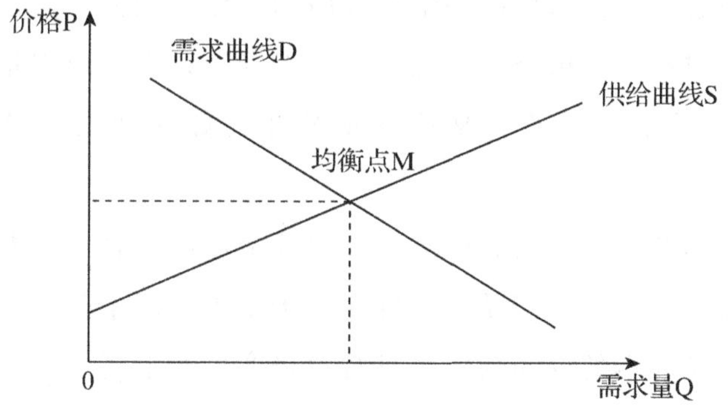

图 2-1 均衡价格的确定

(二)需求的价格弹性

一般而言，只要两个经济变量之间存在着函数关系，就可用弹性来表示因变量对自变量变的反应的敏感程度。弹性是两个变量各自变化比例的一个比值。需求的价格弹性主要是对一定时期内商品价格变动引起需求量变动量的百分比，实为需求量的变动对于价格变动的反应程度。公式为：

$$需求的价格弹性系数=\frac{需求量的变动率}{价格变动率}$$

需求的价格弹性系数的取值一般有以下几种情况：系数大于1，表明需求量对于价格变动的反应比较敏感，被称为富有弹性；系数小于1，表明需求量对于价格变动的反应比较迟钝，被称为缺乏弹性；系数等于1，表明需求量的变动刚好和价格的变动率相等，被称为单位弹性。富于弹性的产品价格降低，需求量增加，反之减少；缺乏弹性的产品价格降低，需求量减少，反之增加；单位弹性的产品，价格和需求量的变动率幅度相等，因此降价提价对于产品的销售影响不是很明显。

旅行社产品类型不同，需求的价格弹性也不同，例如针对商务客人的旅行社产品的需求价格弹性较小，缺乏弹性，以相对昂贵的价格提供优质的服务是其尊贵身份的象征，这样的产品一般适合在一定范围内适当的提价，相应的其需求量会比较稳定，有所增加；针对大众的经济型旅行社产品的需求价格弹性较大，富有弹性，主要是因为大众对价格比较敏感，稍微降价反而会增加其产品的需求量，这样的产品适合在一定范围内适当地降价，相应地，其需求量会比较稳定，有所增加。因此，旅行社在制定产品价格时应充分考虑产品需求弹性的大小，尽量避免价格决策的失误。

(三)成本变动

旅行社产品成本是由产品经营过程中所花费的物质产品和人力资本所形成的，包括营业成本和期间费用。旅行社产品成本的变动对其价格有直接的影响，一旦成本发生变动，旅行社产品的售价也必然会受到影响。旅行社产品的成本分为固定成本和变动成本。固定成本指的是在一定范围内和一定时间内，总额不随着经营业务量的增减而变动的成本，如租金、利息、员工工资等；变动成本指的是随着旅行社产品销量的变化，总额发生正比例变化的成本，如交通费、餐费、房费、导游费等。

旅行社作为中间商，其产品的成本很大程度上取决于住宿、景区、餐饮等其他旅游相关产品的成本。旅行社产品的定价需高于成本，成本是旅行社产品价格的最低限度，旅行社产品成本的变动会对其直观价格产生影响。

(四)汇率变化

汇率又称外汇汇率，指的是两种货币之间兑换的比率，亦可视为一个国家的货币对另一种货币的价值，具体是指一国货币与另一国货币的比率或比价。人民币汇率一般指的是外币兑换人民币的报价，即1外币或者100外币兑换成多少人民币。

对国内游客来说，汇率变化对国内旅行社产品的价格基本上没什么影响，对出入境的旅行社产品影响较大。汇率下降，人民币升值，外国货币贬值，出境旅游产品价格下滑，入境旅游产品价格上升，以人民币外报的旅行社产品实际上涨价了，为了避免失去客源，旅行社可根据实际情况对价格做适当调整；汇率上升，人民币贬值，出境旅游产品价格上升，入境旅游产品价格下滑，以人民币外报的旅行社产品实际上降价了，这会吸引到更多的外国游客。因此，汇率变化也会对旅行社产品在出入境市场上的价格产生重要影响。

(五)产品品质与特性

品质高、市场认知度高的旅行社产品在制定价格时可选择以高价进入市场；品质一般、市场认知度一般的可选择以中低价进入市场。此外，旅行社产品一般主要以服务的形式存在，这种无形性使其具有不可储存性的特点，这就需要旅行社产品价格应对供求变化及时做出敏锐的价格调整反应，以适应瞬息万变的客源市场，赢得更多的经营利润。

(六)国家价格政策

即使在市场经济中，国家也会调控部分产品的价格。近年来国家对旅游价格控制趋于松动，取消了一系列国家干预价格的政策，如最低结算标准、地区差价等，未来一段时间内国家对旅行社产品价格的干预还将在一定范围内存在，因此，旅行社产品定价应遵守有关国家价格政策。

二、旅行社产品定价原则

(一)质价相符

俗话说“一分价钱一分货”，旅游者购买旅行社产品时首先要看它的质量，看它是否能满足自己的要求。旅游者可以借助多种手段和途径对附载在旅行社产品价格下的质量进行比较，因此旅行社在定价的过程中要充分体现按质论价、质价相符的原则。旅行社产品的价格并不是越便宜越好，旅游者并不完全反对高价，只是他们在出高价时，希望能得到与价格相当的旅行社产品质量水平。因此，旅行社在经营过程中一定要注重产品质量，制定的价格应是产品质量的真实反映。

(二)价格要有连续性和稳定性

社会上各行业的劳动生产具备连续性和稳定性，旅行社产品的定价也应反映这一特点，其价格应体现出相对的连续性和稳定性。如果旅行社产品价格经常波动，会影响企业的收益和声誉。当然，要有相对的稳定性，并不是说价格二年、三年乃至永久不变，价格总要随着市场的变化而做适应性调整。

(三)价格要有灵活性

旅行社接待的旅游者种类很多，旅游者的要求千差万别，且旅行社产品的时间性很强，具有不可贮存性，因此其价格一定要有相对的灵活性。例如，对于旅游热点城市和温、冷点城市，对于旅游旺季和淡季，应保持一定的地区差价和季节差价；同时还应遵守国家的有关政策。要充分利用价格这一经济杠杆调节市场需求，使得旅行社实现最佳经济效益。

(四)注意与竞争对手之间的价格比较

旅行社制定产品价格时，还需要参考竞争对手的价格，与竞争对手的价格相比，制定的价格需要体现价格优势。同类或同档次的旅行社产品不可把价格制定得高出竞争对手太多，这样旅游者买了之后会有价格虚高、上当受骗的感觉；若定得过低，旅行社在考虑压缩成本的同时只能在产品质量上缩水，质量下降即使价格再低也难以长久得到旅游者的认可。因此，在制定价格时一定要比较竞争对手的价格。

(五)合理安排旅行社产品各项服务之间的比价关系

在制定旅行社产品的价格时，还要综合考量其内部各项组成服务要素之间的比价关系，核心服务的价格应在整体旅行社产品中所占的比重较大，其他配套服务则占的比重相对小一些。应该考量其他配套服务和核心服务在价格背后附载的质量，核心服务和配套服务的质量应该相匹配。

三、旅行社产品价格决策的程序

旅行社营销管理人员要使其产品价格决策更具科学性，应建立一套行之有效的、科学的决策机制，按规范的程序运作。旅行社产品价格决策的程序包含了六个步骤(见图 2-2)。

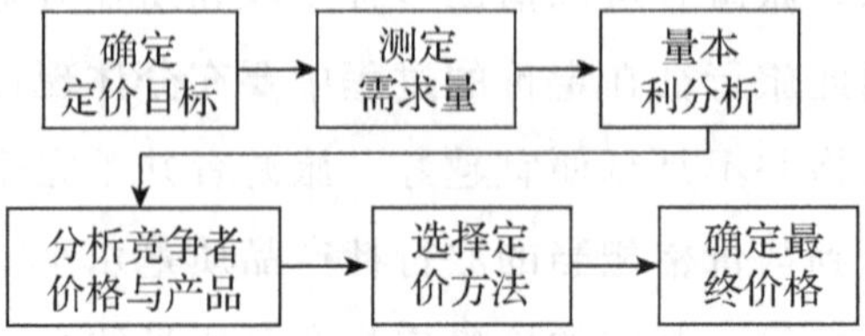

图 2-2　旅行社产品价格决策的程序

(一)确定定价目标

作为企业的旅行社，其生产和经营最终是为了取得经济效益。为实现最终目标，旅行社在进行价格决策时，在不同时期还要考虑阶段性目标。旅行社定价目标越明确，价格决策的目的性也就越清晰。

(二)测定需求量

旅游市场需求量决定了旅行社产品销售量。需求弹性大的旅行社产品，价格稍有变动，需求量的波动就很明显；需求弹性小的旅行社产品，即使价格变动较大，需求量变动也较小。不同价格水平通常会有不同的需求量，一般针对普通大众的经济型旅行社产品的需求量随着价格的上升而下降，随着价格的下降而上升。某些资源垄断型旅行社产品、名牌旅行社产品、针对商务客人的旅行社产品，其需求量往往随着价格的上涨而上升，随着价格的下降而下降(见图 2-3)。

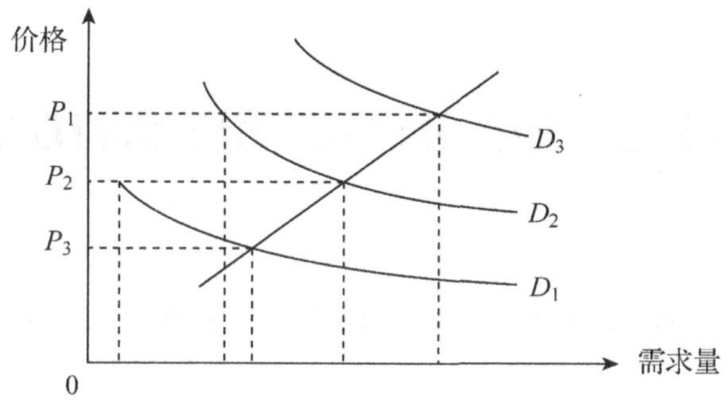

图 2-3　垄断性旅行社产品的需求量

(三)量本利分析

旅行社经营者在科学测定旅游市场需求量之后，需要进一步分析市场需求量、产品生产经营成本和经营利润之间的关系。

1. 保本点(盈亏均衡点)分析

旅行社产品销售若达到均衡点则可实现盈亏平衡。

2. 保利分析

以所制定的价格是否可以实现旅行社的预期利润来衡量能否执行该价格决策。

3. 边际分析

边际贡献为正值意味着能收回全部变动成本和部分固定成本；边际贡献大于固定成本意味着有利可图。

(四)分析竞争者价格及产品

旅行社经营者应在调研同类竞争产品价格的基础上分析利弊，特别注意竞争对手制定产品价格的态度，以此作为本旅行社价格决策的参考。同时，还要认真分析同类旅行社产品的质量，争取使本旅行社产品性价比优于竞争对手。

(五)选择定价方法

旅行社企业经营者应选定最有利于实现企业定价目标的定价方法。具体有三种方法，即成本导向法、需求导向法和竞争导向法(详见任务二)。一般来讲，在价格下限和上限之间，参照竞争产品的价格，营销管理人员可初步确定本企业产品的价格区间。

(六)确定最终价格

旅行社经营者在综合考虑旅行社产品市场竞争力，旅游者的心理感受，供应商、分销商、推销员的态度，竞争对手可能做出的反应，政府有关价格法律法规的限制以及行业自律组织的约束后，就可运用适当的价格策略确定旅行社产品的最终价格。

>>任务二　旅行社产品定价策略和方法<<

【任务描述】

了解旅行社产品的定价策略，掌握旅行社产品定价的具体方法。

【任务目标】

知识目标：掌握旅行社产品定价的具体策略和方法。

技能目标：针对旅行社的实际情况、产品的具体特点，选择合适的定价策略及方法。

素质目标：熟练运用各种策略和方法为旅行社产品定价，会根据旅行社的特点、经营情况以及新产品的特点等情况为旅行社产品定价。

【理论引导】

一、旅行社产品定价策略

定价策略是旅行社制定价格的指导思想和行动方针，也是营销人员在定价中解决问题的基本原则，决定了如何把价格与销售组合协调起来而形成整体的经营效果。

(一)新产品定价策略

1. 撇脂定价法

撇脂定价法是指新产品以远高于产品成本的价格投放市场的策略。旅行社采取高价投放策略旨在迅速收回投资并取得丰厚利益。这种定价策略如同从鲜奶上撇取奶中精华——乳酪一样，故称“撇脂定价”。撇脂定价策略适用于具有垄断地位、在市场上有传统影响力的旅行社；适用于知名品牌的旅行社产品，能满足求名心理和自我价值体现心理的旅行社产品；适用于缺乏需求弹性的产品；适用于购买力强，对价格不敏感的游客；适用于暂时没有竞争对手推出类似产品，产品有明显差异的旅行社。其优点在于：①能提高产品的价格，树立高价高质形象；②满足游客求名心理，可以在较短时期内收回成本，获取高额利润；③为旅行社留下降价的余地。其缺点在于：①新产品上市，未被了解，高价令人望而生畏，难以销售；②高价高利容易诱发竞争，吸引竞争者加入，加剧竞争；③适于少数高档知名产品，可能给消费者留有暴利的印象。因此，撇脂定价策略一般适合于新产品投放于市场初期，若要长期采用这一策略，产品需要不断进行创新。

案例一：托马斯·库克旅行社在20世纪90年代末期为纪念公司成立150周年，特别提供了定价为21 000英镑的环球豪华巡游产品，作为纪念活动的一个项目。

案例二：海洋国际旅行社皇家豪华土耳其一地10天深度游(全程30 000元/人)

1. 欧亚之魅——伊斯坦布尔(著名的托普卡普老皇宫)

2. 温泉胜地——帕姆卡莱(棉花堡、HIEROPOLIS古城)

3. 爱琴海边的浪漫城市——库萨达斯(以弗所遗址)

4. 传奇木马城——恰那卡莱(特洛伊古城)

5. 有格莱美露天博物馆之称的卡帕多奇亚

案例三：1945年的圣诞节即将来临时，为了欢度二战后的第一个圣诞节，美国人民急切希望能买到新颖别致的商品作为圣诞礼物。美国的雷诺公司看准时机，不惜资金和人力从阿根廷引进了当时美国人根本没见过的圆珠笔，并且在短时间内把它生产出来。在给新产品定价时，公司的专家们着实费了一番心思。当时公司研制和生产出来的圆珠笔成本为每支0.5美元，但专家们认为，这种产品在美国市场是第一次出现，尚无竞争者，最好采用新产品的价格策略，把产品价格定得远高于产品的成本，利用战后市场物资缺乏的状况和消费者要求礼物商品新奇贵重的心理，用高价来刺激顾客购买，尽可能多地赚取新推出产品的销售利润，同时，由于圆珠笔的生产技术并不复杂，如果竞争者蜂拥而上，公司也可能主动降价。

于是，雷诺公司以每支圆珠笔10美元的价格卖给零售商，零售商又以每支20美元的价格卖给消费者。尽管价格如此昂贵，圆珠笔却由于其设计新颖奇特而风靡全国，在市场十分畅销。后来其他厂家见利眼红，蜂拥而上，产品成本下降到0.1美元一支，市场零售价也仅卖到0.7美元，但此时雷诺公司已大赚一笔了。

2. 渗透定价法

渗透定价法是指在新产品上市初期，将产品价格定得低于预期价格，以扩大市场占有率为目标的定价策略。渗透定价适用于：①生产潜力大或立足于长期经营的旅行社产品；②生命周期较长或需求弹性较大的旅行社产品；③新技术容易推广的旅行社产品。这种策略与撇脂策略正相反，采用这种策略的旅行社应该尽量把新产品的价格定得低一些，其目的在于使新产品迅速地被旅游者接受，打开和扩大市场，优先取得市场上的领先地位。当旅行社产品具备大批量接待的条件或旅游市场上对该产品的需求富有弹性时，旅行社往往采取渗透定价策略。另外，实现非垄断性经营的旅行社也经常采取这种定价策略。其优点在于：①较低的价格易为顾客所接受，有利于迅速打开销路；②可以有效地排斥竞争者介入；③迅速增加销售额和扩大市场占有率。其缺点在于：①影响同类产品的销路及其生命周期；②不利于新产品高质量形象的确立；③旅行社产品以低价进入市场，若提价则会引起顾客的反感。

(二)心理定价法

1. 尾数定价法

尾数定价法是相对于整数定价法而言的，指在确定零售价格时，利用消费者求廉的心理，制定非整数价格，采用低于但又非常接近于一个整数的数字作为产品的销售价格。以零头数结尾，使消费者在心理上有一种相对便宜的感觉，或者在价格尾数上取吉利数，从而激起消费者的购买欲望，促进商品销售。尾数定价一般具有这样的优势：看上去便宜，让游客在心理上容易接受，例如199元，消费者看到这个数字一般会认为不到200元的价格比较便宜，如果定价定成207元，他们就会认为超出了200元有点贵，不划算；看上去精确、带有尾数的价格会使消费者认为旅行社定价是非常认真的，连零头都算得清清楚楚，进而对其产品产生信任。但这种定价策略有时也会收到相反的效果，消费者会觉得这种定价有玩数字游戏之嫌，进而怀疑价格的真实性，不利于旅行社树立良好的市场形象。

旅行社经常在定价时给其产品制定带尾数的价格，使旅游者获得一种享受折扣优惠的印象。尾数定价策略多适用于散客旅游产品和单项旅游服务产品的定价。这种策略适用面较宽，因为多数旅游者对产品价格较为敏感，倾向于选择他们认为价格相对便宜的产品购买，同时，尾数的象征意义符合旅游者心理；尾数定价策略还适用于需求弹性大的旅行社定价。

2. 声望定价法

声望定价法指旅行社利用旅游者仰慕品牌商品或名店声望的心理所采取的高价定价方法，这种定价方法可以提高产品形象，也能满足某些消费者对地位和自我价值的欲望。声望定价法适用于那些在行业中居于领导地位而且名声极好的旅行社企业。名牌产品、优质产品采用声望定价法，就是利用了消费者的崇拜和信任心理。在许多消费者眼里，名牌是一种符号，代表着产品消费者的身份和社会地位。这种定价方法容易满足游客求名心理，树立良好形象，获取较高利润。

3. 吉祥定价法

吉祥定价法是旅行社采取具有吉祥意义的数字作为产品售价的方法。由于民族习惯、社会风俗、文化传统和价值观念的影响，某些特殊数字常常被赋予一些独特的含义，旅行社加以巧用，其产品就会因之得到旅游者的偏爱。例如，数字“6”“8”“9”往往被赋予了吉祥的象征意义而颇受国人青睐，因此在定价的时候这些数字也用得比较多，如日常看到的一些定价“999”“888”“168”“666”等。“4”在中国传统文化中不受喜欢，因此定价中也极少有用这一数字的。

4. 招徕定价

招徕定价又称特价商品定价，是一种有意将少数商品降价，吸引游客在来购买这些产品的同时，顺便购买其他常规价格产品的定价方式。这种定价方法一般把商品的价格定得很低，主要是利用旅游者求廉的心理来引起其注意。

5. 整数定价

整数定价适用于价格较高的旅游产品，如豪华旅游、团体全包价旅游等。整数定价策略容易使购买这类产品的旅游者产生“货真价实”“一分钱一分货”的感觉，有利于提高产品的形象。

【拓展阅读】

呼伦贝尔草原满洲里等地双卧6日游

3750元起/人

行程介绍

第一天：北京—海拉尔

第二天：海拉尔

第三天：海拉尔—室韦(白桦林景区、恩和)

第四天：呼伦贝尔—满洲里(额尔古纳河、黑山头)

第五天：满洲里—北京(满洲里套娃广场、满洲里扎赉诺尔猛犸公园)

第六天：北京

产品特色

游览安排：黄金环线之旅，全程不走回头路，精华景点一览无余，独立成团、不拼团不将就、随走随停

内蒙古美食：全程美食推荐，大众点评餐厅

住宿标准：当地准四星酒店双标间+恩和特色木刻楞酒店

品质出行：专属车辆、全程陪同、无购物，行车路线画面沿路展开如画中游

迎宾仪式：献哈达，来自大草原的问候

(三)差别定价策略

在实际的市场营销中，旅行社面对的顾客不同，旅行产品的地理位置、旅游季节等均存在差异，应修改其基价以适应在顾客类型、地理位置、旅游时间等方面的差异。

1. 顾客细分定价

顾客细分定价是指在这样一种情况：根据各个市场部分(子市场)所体现出的不同的需求强度将市场进行细分，同样的产品或服务对不同的顾客采用不同的价格，即企业按照不同的价格把同一种产品卖给不同的顾客。例如，旅行社可以按较高的价格把某一旅行社产品或服务卖给顾客甲，也可以按较低的价格把同一产品卖给顾客乙，如提供教师优惠、老年人优惠等。顾客细分定价时要保证顾客乙没有以较低

价买进旅行社产品后倒卖给顾客甲的可能性。此外，旅行社按照不同的价格把同一种产品卖给了不同的顾客，还要保证价格歧视不会引起顾客反感。

2. 地点差别定价

飞机、邮轮、剧院、运动场等的票价会因地点、位置的不同而有所差异。旅行社在定价时可以效仿这种定价方法，根据产品所处的不同位置制定不同的价格。旅行社采用地点差别定价可以调节不同地区的客流量，缓解供求矛盾，通过旅游高价可以控制过多的旅游者进入热点地区，通过旅游低价可以吸引更多的旅游者前往冷点地区，促进或保证各地旅游业的均衡发展。

3. 时间差别定价

旅行社对同一旅行社产品或服务以不同的价格在不同的地区营销，以形成同一产品或服务在不同空间的横向价格策略组合。

旅行社可以根据不同季节、日期甚至时刻，灵活地制定不同的产品价格。旅行社产品具有很强的季节性，在旅游淡季，采用季节性折扣的策略可以使旅行社全年保持较稳定的业务量，在“十一”黄金周、春节等旅游旺季，适当提高定价可以获取超额利润。通过实行旅游季节差价，可以有效地调节供求关系，促进旅行社产品价值和使用价值的全面实现。实行旅游季节差价时应该明确上限和下限，并根据各个地区的不同情况确定相应的差额幅度。

(四)折扣定价策略

1. 现金折扣

现金折扣是对及时付清账款的购买者的一种价格折扣。这种折扣又称付款期限折扣，也就是指对现金交易、按期或提前付款的旅游产品或服务购买者给予一定的价格折扣，其目的是鼓励买方早付款，以利于企业尽快收回货款，以增强旅行社的变现能力，减少信用成本和呆账，加速资金周转，减轻贷款利息负担。

现金折扣的优点是有利于增加现金流量，降低收账风险；缺点是不利于通过信用消费扩大销售规模。

2. 数量折扣

数量折扣是指旅行社为了鼓励旅游消费者大量购买或多次购买本企业的旅游产品或服务，根据所购买的数量给予产品购买者一定的折扣。数量折扣是卖方因买方数量大而给予的一种折扣，包括累计数量折扣和非累计数量折扣。

(1)累计数量折扣。消费者所购买的旅游产品或服务的总量超过一定数额时，旅行社按购买总量给予消费者一定的价格折扣。

(2)非累计数量折扣(一次性折扣)。购买者每次购买达到一定数量或购买多种产品达到一定的金额时，旅行社给予价格折扣，一次性购买数量越多，折扣就越大。

3. 价格折让

价格折让是旅行社在消费者满足某种条件时给予的折让，是减价的一种形式。例如，新的旅行社产品试销时，减去零头给予顾客优惠；顾客买新产品时可以以旧换新，用旧产品抵值，进而在价格上获得折让。

二、旅行社产品的定价方法

旅行社的定价方法主要有三种，即成本导向定价法、需求导向定价法、竞争导向定价法。这三种定价方法各有优劣，在不同的实践情境中有不同的作用。事实上，很少有旅行社在制定价格时会单纯地采用一种定价方法，一般情况下，他们会将这三种方法结合起来，在实际操作环节中各有侧重。

(一)成本导向定价法

1. 成本加成定价法

成本加成定价法指在产品的成本上加一个标准的加成(加成率)来确定其价格，也就是在单位产品成本的基础上，加上预期利润额作为产品的销售价格，销售价格与成本之间的差额即为利润。具体计算公式为：

成本加成价格＝单位产品成本×(1＋加成率)

加成率＝(计划售价－成本)/成本×100%

很多时候，行业中的加成率可以用平均利润率来计算，因此上述公式也可以做如下表达：

成本加成价格＝单位产品直接成本×(1＋平均利润率)

成本加成定价法被普遍应用的原因：卖方对成本比对需求能更好地做出预测；把价格同成本结合在一起，卖方可以简化定价任务；当需求变化时，他们无须频繁地调整价格。当行业的所有企业都使用这种定价方法时，他们的价格就会趋于相似，因而价格竞争就会减少到最小。成本加成定价法对买方和卖方来讲都比较公平，在买方的需求变得急迫时，卖方不利用这一有利条件谋求额外利益，而仍能获得公平的投资报酬。

2. 目标收益定价法

目标收益定价法是在保证公司利润的基础上核算的价格，主要为确保其在某一时期的目标收益率，制定价格以获得预期的利润率。其计算公式为：

目标收益价格＝(总成本＋目标利润)/预计销售量

其中，总成本＝固定成本总额＋变动成本总额。目标收益定价法有明确的目标收益做指导，适用于需求稳定的产品、供不应求的产品和需求价格弹性小的产品。

3. 投资回收定价法

这是根据旅行社的总成本和预计的总销售量，加上按投资收益率制定的目标利润额作为定价基础的方法。计算公式为：

价格=(总成本+投资总额×投资收益率)/销售量

投资回收定价法与目标收益定价法类似，在给旅行社产品定价的时候除了考虑总成本和销售量，主要考虑的就是目标利润和投资收益额，这两种方法都比较有效，在制定旅行社产品价格时使其未来获得的投资收益或目标利润得以保证。

(二)需求导向定价法

该法是旅行社根据旅游者对旅行社价值的理解和需求的强度来制定旅行社产品价格，可以分为认知价值定价法和区分需求定价法两种。

1. 认知定价法

所谓认知定价法，就是根据消费者对商品价值的认知来制定价格，即根据买主的价值观念，而非产品的成本来定价。认知定价法的关键是要对消费者理解和认知的相对价值有正确的估计和判断，如果旅行社对消费者的认知价值估计过高或过低，则会出现定价失误。旅行社应善于利用市场营销组合中的非价格因素，如产品质量、服务、广告宣传等来影响潜在消费者，借此提升其产品在消费者心目中的地位和形象，这样有利于制定较高的旅行社产品价格。

2. 价值定价法

价值定价法是指尽量让产品的价格反映产品的实际价值，以合理的定价提供合适的质量和良好的服务组合。这种方法兴起于20世纪90年代，被麦肯锡称为市场导向的战略计划中最好的定价方法。零售业中，沃尔玛被认为是实施价值定价法的典范。它的“天天低价”策略比传统零售商的“高—低”定价策略(即平时的定价较高，但频繁地进行促销有时会使选定商品的价格低于沃尔玛的价格)更加受顾客青睐。值得强调的是，所谓的低价是相对于商品的质量及服务而言的，任何以牺牲质量为代价的低价都是价值定价法所反对的。

价值定价法和认知定价法是存在区别的。消费者对旅行社产品价值的认知是主观的，很多时候与客观的旅行社产品的真实价值偏离，旅行社利用价值定价法实际是为了缩小这一差距。

(三)竞争导向定价法

竞争导向定价法是指旅行社通过研究竞争对手的生产条件、服务状况、价格水平等因素，依据自身的竞争实力，参考成本和供求状况来确定旅行社产品价格。这实际是以市场上竞争者的类似产品的价格作为本旅行社产品定价参照系的一种定价方法。竞争导向定价法主要包括随行就市定价法、率先定价法。

1. 随行就市定价法

随行就市定价法是竞争导向定价方法中广为流行的一种，即旅行社以行业的平均价格为标准制定本旅行社产品的价格，这种定价使旅行社产品价格与竞争者产品的平均价格保持一致，具体的目的是：

(1)平均价格水平在人们观念中常被认为是“合理价格”，易为消费者所接受。

(2)试图与竞争者和平相处，避免激烈竞争产生的风险。

(3)一般能为旅行社带来合理、适度的盈利。

2. 率先定价法

率先定价法是一种主动竞争的定价方法，一般为实力雄厚或产品独具特色的旅游企业所采用。这种方法所确定的旅行社产品地价格若能符合市场的实际需要，旅行社会在竞争激烈的市场环境中获得较大的收益，居于主动地位。定价时首先将市场上竞争商品价格与估算价格进行比较，分为高、一致及低三个价格层次。其次，将本旅行社产品的性能、质量、成本、式样、产量等与竞争者的产品进行比较，分析造成价格差异的原因。再次，根据以上综合指标确定本旅行社产品的特色、优势及市场定位，在此基础上，按定价所要达到的目标确定商品价格。最后，跟踪竞争商品的价格变化，及时分析原因，相应调整旅行社产品价格。

【课后小测试】

一、选择题

1. 旅行社外部影响旅游产品价格的因素是(　　)。

A. 旅游市场供应状况　　B. 企业发展战略

C. 营销目标　　D. 产品特性

2. 以下不属于影响旅行社产品价格制定的基本因素的是(　　)。

A. 供求关系　　B. 需求价格弹性　　C. 成本　　D. 同类产品价格

3. 下列不属于旅行社产品定价原则的是(　　)。

A. 质价相符　　B. 价格要有稳定性

C. 价格要有灵活性　　D. 价格要有随意性

4. 下面属于新产品定价策略的是(　　)。

A. 撇脂定价法　　B. 心理定价法　　C. 吉祥定价法　　D. 差别定价法

二、名词解释

1. 撇脂定价

2. 渗透定价

三、问答题

1. 旅行社产品价格决策的程序包括哪些步骤?

2. 撇脂定价的方式具有哪些优缺点?

四、案例分析

某旅行社推出一种新的报价方法，即所谓的“透明价”，从交通、餐饮、住宿、门票到导游服务，每项服务都标出了实价，然后加上一个毛利率，这两项之和为这条线路的报价。不同产品的毛利率是不一样的，一般在2%～10%浮动，价格高的长线产品毛利率低，价格低的短线产品毛利率高。这种做法很受旅游者欢迎，旅社的效益也有所增加。

请问：

(1)本例属于哪一种定价方法？

(2)你怎样看待“透明价”？

五、实训操作题

训练目的：

实际体验与认知旅游企业对产品价格的制定。

内容与要求：

1. 以小组为单位利用课余时间选取本地区一家旅行社为分析对象，分析其所推出的部分或全部旅行社产品的价格。

2. 分析该旅行社目前的产品价格制定依据，并讨论该价格是否合理。

成果展示：

1. 以小组为单位写出分析报告。

2. 在全班组织召开一次交流座谈会。

3. 根据分析报告和个人在交流中的表现进行评估。

项目二　旅行社产品的销售渠道

【项目描述】

通过了解旅行社产品的销售渠道、类型，掌握旅行社产品销售渠道的选择策略，熟悉旅游中间商的选择和管理。

>> 任务一　旅行社产品的销售渠道及类型<<

【任务描述】

面对不同的销售情境，熟练使用合适的销售渠道进行旅行社产品销售。

【任务目标】

知识目标：掌握旅行社产品的销售渠道的概念、类型；掌握影响销售渠道的因素；知道如何选择和评价中间商；能够比较不同销售渠道的优点和缺点。

技能目标：根据旅行社及产品情况等诸影响因素选择销售渠道。

素质目标：熟练运用销售渠道销售旅行社产品。

【理论引导】

一、旅行社产品的销售渠道类型

旅行社产品的销售渠道，又称流通渠道或者销售分配系统，指旅行社通过各种方式将产品从旅行社转移到最终旅游者手中所经过的途径或路线。如何选择和开创旅行社产品的销售渠道，是旅行社得到更好发展的重要体现。总的来说，旅行社销售渠道具有两大主要功能：一方面，能够拓展远离旅行社产品生产者和传递地点以外的销售点的数量；另一方面，能在旅行社产品生产之前实现其销售。

(一)直接销售渠道和间接销售渠道

根据销售渠道中是否加入中间商，可将旅行社的销售渠道分为直接销售渠道和间接销售渠道。

1. 直接销售渠道

直接销售渠道，也叫零层次渠道，指旅行社销售给旅游者，没有任何中间环节的介入，是最简单、最短的销售渠道，即从生产者抵达旅游者。直接销售渠道模式有四种具体形式(见图 2-4)。

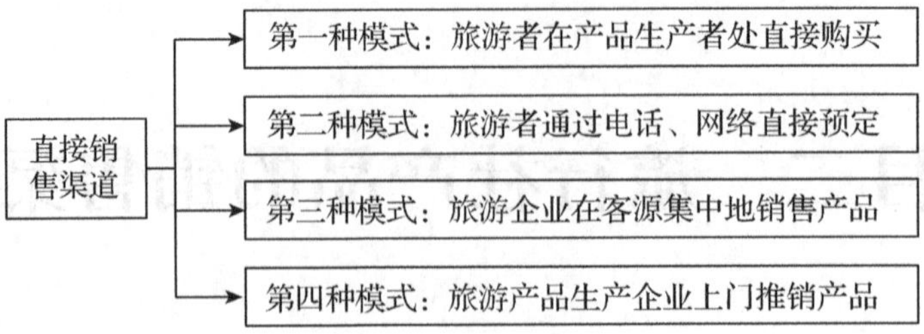

图 2-4　直接销售渠道

这是一种不借助任何一个旅游中间商，而直接由旅游产品生产者在其市场营销活动中把旅游产品销售给旅游者的销售渠道，也就是所谓的零层次分销渠道。通过直接销售渠道，旅游产品生产者可以直接获得旅游者的信息，有助于改善旅游产品的信息和强化旅游企业的形象。

在旅游产品直接销售量大和旅游者购买力较稳定的情况下，旅游产品生产者可以省去中间商的分销费用，以降低成本，提高效益。

【实例分析】

在沃尔玛超市里，“天天低价”是其最醒目的标签。沃尔玛以合理的利润率决定价格，“天天低价”的背后有一整套完善的物流管理系统，使沃尔玛保持最大销售量和低成本的存货周转。沃尔玛绕开中间环节直接从供货商进货，注意保护供货商的利益，共同降低成本。沃尔玛放弃了通行的直接送货到商店的方式，创建了集中管理的配送中心，配送中心负责商品的集中、筛选、包装和分拣工作。从沃尔玛商店用计算机发出订单，到商品补充完毕，平均只需 2 天。沃尔玛组建了自己的高效运输车队，实现了全美范围内的快速送货，各分店即使只维持极少存货也能保持正常销售，大大节省存贮空间和费用。沃尔玛通过卫星通信系统，把供货商、配送中心和各分店紧密地连成一体，既提高了工作效率，也降低了成本，使得沃尔玛超市所售货物在价格上占有绝对优势。沃尔玛创始人山姆·沃尔顿有句话：“供应链制胜的关键——永远都要比对手更好地控制成本。”

根据以上材料，回答问题：

沃尔玛是如何降低物流成本的？

(1)门市销售。旅行社最常见的产品销售类型是门市销售。旅游者不借助任何中间环节，直接前往旅行社购买旅行社产品，省去了很多中间销售环节，客观上降低了产品的终端价格。但是由于客源市场太大、距离太远、旅行社自身实力限制，不可能在所有客源地设立分支机构，在国外会受到政策的影响，适合在本地或其他客源国使用。

旅行社门市是旅行社在注册地的市、县行政区域以内设立的不具备法人资格，为设立社招徕游客并提供旅游咨询、宣传、接待以及销售旅行社产品等服务的收客网点。旅行社门市的对客销售，不仅仅是在推销产品介绍旅游线路，也是在塑造旅行社的品牌和声誉。因此，门市服务员要具有良好的销售理念，在实际工作中不断提高销售技能。

门市部的选址主要注意两个方面：靠近旅行社锁定的目标市场容易被顾客看到；顾客可以方便地进出。

(2)门户网站销售。随着互联网的发展，消费者获取信息的渠道已经不再局限于传统渠道，企业的新型销售渠道正逐步地建立起来。网络销售是企业整体营销战略的组成部分，是建立在互联网基础之上、借助于互联网特性来实现一定营销目标的一种营销手段。网络营销以互联网络为媒体，以新的方式、方法和理念实施营销活动，更有效地促成个人和组织交易活动的实现。在直接的销售渠道中，旅行社可以利用自己的门户网站进行产品的销售，网上直接销售渠道越来越受到旅游者的欢迎。客源市场特别是国际客源市场，范围大、距离远，旅行社受自身的人力、财力等条件限制，不可能在所有的主要客源地设立分支机构，而且，在国外设立分支机构还要受到其他国家政策的约束，采用门户网站进行直接销售则可以避免这些弊端。

利用门户网站进行旅行社产品销售具有以下特点：①经济性。旅行社通过互联网进行产品销售，可以进行无实体店销售，可以减少印刷与邮递的成本，免交租金，节约水电与人工成本。②跨时空。门户网站销售具有超越时间约束和空间限制进行产品交换的特点，旅行社能有更多的时间和空间进行营销，可随时随地提供营销服务。③整合性。旅行社可以借助互联网将不同的产品进行统一规划和协调实施，以统一的传播资讯向消费者传达信息，避免不同传播渠道的不一致性产生的消极影响，促进产品的销售。④技术性。门户网站是建立在以高技术为支撑的互联网络的基础上，旅行社利用其销售产品建立在一定的技术投入和技术支持之上，提升部分信息管理的功能，改变传统的销售渠道。

(3)企业旅游部。除了传统的销售渠道外，一些旅行社借鉴了国际商务旅行社派驻人员到客户公司办公的模式，即“内植旅行服务”的概念，在大型公司的办公区内建立自己的旅游部门(企业旅游部或内部旅行社)，以零层次渠道的形式向终端客户销售自己的产品和服务，在市场竞争中寻求一个更为稳定的专业化细分市场。

企业旅游部在规定的旅游预算内安排企业的商务旅游活动，在满足公司旅游需求的同时，确保公司的旅游经费得到最高效的利用。与旅游代理商不同，企业旅游部并不向供应商收取佣金，与供应商谈判所得的折扣或回扣用于维持旅游部的成本。由于它们通常位于公司的办公区内，公司雇员将其视为企业旅游部，其实它们是旅行社的一种新的销售渠道。

企业旅游部的优点是：①简便。旅行社直接向旅游者销售其产品，手续简便，易于操作。②灵活。旅行社在销售过程中可以随时根据旅游者的要求对产品进行适当的修改和补充。③及时。旅行社通过直接向旅游者销售产品，可以及时将旅行社开发的最新产品送到旅游者面前，有利于旅行社抢先于其竞争对手占领该产品的市场。④附加值高。旅行社在销售某项产品时可以随机向旅游者推荐旅行社的其他产品，如回程机票、车票、品尝地方风味等，增加成品的附加值。⑤销售成本低。直接分销渠道避开了旅行社和旅游者之间的中间环节，节省了旅游中间商的手续费等销售费用。

企业旅游部的缺点是覆盖面比较窄和影响力相对差。旅行社受其财力、人力等因素的限制，难以在所有客源地区均设立分支机构或销售点，因而在招徕客源方面受到不利影响。

2. 间接销售渠道

间接销售渠道是指产品从旅行社到旅游者中间加入旅游中间商所构成的销售途径。间接营销渠道的特点是旅行社不直接向旅游者售卖，而是先把产品卖给中间商或委托中间商代理，再由中间商进行售卖。根据所经过中间商环节的多少，具体有三种渠道模式(见图 2-5)。

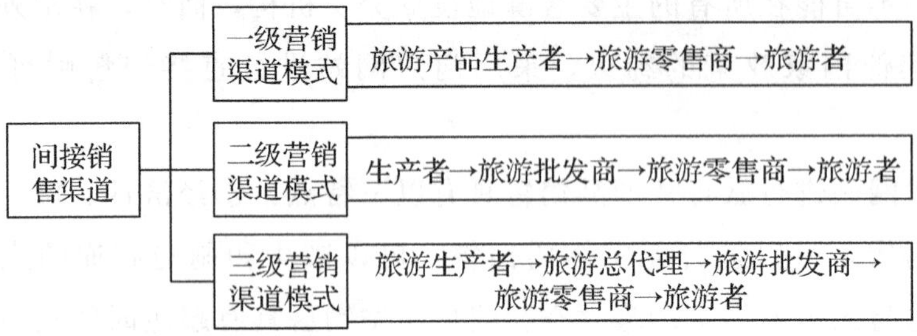

图 2-5　间接销售渠道

这是一种旅游产品生产者借助中间商向旅游者销售其产品的分销渠道类型。间接分销渠道是目前最主要的旅游产品销售渠道。销售渠道越长，旅游产品市场扩展的可能性就越大，但旅游产品生产者对旅游产品销售的控制能力和信息反馈的清晰度就越差。

有时候旅行社直接销售的利润是间接销售的 2～4 倍。在国际旅游市场，尽管中国旅行社、中国青年旅行社、中国国际旅行社总社及少数规模较大的地方国际旅行社在美国、德国、法国、日本等少数客源国家开办了直接销售机构，但是因设点太少、对国情或地区情况不熟，直销旅游团在入境旅游团中所占比例很少。对于没有财力开设境外旅游销售机构的国际旅行社，境外直销更是可望而不可及。

在国内旅游市场，中间商为了保障自己的既得利益，往往联合起来，竭尽全力对当地的外出客源采取排他性的组团垄断措施，当地旅游行政机关也常有地方性保护政策。当然，鉴于直接销售的利润可观，在可能的情况下，不但不应放弃直接销售渠道，而且应当尽量谨慎地设法开通更多渠道。

间接销售的优点是：①影响面广。旅游中间商往往在客源地区拥有销售网络或同当地的其他旅游机构保持着广泛的联系，能够对广大的潜在旅游者施加影响。②针对性强。旅游中间商对所在地区旅游者的特点及其需求比较了解，能够有针对性地销售最适合旅游者需要的产品。③销售量大。旅游中间商是以盈利为目的、专门经营旅游业务的企业，具有较强的招徕能力，能够批量地购买和销售旅行社产品。

间接销售的缺点是：销售成本高。由于销售渠道中存在着一个或多个中间环节，导致旅行社产品的最终价格提高，容易对旅行社产品的销售量造成某些消极影响。

(1)选择中间商。旅游中间商处于旅游产品生产者与旅游者之间，是专门从事旅游产品交换的中介组织。

中间商的类别不一，并且各旅行社的中间商在目标市场、经营规模、营销实力、偿付能力、信誉程度及合作意愿等方面不尽相同，因此，旅行社在选择中间商时，首先必须对中间商的情况进行详细的调查与分析，做到心中有数；待时机成熟时，再向中间商明确表明合作意愿，而如何选择中间商则受以下因素影响。

第一，中间商所处的地理位置。中间商的选择首先应看其所处的地理位置，应在主要客源国的主要客源地进行，主要考虑中间商所在地是否有利于充分实现旅游产品生产者与目标顾客之间的联系。即使在同一国家，外出旅游的客源市场也会因各省市的富裕程度、旅游思维习惯、开放程度、距旅游目的地远近等因素的差异而大相径庭。例如，前往美国旅游的50%的人群集中在加利福尼亚、纽约、新泽西、佛罗里达、得克萨斯和伊利诺伊六个州，因此，如果我们与美国的中间商合作，所选的中间商也一定是以这六个州为目标市场，地理位置应在这些区域。

第二，中间商的信誉与能力。对中间商信誉的考察包括对旅游消费者的服务、与其他企业合作的信誉、财务资金情况。讲究信誉是旅行社利益不受侵害的保证，而中间商的偿付能力则是双方合作的经济保障，中间商应当有良好的信誉和较强的偿付能力。有关中间商信誉和偿付能力方面的情况，一般可从有关的银行机构通过特别的调查获得了解。从事代理零售预订业务的旅游代理商一般不存在偿债问题，因而对信誉和偿付能力的评价主要是针对经营商而言的。

第三，中间商对旅行社的业务依赖性。中间商的业务范围各不相同，对我国旅行社的依赖程度也存在着很大的差异。有的国外中间商专营我国旅游业务，对我国旅行社具有相当的依赖性，如英国的促进旅行社，日本的日中旅行社、日中和平观光公司等，全部专营中国旅游业务。而有的中间商则同时经营许多国家、许多旅行社的旅游产品，对某个具体旅行社的依赖程度较低。我方旅行社对这种依赖性也应加以考虑，因为它直接关系到中间商的态度。

第四，中间商的规模与数量。组团能力受规模、人手、宣传经费、经验、关系等因素的影响，不同的旅行社在组团能力方面可能有天壤之别，有的旅行社在节假日可以一天往同一个旅游目的地发送好几个旅游团，可以发送系列团，甚至可以单独或与其他旅行社联合发出旅游专列、进行包机，但也有的旅行社全年业务量是零。所以，在选择中间商时一定要对对方的组团能力进行调查了解和比较。从规模上来说，中间商规模大、组团能力强，易形成垄断性销售，往往使我们的企业受制于中间商，但中间商规模过小、实力单薄，也不利于产品推销，因此应该合理考虑其数量和规模。中间商过多会造成销售费用的浪费，同时，交易次数增加会增加产品成本，中间商也会因“粥少僧多”而影响推销的积极性；中间商过少有可能会形成垄断性销售。

第五，中间商的合作意向。旅行社同中间商之间的合作关系应是一种互利互惠的关系。因为在旅行社选择中间商的同时，中间商也在选择旅行社。这是一个双方相互选择的过程。所以，旅行社在选择中间商时，所选取的对象必须具备合作的诚意，特别是为多家同类旅游供应者代理零售业务的中间商更是如此。否则，其能否积极推销产品便会成为问题。

第六，中间商的服务对象与经营方向。要考虑中间商过去或目前所服务的主要旅游消费主体与旅行社产品供给者的目标顾客是否一致；要考虑中间商主要经营的产品类型是否有竞争者的产品，所经营的旅游产品与本企业产品之间的质量与价格差异如何。

总之，选择中间商是旅行社在开拓销售渠道工作中的一个重要课题。它不仅需要有战略的眼光，而且需要有务实的精神。只有做到知彼知己，才有可能获得合乎理想的旅游中间商，建立起高效的销售渠道。

(2)中间商的类型。①按旅行社中间商的业务性质划分，可分为旅行社批发商和旅行社零售商两类。旅行社批发商通常指经营包价旅游批发业务的旅行社，旅游批发商在营销渠道中联结旅行社产品生产者和零售商。旅行社批发商在旅行社销售渠道中具有分销功能，也可以起到分摊风险功能。旅行社零售商是指从事旅行社产品零售业务的中间商。旅行社零售商从旅行社产品生产企业或旅行社批发商处批量代理销售旅行社产品，再以零售价格出售给旅游者，便于消费者购买信息服务，起到了很好的分配与促销作用。②按旅行社中间商是否购买旅行社产品的所有权划分，可分为旅行社经销商和旅行社代理商两类。旅行社经销商是指买进旅行社产品再转卖出去的中间商，其最大的特点是产品所有权在买卖双方的转移，购买取得旅行社产品所有权，收入来自一买一卖的差价，独立承担产品再转卖的所有风险。旅行社代理商是指受旅行社产品生产者或提供者委托，在权限内代理销售旅行社产品的中间商，其最大的特点是旅行社代理商不取得产品所有权，收入来自于根据代理销售量多少所取得的被代理旅行社支付的佣金，不承担因旅行社产品销售不出去而产生的价值损失。

此外，按照其他不同的标准，还可把旅行社中间商分为不同的类型(见表 2-1)。

表 2-1　旅行性中间商分类

分类标准	旅行社类型		
根据中间商规模	大旅行社中间商	中旅行社中间商	小旅行社中间商
根据销售产品数量或金额	主要中间商		次要中间商
根据企业对其依赖程度	紧密型中间商		松散型中间商
根据旅游中间商经营内容	单一经营中间商		多种经营中间商
根据与企业业务关联程度	显在中间商		潜在中间商

(3)对中间商的评价。中间商一般对旅行社不承担义务，因为可能同时销售竞争对手的产品。旅行社加强与中间商的合作，调动其积极性，并能根据环境的变化灵活地解决与中间商的矛盾和冲突，是营销渠道管理的重要任务。具体方法有如下。

首先，维护中间商的尊严，尊重中间商的利益，这是赢得中间商合作的首要前提。其次，要帮助中间商增加收入，这是奖励中间商的重要手段。最后，优惠中间商的形式要多样，方法要灵活。

旅行社中间商一旦确定并不是一成不变的，而应该根据其业绩对其进行评价和动态调整，合作与否的具体评价标准如下：①指标完成情况和含金量大小；②利润额和费用结算；③销售本旅行社产品的积极性；④是否为竞争对手工作；⑤对本旅行社产品的宣传推广；⑥对客户的服务水平；⑦与其他中间商的关系和配合程度；⑧中间商占本旅行社销售量的比重大小；⑨经商的年数、经营的其他产品；⑩成长、盈利纪录和偿付能力；⑪合作态度、声誉。

这些标准是旅行社考核是否继续与中间商合作的标准，以这些标准量化后对中间商进行打分，旅行社可以以各中间商的得分高低进行取舍，决定未来是否继续合作。

3. 两种营销渠道的对比

直接营销渠道和间接营销渠道两种模式的优缺点比较，如表 2-2 所示。

表 2-2　两种营销渠道模式比较

渠道模式		优点	缺点
直接销售渠道		生产者可以了解旅游者意见；节省了中间环节费用；电话、网络销售突破了时空限制	生产者与旅游市场接触面有限，销售量有限，适应于生产规模小或接待量有限的企业
间接销售渠道	一级	营销渠道环节较少，有利于把旅游产品快速推向市场	销售范围有限，规模有限
	二级	生产者借助旅游批发商，可以把旅游产品分销到更大的范围和更远目标市场，适用于规模大的旅游企业	生产规模小或供给能力有限的旅游企业不宜采取这种渠道模式，渠道速度较慢，渠道费用上升
	三级	销售范围进一步扩大，销售量进一步提高	渠道最长，推销速度慢，渠道费用最高

(二)长渠道和短渠道

销售渠道的长度是指旅行社产品从生产者(或供应者)向最终消费者转移过程中所经过中间层次的多少。销售渠道的“长度”，取决于产品流通过程中经过的流通环节的多少。中间环节越多，旅行社产品的营销渠道越长；中间环节越少，旅行社产品的营销渠道越短。营销渠道越短越好控制，营销渠道越长越难控制。一般地讲，在条件允许的情况下，短渠道优于长渠道。

(三)宽渠道与窄渠道

销售渠道的宽度一般指旅行社销售自身产品的零售网点的数目和分布的广度，

其中既包括自设网点，也包括代销网点；另外，也常指直接经销和直接代销某旅行社产品的中间商的数量。销售渠道的宽度取决于旅行社希望自己的产品在目标市场上扩散范围的大小，也就是希望占据多少市场供应点以及什么样的供应点。

通常所说的要多设销售网点，就是指加宽旅行社产品营销渠道，多增设各种类型的销售渠道；窄渠道就是使用的同类中间商较少，旅行社产品在市场上的销售面较窄。

(四)单渠道和多渠道

根据旅行社所采取的渠道类型的多少，产品销售渠道又可以分为单渠道和多渠道。单渠道营销适合生产规模小或者经营能力较弱的旅行社；多渠道营销适合生产规模大或经营能力较强的旅行社。

二、影响销售渠道选择的因素

1. 旅游法规及相关政策

外界环境因素主要包括人口、经济、政治、自然、技术等，它们都会对旅游企业的渠道决策产生很大的影响：旅游市场营销要受国家法律、法规、政策的制约；技术的进步会导致销售渠道的变革；在经济繁荣时，企业可选择合适的渠道进行销售，在经济衰退时，则宜减少不必要的中间环节，采用较短的渠道。

2. 市场环境

(1)目标市场范围的大小。市场范围大，潜在购买者多，可采用长而宽的渠道；相反，则可采用直接分销渠道。

(2)消费者的集中程度。如果市场上消费者和用户相对比较集中，可采用直接分销渠道或较短的分销渠道；反之则应采用长而宽的渠道。

(3)消费者的购买习惯。对消费者购买次数较多、销售量较大的大众性旅游产品，可采用长而宽的分销渠道，以方便消费者购买；反之，则宜采用短而窄的渠道。

(4)竞争者所采用的渠道类型。旅游企业应与同类竞争者采用相同或相似渠道。如果竞争者已经控制了某些销售渠道，企业应另辟蹊径，避开对手。

3. 旅行社自身的实力条件

(1)旅行社产品组合状况。旅行社产品组合较深、较宽，能很好地适应零售商和消费者的需求，即可采用较短些的渠道；反之，则应采用较长的分销渠道。

(2)旅行社的规模、声誉、资金实力。旅行社的规模大、资金实力雄厚、市场声誉良好，中间商则愿意与之合作，企业控制渠道的能力更强，渠道选择的自由度更大；反之，企业规模小、资金有限、缺乏实力的企业，只能依赖中间商来扩大销售。

(3)旅行社的营销水平和管理能力。如果旅行社有较高的管理能力，市场营销经验丰富，则可以采用直接分销渠道；反之，则应通过中间商来销售产品，采用间接分销渠道。

4. 旅行社产品

应根据旅行社产品的类型、等级、价格、服务水平及市场声誉来选择分销渠道。旅游景点、商务酒店、汽车旅馆、餐厅等旅游企业通常采用直接分销渠道销售产品，渠道较短；度假酒店、游船公司及开展跨国经营业务的旅游企业，由于其市场范围较大，通常采用间接分销渠道。

5. 目标市场的距离

目标市场距离的远近对中间商的选择也有影响。如果目标市场距离较近，旅行社可采取直接销售渠道，不借助任何中间商完成产品的销售；如果目标市场距离较远，旅行社则应该考虑自身的管理能力等综合性因素，选择中间商加入产品销售。

6. 旅游中间商的状况

旅行社如果能找到理想的中间商为旅行社承担部分营销职能，则可采用间接分销渠道；如果中间商状况不理想，则只能采用直接分销渠道。

>> 任务二 旅行社产品销售渠道策略 <<

【任务描述】

面对不同的销售情境，熟练应用合适的销售渠道策略进行旅行社产品销售。

【任务目标】

知识目标：掌握旅行社的销售渠道的长度策略和宽度策略，评价不同策略的优缺点。

技能目标：根据销售渠道策略指导选择合适的销售渠道。

素质目标：熟练运用销售渠道策略销售旅行社产品。

【理论引导】

一、销售渠道长度策略

销售渠道的长度指旅游产品从生产者(或供应者)向最终消费者转移过程中所经过中间层次的多少。一般地讲，在条件允许的情况下，短渠道优于长渠道。

一般情况下，销售渠道越短，旅行社承担的销售任务则越多，但信息传递快，销售及时，对渠道控制较有力；销售渠道越长，则信息传递越慢，流通时间越长，旅行社对渠道的控制力就弱。在旅游消费者批量不大并且十分分散的地方，应选择层次较多的长渠道；在旅行社产品购买者众多并且相对集中的地方，应选择层次较少的渠道。如果中间商经销实力较强，有丰富的销售经验，可选择短渠道；产品价格低廉，而且批量较大的情况下则应选择长渠道。

二、销售渠道宽度策略

销售渠道的宽度一般指旅行社销售自身产品的零售网点的数目和分布的广度，其中既包括自设网点，也包括代销网点。另外，也长指直接经销和代销某旅行社产品的中间商的数量。

(一)广泛性销售渠道策略

该策略是指在渠道的每一个层次中，尽可能多地使用中间商来销售产品。这种渠道策略使旅游产品更接近目标顾客，更方便消费者购买。对于注重消费者购买方便而非产品的品牌或生产企业，或者销售的产品同质性较强，属大众性产品的情况，宜采用这一策略。使用这一策略应注意三个问题：一是旅游产品生产企业与中间商的关系较为松散，中间商合作不固定，会不断变化；二是中间商销售企业的产品不专一，不愿承担任何宣传促销费用；三是渠道成员复杂，生产者不易控制，个别渠道成员服务质量下降可能会影响整个企业形象。

广泛性销售渠道策略在使用旅游中间商时不加任何选择，只要对方愿意经销或代销产品并接受双方商定的利益条件，便可以成为销售该旅行社产品的中间商。

这种销售渠道策略的优点：选择广泛的渠道推销产品，方便了客户的购买，同时便于旅行社联系广大客户和潜在的旅游者，也有利于在广泛销售的过程中发现理想的中间商。

这种销售渠道策略的缺点：销售过于分散，管理上有难度，相应的成本也较高。

(二)选择性销售渠道策略

选择性销售渠道策略指旅行社只在一定市场中选择少数几个中间商的策略。旅行社根据市场情况，通过对旅游中间商的调研和筛选，选择对经销本企业产品有兴趣、拥有良好市场声誉、工作效率高的中间商作为企业产品销售渠道的成员；往往在采取了广泛性销售渠道策略之后，从广大中间商中优选出几家企业作为今后的产品销售渠道商。该策略通常适用于选择性较强的旅行社产品。

这种销售渠道策略的优点：集中少数有销售能力的中间商进行产品推销，可以降低销售成本。

这种销售渠道策略的缺点：如果中间商选择不当，则有可能影响相关市场的产品销售。

(三)专营性销售渠道策略

专营性销售渠道策略指在一定时期、一定地区内只选择一家中间商的销售战略。此时，作为旅行社总代理的中间商一般不能同时代销其他竞争对手的产品。

这种销售渠道策略的优点：有利于新产品进入市场和开展市场竞争；可以提高中间商的积极性和推销效率，旅行社与中间商联系单一，合作关系稳定，可以降低成本，产销双方利害关系紧密，有利于协作，更好地为旅游者服务。

这种销售渠道策略的缺点：旅行社对中间商依赖较大，若中间商经营出现问题，会影响其所在整个地区的市场，市场覆盖面窄；在一个地区仅设一家中间商，可能会失去很多潜在顾客。如果专营中间商经营失误，就可能在该地区失去一部分市场。若中间商选择不当，则可能完全失去该市场，潜在的市场风险也大。

【课后小测试】

一、选择题

1. 直接销售渠道和间接销售渠道最主要的区别是(　　)。

A. 是否利用网络销售　　B. 是否加入中间商

C. 是否利用门市销售　　D. 是否利用分社

2. 选择中间商的标准包括(　　)。

A. 中间商的信誉和能力　　B. 中间商的地理位置

C. 中间商的规模与数量　　D. 中间商的合作意向

3. 直接销售渠道包括(　　)。

A. 旅行社门市销售　　B. 旅行社门户网站销售

C. 企业旅游部　　D. 人员推广

4. 以下属于影响销售渠道选择因素的是(　　)。

A. 市场环境　　B. 旅行社的实力

C. 目标市场距离　　D. 旅行社人力资源

5.(　　)指在一定时期、一定地区内只选择一家中间商的销售战略。此时，作为旅行社总代理的中间商一般不能同时代销其他竞争对手的产品。

A. 选择性销售渠道策略　　B. 专营性销售渠道策略

C. 广泛性销售渠道策略　　D. 竞争性销售渠道策略

二、问答题

1. 间接销售渠道具有哪些优缺点？

2. 如何评价直接销售渠道和间接销售渠道？

3. 影响销售渠道选择的因素包括哪些？

项目三　旅行社产品销售过程管理

【项目描述】

通过学习和比较不同类型旅行社产品的销售方式、销售过程及其管理、促销方法，掌握旅行社产品销售过程管理的方式和各种促销方法。

>> 任务一　旅行社产品的销售方式 <<

【任务描述】

在学习旅行社销售方式、销售过程、销售过程管理等知识和技能的基础上，可以进行旅行社产品的具体销售。

【任务目标】

知识目标：掌握旅行社产品销售方式、销售过程。

技能目标：懂得根据营销情境选取旅行社的销售方式。

素质目标：掌握旅行社产品的销售技巧。

【理论引导】

一、不同类型旅行社产品销售方式

(一)硬性广告销售方式

硬性广告销售方式是指旅行社通过各种新闻媒体做付费发布旅行社产品信息的销售方式，它是旅行社企业招徕组织接待游客采取的主要销售手段。

(二)软性广告销售方式

软性广告销售方式是指由旅行社借助新闻媒体做付费或无须付费发布各种旅游信息的销售方式。

(三)直客销售方式

直客销售方式是指旅行社派销售人员深入党政机关、企事业单位、群众团体等接受公众的旅游咨询，当面介绍、推销旅行社产品，争取扩大客源市场的销售方式。

(四)门市销售方式

门市销售方式是指旅行社通过设立的门市部来销售旅行社产品，方便旅客就近购买旅游产品，扩大旅行社客源市场覆盖面的销售方式。

（五）展台销售方式

展台销售方式是指旅行社借助大中型展销会，通过购买展位进行企业形象展示、发放企业简介及旅游线路宣传资料，直接向公众传递旅游信息、销售旅行社产品的销售方式。

（六）网络销售方式

网络销售方式是指旅行社借助自己的门户网站或者其他中间商的网站进行产品销售的途径或手段。

二、旅行社产品的销售过程

（一）制定销售方案

旅行社销售部门在市场调查的基础上，分析销售市场，选定目标市场，设计旅游线路，再制定总的与分期的销售目标及销售预算，确定销售渠道和宣传促销方式，列出工作日程表。以上汇总写成的文案即为旅行社的销售方案。

（二）咨询与业务洽谈

旅游者得知某地的有关旅游信息，并有去旅游的愿望而向旅行社提出咨询包括旅游线路、住宿安排、旅游资源情况、旅游价格、旅游交通和所需时间以及气候状况等有关信息。对客户、旅游者的面对面咨询、咨询电传或函件要考察其可行性，弄清询价团（者）国籍或地区、人数、服务标准、路线要求、饭店档次、特殊要求等情况。

业务洽谈是指旅行社销售部门与销售对象之间进行的业务沟通与谈判。业务洽谈有两种形式：一是双方面谈，二是通信洽谈。通过洽谈确定路线，拟出日期，安排饭店与活动项目，排出具体日程，算出每人所需的费用，并充分估计交通的可行性，然后交给业务主管审核。

（三）报价

报价可以在面谈时提出，也可以通过函件、电话、传真等通信工具传递。

（四）核价

核价是为了严格控制对外报价，采用审核价格的方式，减少价格差错，提高服务水平和质量。核价的内容包括旅游团队（者）人数、服务等级、旅行时间、各地抵离航班车次、运输手段及时间、参观的城市及附加项目、各地饭店实际逗留天数、外汇结算等。

(五)合同确认

合同确认是指旅行社和旅游产品购买者(包括旅游中间商和旅游者)对对方所提供的要求表示认可并给予答复，包括对旅游产品价格和内容的确认，确认后就要对所确认的内容负责。一般以对方发来的传真、电话录音、电报以及信函等为依据。最后旅行社都必须出具正式的书面形式的文件(最好是旅游合同)，由双方共同确认。确认的内容包含产品的内容、价格、质量及旅游日期，旅行社和旅游产品购买者享有的权利和义务及违约责任的追究，付款的方式及期限等。确认后开始正式制订接待计划。

(六)编写、下发接待计划

待对方确认后，立即做出接待计划，并审核计划是否与询价要求一致，然后发文。把接待计划发给有关接团社，并将计划留底，一份归旅行社存档，一份交财务，另一份给保险公司。

(七)建档

团队运行时的往来文函应归于该团档案并及时处理，每份文函必须有人签收，处理必须有记录；团队出境后，文件归于运行完毕档，以供财务结账和统计；团队账务结清后，文件归于各客户档案，由财务部和接待部负责，以便考察对方的资信状况和团队运行状况；每团自询价开始都有专门记载，组团完毕还要填写自组团登记册，包括人数、日期、所经线路、总收入、加收项目、报价等。每团在询价之日起就给予编号，以便工作顺利进行，编号要有科学性。

三、旅行社产品销售过程的管理

(一)建立旅游销售合同制度

旅游销售合同是调整旅游经济关系的一种法律形式，主要包括三大类的合同：一是旅行社与旅游者就旅游接待服务内容和服务标准所订立的合同；二是旅行社与旅游中间商就旅游接待服务内容和服务标准所订立的合同；三是旅行社与旅游服务供应单位为确保旅游供应服务和供应标准所订立的合同。旅游销售合同明确了合同双方的权利和义务，规范了旅游企业的经营行为，从根本上将旅行社产品销售过程纳入法律规范轨道。

(二)制定科学的销售工作程序

旅行社在产品销售过程中，应对每个环节制定明确的工作流程、文书格式、授权范围和岗位责任等；特别注意每个环节之间的衔接和配合，以免产生差错和失误。

（三）加强对销售人员的管理

旅行社首先要选择适当的销售人员，其次要通过培训等不断提高销售人员的业务素质，再次要明确业务人员的责任和权利，最后要通过制度约束销售人员的责任心，提高其积极性，以此提高旅行社产品的销售质量。

>> 任务二　旅行社产品的促销 <<

【任务描述】

了解旅行社产品促销方式，比较各个促销方式的优劣；在掌握知识和技能的基础上，可以进行旅行社产品的促销。

【任务目标】

知识目标：掌握旅行社产品促销方式、促销作用、促销效果评价。

技能目标：能够对促销方式及促销效果进行评价。

素质目标：掌握旅行社产品的促销技巧。

【理论引导】

一、旅行社产品促销的含义及其作用

（一）旅行社产品促销的含义

旅行社产品促销是旅行社为了鼓励消费者购买自己的旅游产品，运用各种推销方法与手段，将旅游产品的有关信息及时传递给客源市场中间商和潜在的旅游消费者，从而促进旅游产品销售、实现旅游产品价值的过程。它是旅行社借助各种媒介将旅游地、旅行社及旅游产品的有关信息传播给潜在购买者，促使其了解、信赖并购买旅游产品，以扩大销售的一种活动。

（二）旅行社产品促销的作用

1. 提供旅游信息，沟通供求关系

信息是旅行社从事经营活动的前提。只有通过旅行社产品的信息传递，才能唤起消费者的购买欲望。所以，旅行社的产品促销活动必须以争取消费者为目的，以景区景点推介为中心、以旅游设施为实现条件、以各种服务为必要手段，为潜在的旅游消费者提供既全面又准确的信息资料。

2. 突出产品特色，强化竞争优势

旅行社同类产品之间可替代性较强，旅游消费者一般难以区分，而促销活动则是借助各种传播工具实现宣传旅游产品的主要途径。通过对同类旅行社产品某些差别信息的强化宣传，能够对不同具体产品起到聚焦和放大的作用，从而更加突出产品特色，并由此使潜在消费者产生偏爱行为，最终强化旅行社自身的竞争优势。

3. 树立良好声誉，巩固市场地位

做好旅行社产品促销工作，可以使旅行社赢得更多潜在顾客的青睐，有利于其在目标市场上树立良好的声誉和形象，并且能够在残酷的市场竞争中胜出。旅游市场风云变幻，一旦出现环境威胁因素，旅行社可以通过有效的宣传促销手段，改变自身消极的公众形象，重新建立良好声誉，以恢复稳定，甚至不断扩大其市场份额，并达到取得良好经济效益的目的。

4. 刺激旅游需求，引导旅游消费

旅行社高水平的促销活动，不仅可以将消费者的潜在欲望顺利转化为现实需求，而且能够创造出新的旅游需求，增加旅游消费总量。例如，一些旅行社以赠送风光录像带、风景图片、旅游海报、景观挂历、举办名山大川明信片展览等方式，深入各个潜在客源单位，激发人们的旅游兴趣，取得了引导消费、创造需求的明显效果。

二、旅行社产品的促销方法

(一)旅行社广告促销

广告促销是通过媒体将旅行社产品介绍给潜在消费者，激发其购买欲望，促进旅游产品销售，提高旅行社经营效益的宣传推介活动。广告促销具有传播速度快、覆盖范围广、利用手段多、宣传效果好等优点，因此，它是旅行社在产品促销中使用最频繁、最广泛的一种方法。旅行社的广告类型一般分为旅行社形象广告和具体产品的广告。

旅行社常用广告方式有报纸、杂志、电视电台广告，户外广告(广告牌、灯箱、条幅、巴士车身、社区电梯间等)，自创礼品宣传(旅游册子、纸杯、手提袋、旅游包、旅游帽、胸牌、文化衫、工作服、日历等)，互联网广告，等等其特点如表 2-3 所示。广告的覆盖面广，可以传达声音、形象、色彩等各种信息，并且允许多次重复信息，在宣传沟通方面具有很多优势。根据使用媒体的性质不同，又可以将旅游产品促销广告分为自办媒体广告和大众媒体广告两种基本类型。

表 2-3　旅行社采用较多的广告媒体及其特点

媒体类别	优点	缺点
电视	传播及时，形象生动活泼，能引起高度注意，传播范围广泛	费用高，印象逝去快，缺乏选择性
报纸	时效性强，灵活性强，覆盖面广，能广泛被群众接受，可信性强	内容繁杂，阅读仓促，缺少形象表达手段
杂志	对象明确，选择性强 阅读和保存时间长；印制效果良好	缺乏灵活性；传播范围有限；时效性差(出版周期长)

续表

媒体类别	优点	缺点
广播	传播速度快，传播空间广泛，传播方式灵活，成本低	不能持久保存，易产生听觉错误，听众有减少趋势
旅游网络	传播快，覆盖面广，不受时间及地域限制，形式灵活、生动，易于修改和补充	被动地等待搜索，推广费费用较高、维护成本高

1. 自办媒体广告

户外广告牌：旅行社可以将户外广告牌设置在火车站、汽车站、机场、码头等过往行人多的公共场所、路旁、建筑顶部，多配有夜间灯光照明，以实现突出醒目的效果。

广告传单：单页传单、多页传单、折叠传单。

载有旅行社信息的纪念品：旅行社可以将自身信息印制到旅行包、伞、太阳帽、T恤衫、圆珠笔、打火机、钥匙链等上面进行宣传。

此外，还有灯箱、条幅、交通要道、地铁移动旅游广告、车载电视、宣传手册等。

【拓展阅读】

为了提高统一运作项目的成功率，加强联盟标准化散拼产品的市场销售力度和中青旅联盟产品的影响力，使组团类、地接类和资源类的联盟成员均能切实受益，中青旅联盟秘书处分别推出了桂林、海南联盟产品宣传册，两个册子各印制五万余份，邮寄给全国范围内的36家联盟组团社，对联盟产品进行宣传推广。

中青旅控股还发布了《红色旅游产品手册》，产品设计涵盖了陕西延安、浙江嘉兴、江西瑞金、江西井冈山、贵州遵义、福建古田、湖南韶山、河北西柏坡、河北白洋淀等地，同时发动联盟成员携手推动产品的创新、资源的互动、活动的整合，让红色旅游在中国版图上星火燎原。

2. 租用媒体广告：主要有大众传播媒体(电视、电台、报纸、杂志、网络)

一般而言，(当地)报纸费用低廉，有较高的当地市场覆盖率，针对性强、时效性强、接触频率高。旅游杂志具有制作质量高、易保存等优点。电视广告费用巨大，但电视有视听结合、劝导性强、市场覆盖率高等优点。目前有一些类似旅游广告和宣传性质的电视频道：《走遍中国》《探索》《旅游风向标》等。广播电台的针对性强、覆盖面广、制作时间短、传播时间快，并且时效性强、接触率高、费用低，但有表现单调、无可视性的沟通、听众零散等缺陷。

以上各类广告媒体的共同点：①公众性，适合于大众旅游产品的推广；②多次重复同一信息，通过对文字、音效、色彩等艺术化的处理使广告极具渗透性，以劝说的方式影响旅游者的情感和态度，不断强化人们的印象，诱导游客购买；③有偿性，故要预先核算和比较从而去选择合适的媒体。

(二)旅行社人员推销

人员推销是旅行社在旅游旺季来临之前或者推出新的旅游线路的时候，派出外联人员寻找潜在顾客、沟通信息、推销产品和建立长期关系的促销行为。旅行社促销人员与顾客通过电话或面对面接触进行洽谈，向顾客宣传、介绍旅行社产品，包括面向行业(旅游中间商)和面向旅游消费者的销售推广。

常见的人员推销方式包括：①直接上门推销；②直接邮寄，邮寄产品目录和产品；③电话营销。

新兴的人员推销方式具有以下特点：①在销售中体现个性化特征；②促使销售过程具有人情味；③立即反馈和双向沟通。

(三)旅行社公共关系

旅行社公共关系指通过信息沟通，发展企业与社会、公众之间的良好关系，建立、维护、改善或改变企业形象和产品形象，营造有利于企业的经营态势的一系列措施和行动。它是旅行社开展的以具体旅行社产品品牌为中心的公共关系活动，旨在建立旅行社与客户之间的良好关系，有利于树立品牌，营造有利于企业的经营环境和经营态度，是旅行社获得公众接受和认可的重要途径。公关活动通常采取五种基本形式：新闻发布会、展览会、庆典活动、社会赞助、公关谈判。

通过一系列的公关活动可以为旅行社树立良好的企业形象或产品形象，为旅行社产品带来良好的口碑宣传，扩大旅行社和产品的知名度，改变公众对旅行社的不良印象。

(四)旅行社销售促进

在市场营销学中，营销推广又称销售促进，它是指对中间商、潜在消费者以及本企业销售人员提供短期激励，以达到促成购买或努力销售的各种行为活动。根据美国营销学会的定义，销售促进是除人员推销、广告和公共关系以外的，用以增进消费者购买和交易的促销活动。销售促进是旅行社面向同业或顾客提供的短期激励活动，目的是促使或引导其购买某一特定产品，是一种在短期内可以迅速产生效果的促销活动。销售促进，可以通过预订优惠、赠送礼品、会员制度优惠等手段实现，对于旅行社来讲，销售促进的目标包括：①鼓励及引导潜在客户的首次购买；②鼓励产品的重复销售；③建立顾客对旅游品牌的忠诚度；④维护产品的市场竞争力。具体如表 2-4 所示。

表 2-4　旅行社销售促进的类型、目的与形式

类型	目的	形式
面向旅游者的销售促进(旅行社)	改变旅游者的购买时机 奖励经常购买本旅行社产品的顾客 试销新产品 扩大市场份额 以先发制人的方式挫败竞争对手的促销努力	旅游目的地展示 折扣优惠 免费旅游产品 有奖销售 忠诚度销售
面向零售商的销售促进(批发商)	获得旅游零售商的支持 促使旅游零售商向公众宣传其产品 加深旅游零售商对本旅行社产品的了解	销售奖励(累计) 合作广告 折扣 提供宣传品
面向中间商的销售促进(地接)	获得旅游中间商的支持 促使旅游中间商向公众宣传其产品 加深旅游中间商对本旅行社产品的了解	销售奖励 合作广告 折扣 提供宣传品
鼓励销售人员的销售促进(旅行社)	调动销售人员的积极性	提成 奖励

三、旅行社促销效果评价

1. 促销效果的测定

(1)统计法。统计法是旅行社利用统计学原理与运算方法，通过对促销费用与产品销售比率的推算，测定出促销效果的方法。其公式为：

促销费用比率 = 促销费用 / 产品销售收入

一般情况下，促销费用比率越小，促销效果就越好。

(2)比值法。其测算公式为：

$$R=\frac{S_2-S_1}{P}$$

式中：R 表示促销效率，S_2 表示本期促销后一定时期(一月或一年)的平均销售量，S_1 表示促销前相应时期(一月或一年)的平均销售量，P 表示促销费用。

一般情况下，促销效率比率越大，促销效果就越好。

2. 自身效果的衡量

促销的自身效果又叫接触效果，是指以促销活动的视听率、记忆度和产品的知名度等因素为依据测定的促销效果。

由于社会、自然、经济、市场等方面的原因或各种意想不到的变化，旅行社的促销活动推出以后，产品的销售量并没有大幅度的增长，甚至可能出现下降。在这种情况下，只要有更多的人认识了旅行社促销的产品，就可以认为达到了促销效果。另外，旅游者最终购买行为的发生，往往也不是某一项或某一次促销活动的结果，而是旅行社一系列促销活动共同作用的产物。因此，那种单纯以销售量的变化来衡量促销效果的做法显然具有一定局限性。衡量促销自身效果的指标主要有视听

率、记忆度、理解度、知名度和注意度等。

【课后小测试】

一、名词解释

1. 旅行社产品促销

2. 广告促销

二、问答题

1. 旅行社产品销售方式包括哪些？

2. 旅行社产品促销的作用有哪些？

3. 旅行社产品促销的方法包括哪些？

项目四　旅行社产品的售后服务

【项目描述】

通过学习旅行社产品售后服务的相关知识，形成善于处理旅行社售后服务的技能。

>>任务　旅行社产品的售后服务的作用及方式<<

【任务描述】

在学习旅行社产品销售和促销的相关知识的基础上，进一步跟进售后服务，掌握旅行社产品的售后服务技巧。

【任务目标】

知识目标：掌握旅行社售后服务的概念、作用、方式。

技能目标：在旅行社产品销售之后懂得如何进一步跟进售后服务。

素质目标：掌握旅行社产品的售后技巧。

【理论引导】

一、旅行社产品售后服务的作用

旅行社产品售后服务是指在旅游者结束旅游活动后，旅行社为稳定和巩固老客户所做的一系列诸如征询意见、解决投诉、加强联系、积分奖励等工作，旨在主动解决客人遇到的问题和加强同客人的联系。售后服务对于保障旅行社经济效益，提高旅行社服务信誉以及树立良好的旅行社企业形象都有着直接关系。

广义的售后服务包含旅行社主动做的积极性售后服务和或多或少带有被动性质的消极性售后服务。狭义的售后服务仅指积极性售后服务。

旅行社售后服务通常被认为是旅行社销售的延伸，目的在于通过与游客的沟通，进一步加强同游客的联系，主动解决游客在旅游过程中遇到的问题，从而形成相对稳定的客户资源。旅行社通过售后服务来保持和扩大市场份额，这种做法有方向、有基础、成本低、效果好。旅行社售后服务要形成长效机制，从制度层面上加以保障，而不要临渴掘井。在信息化时代，旅行社还可以利用计算机来建立和管理客户档案，通过网络加强与客户的良性接触，进行售后跟踪服务。

旅行社产品售后服务对旅行社保持已有客源和开拓新的市场都至关重要，多种多样的售后服务有利于旅行社多途径争取每一位顾客，有利于旅行社产品的销售。做好售后服务工作，有助于提高旅行社的美誉度，培育客户对品牌的忠诚度；有助于改进产品设计、销售工作等中存在的问题；有助于扩大客源市场。

二、旅行社产品售后服务的方式

(一)积极处理投诉

旅游投诉处理是旅行社售后服务中的重要内容之一。旅行投诉处理是否得当，会对旅行社的声誉直接造成影响。经验丰富的旅行社管理者往往都十分重视旅游者的投诉，因为投诉最多的问题通常是服务质量最为薄弱的环节。

1. 显性投诉

显性投诉是指旅行社的顾客为了维护自身和他人的合法权益，以书面或口头等公开的形式向有关旅游行政管理部门或者旅行社提出投诉、请求处理的行为。

2. 隐性投诉

隐性投诉是指当旅游者对旅行社的接待服务或有关接待人员不满时，旅游者不向有关主管部门或旅行社提出投诉，而是以“用脚投票”的方式来表达不满，具体而言就是不再购买该旅行社的产品，或者传播旅行社的负面形象。

旅行社在处理旅游投诉时应注意以下几个方面：

一是高度重视，平等对待。无论旅游者投诉的问题大与小，都应给予足够的重视。因为在旅游者看来，只要投诉就不是一般的小问题，他们希望旅行社首先能够有认真负责的态度。此外，对待任何投诉的旅游者都应一视同仁，不能以地位、相貌、肤色取人。

二要仔细倾听，耐心对待。如果遇到旅游者口头投诉，不管对方态度多么不好，言辞多么激烈，都应耐心让对方把话说完，不要打断对方，也不要急于解释，更不能与对方发生争吵。在接收旅游者投诉的过程中，接待人员要始终面带微笑，做好记录，等客人把话说完了，气也就消了大半，这时问题也就轻易化解了。

三要尊重客人，查清事实。旅行社接到投诉后要及时进行调查了解，重要的投诉必须报告上级主管人员。在处理的过程中，要注意维护客人的自尊心。即使在客人提出不合理的要求或产生误解时，也要注意采取柔性语言做出委婉解释，不能当面顶撞客人。

四要积极反映，迅速答复。针对旅客投诉的问题，旅行社应及时采取相应措施予以处理，并迅速做出答复，若遇到无法立即回复的问题，则要向客人明确回复的具体时间并迅速进行处理，不可拖延。在回复的过程中，应把处理经过和结果向客人详细说明，并对客人的批评意见表示感谢。

五要记录在案，积极改进。将客人投诉的问题和处理结果做好记录备案，以备必要时核查。针对投诉问题，旅行社应积极进行整改，减少甚至杜绝今后类似情况的发生。

(二)回访电话

在旅游者结束旅程返回家中的第二天，旅行社给客人打电话表示问候。回访电话通常会使客人感觉旅行社售后服务周到细致，充满人情味，给圆满的旅程画上一个温馨的句号。而旅行社则可以通过回访电话了解客人旅途中的情况，及时掌握可能遇到的麻烦和可能面临的投诉，主动做出处理，争取早日解决问题。良好的沟通和对问题的及时处理，可以帮助旅行社吸引更多游客。

(三)寄送意见征询单

在旅程结束后，旅行社可以通过给每位客人寄送意见征询单来进行信息的追踪和反馈。意见征询单既可以向客人传递问候，又可以让他们对此次旅行发表意见和建议。意见征询单应设计合理，便于客人填写，并附上回寄信封，方便客人回信，提高回收率。

(四)组织旅行社开放日活动

为了和顾客的联系更密切，西方旅行社每年都例行举办一次旅行社开放日活动，有针对性地邀请一些顾客到旅行社参观，播放录像，并向他们介绍有名望的顾客、旅游专家、飞机机长、旅游新闻工作者或旅游题材的作家。此类活动，可以让顾客了解旅行社，使顾客坚信这家旅行社有能力为他们提供良好的咨询和服务，也使更多的顾客愿意购买该旅行社的产品。

(五)游客招待会

旅行社可通过在社内或饭店内举办风景点幻灯片欣赏活动及旅游者招待会等方式，与顾客进行面对面的接触。这些活动不仅能使旅行社与顾客的联系更密切，还能有效提高旅行社的知名度和信誉度。被邀请的旅游者通过对幻灯片的欣赏及相互交流，可能会欣然订购自己感兴趣的旅游产品。此外，西方一些以散课业务为主的旅行社还通过举行招待会、野餐会或狂欢节舞会的方式，为独来独往的游客提供互相认识与互相推荐旅游线路的机会。这种做法使得顾客同旅行社的联系轻松自然，给旅行社的推销工作带来诸多益处。

在当前旅游市场日益激烈的竞争条件下，如何留住旅行社的“忠诚客户”，除了在创新旅游产品、提高服务质量上下功夫，重视和完善售后服务工作是十分必要的。

【课后小测试】

一、名词解释

1. 旅行社产品售后服务
2. 显性投诉
3. 隐性投诉

二、问答题

1. 旅行社产品售后服务的作用有哪些？
2. 如何积极处理投诉？
3. 旅行社产品售后服务有什么作用？

项目五　旅行社计调认知

【项目描述】

本项目主要介绍旅行社计调的相关工作。通过对本部分内容的学习，理解计调业务的基本知识，了解计调岗位的基本职责，掌握计调岗位的基本业务要求和素质要求。

>> 任务一　计调业务 <<

【任务描述】

以小组为单位，联系并走访某家旅行社，并完成工作日志和调研报告。

【任务目标】

知识目标：掌握旅行社计调业务及其发展的相关知识。

能力目标：能通过旅行社调研，正确分清计调的业务范围和工作职责。

素质目标：通过调研，正确区分旅行社的各种职能和主要业务。

【任务导入】

2018 年 5 月 26 日，呼和浩特某旅行社接待计调张某接到西安某组团社的咨询电话，得知 6 月 12 日将有一个 22 人的旅游团队到呼和浩特包头鄂尔多斯旅游，希望该旅行社负责地接。组团社连续咨询了有关这些地方的景区、酒店、餐饮、交通等诸多问题。张某是才毕业不久的大学生，对业务不是很熟悉，所以不能一一回答这些问题，组团社就认为这家旅行社接待能力不行，选择了另外的旅行社负责接待。

旅行社运营是否成功，旅行社服务质量是否过硬，很大程度上取决于计调工作的水平。计调人员是旅行社服务项目的总策划、总设计和总指挥，是旅行社整体运作的灵魂。在该案例中，计调员张某对呼和浩特包头鄂尔多斯这些地方的景区、酒店、餐饮、交通等问题不是很清楚，导致他不能全面地回答组团社的问题，最终失去了合作机会，给旅行社造成了损失。可见，计调应该对本旅行社所在地和所经营旅游线路所在地的景区、酒店、交通、餐饮、购物、娱乐等情况都有一个全面的了解。

【理论引导】

一、计调业务的定义

计调是计划、调度、安排的意思。旅行社计调的主要任务是服务采购和按接待计划落实团队的食、宿、行、游、购、娱等方面的具体事宜，以确保行程、日程正常进行。旅行社的计调业务有广义与狭义之分。

广义的旅行社计调业务是指对外代表旅行社，同旅游服务供应商建立广泛的协作网络，签订采购协议，保证提供旅游者购买的各种服务，并协同处理有关计划变更和突发事件；对内做好联络和统计工作，为旅行社业务决策和计划管理提供信息服务。

狭义的计调业务主要是指旅行社为落实旅游计划所进行的服务采购、导游人员的委派、旅游接待计划的制订，以及为业务决策提供信息服务等工作。

二、计调业务的发展

(一)后勤的计调业务

20 世纪 50 年代初期，我国的旅行社是“统一招待外宾吃、住、行事务的管理机构”，负责承办政府部门有关外宾招待的事宜。为此，当时的计调业务主要是为外宾订房、订车、订餐、订票(机、车、船及文艺票)和一些委托代办服务。计调业务一般由接待部门的后勤人员担任完成，通常称后勤工作，仅仅起到一种间接的业务服务作用。

(二)独立的计调业务

随着旅行社业务量的日益增大及其本身规模的不断扩大，计调业务也从接待部门的后勤工作中独立出来，建立起一个专门的计调部。这时的计调业务就是对外代表旅行社与各合作单位签订合同与协议，建立固定的合作关系；对内为各其他业务部门提供日常接团的后勤服务。除此之外，计调业务还包括信息的整理与传递、统计资料的分析、业务报表的编制。它不仅仅是旅行社的业务服务部门，还是上情下达、内外情况交流与传递的信息服务中心。

(三)职能转变的计调业务

到了 20 世纪 80 年代末 90 年代初期，旅行社开始建立和完善计划管理，计调从一般的接待业务和做好后勤服务转向为全旅行社进行业务决策、计划管理、提供信息和制订方案，并进行可行性分析等参谋性工作，在旅行社经营管理中担负着计划管理、质量管理和业务管理的具体实施工作。随着计调职能的转变，其职责既可以由两个部门(计调部和企管部)分别承担，也可以由一个部门(计调部)承担。

(四)人员多样化的计调业务

为了适应现代化旅游的要求，许多中小旅行社设立的计调部要负责制订计划、编排行程、团队操作，还负责过去外联部门的部分业务，即广告宣传、招徕游客、业务谈判、市场分析等工作，并且参与旅行社的经营决策。计调员要身兼数职。他们既要做业务，又要做计调工作，有的还要做导游工作。所以，现代的计调部门工作人员需要成为一人多职、一人多能的全面型人才，这对计调员是一个巨大的挑战。

>>任务二　计调员<<

【任务描述】

以小组为单位，联系并走访某家旅行社，并完成相关的资料收集、整理工作。

【任务目标】

知识目标：掌握旅行社计调员的相关知识。

能力目标：能通过旅行社调研，了解计调员的业务范围和工作职责。

素质目标：掌握计调工作的核心要求。

【理论引导】

一、计调员的含义

旅行社通过外联招徕游客，而接待前的准备工作，则由计调员承担。担任计划调度作业的人员，在岗位识别上被称为计调员、线控、团控、担当等，业内通称为计调，英文为 operator（OP）。计调的主要任务是按接待计划落实游客在食、宿、行、游、购、娱等方面的具体事宜，以确保行程的顺利进行。

二、计调员的分类

按照不同的标准可以把计调员分成不同的类型，以下是几种常用的分类方法。

(一)按旅行社团队的组成和接待过程划分

按照旅行社团队的组成和接待过程，可以将计调分为组团型计调和接待型计调两种。这是最基本的分类方法。组团型计调是负责组成旅游团队，并将团队发送到异地接待社接待的专职人员。按接待社的地区差异，又分为境内组团计调和出境组团计调两种类型。

接待型计调是指在接待社中负责按照组团社计划和要求确定旅游用车等区间交通工具、用餐、住宿、游览、派发导游等事宜的专职人员。按组团社的地区差异，分为境内接待计调和国际入境接待计调两种类型。

(二)按旅游者的组织类型划分

按照旅游者的组织类型，可以把计调分成团队型计调和散客型计调。团队型计调主要是负责团队操作的专职人员，散客型计调是专门操作自助或半自助类旅游事务的专职人员。

(三)按专项类划分

按照专项类，可以把计调划分为商务会展计调、学生游计调、老年游计调、特种游计调、自由行计调、签证类计调等，其中，商务会展计调是旅游界最高层次的计调，是指负责操作集团客户国内外会议、出境奖励旅游团、商务考察团的策划、市场推广与销售的专职人员。

【任务实施】

认知旅行社计调部

实训目的

了解旅行社计调的基本情况，掌握计调业务和计调员的相关知识。

实训内容

选择一家旅行社作为调研对象，对计调部的主要业务、机构设置、人员情况进行调研。

实施步骤

第一步：由教师选定一家附近的旅行社。

第二步：到旅行社进行实地调研。

第三步：邀请旅行社计调部人员介绍计调部的情况。

实训成果

归纳总结计调的主要业务。

【拓展阅读】

计调常用工具

(1)手机。计调手机最忌变换，如遇动迁，应千方百计保留原始号码。

(2)扫描—复印传真机，用于表格、身份证等证件的复印打印。

(3)宽带、4G＼5G等。此为旅行社通信升级的平台，同时有益于降低通信成本。

(4)地图：全国地图、分省图、公路客运图、网上地图等。

(5)时刻表：铁路、航空、公路、航运时刻表等。特别注意淡旺季、年度的新版时刻表。

(6)字典：语言类、景点类等字典。

(7)景点手册：各个旅游景区的导游手册。

(8)采购按组协议。协议按接团社、房、餐、车、景点、购物分类建档。

(9)各地报价(分类)。最好按区域列出目录，分类列置。

(10)常用(应急方式)电话。按组接团(经理、计调)、酒店(销售部、前台)、餐厅(经理、订餐)、车队(调度、驾驶员)、导游等分类开列，放置于显眼处或随身携带。

【课后小测试】

简答题

1. 简述计调业务的职能。

2. 简述计调业务在提升旅游服务质量中的核心作用。

项目六　接待计调采购业务

【项目描述】

接待计调员负责采购旅游团在本地的交通、住宿、餐饮、购物、景点及娱乐等服务项目。因此，计调员必须学会每种接待服务的采购方法和采购程序，以便及时地为旅游团提供本地旅游服务。

>> 任务一　本地旅游交通服务的采购<<

【任务描述】

了解交通服务采购的策略以及实现旅游交通服务的采购需要建立的协作网络。

【任务目标】

知识目标：掌握旅游交通服务的采购方法。

能力目标：理解旅游团在本地的交通服务项目的采购程序。

素质目标：培养计调员在工作中正确处理关系的能力。

【任务导入】

郭女士周末参加了一家旅行社组织的“市郊休闲 2 日游”活动，并与旅行社签订了旅游合同。双方约定住宿标准为三星级酒店。星期六的游览活动结束后，导游员将旅游团安排在一家酒店入住。郭女士进入房间后，发现客房设施陈旧，水龙头里流出的水都是浑浊的，房间似乎很久都没人住，散发着霉味。郭女士当即找到旅行社导游，认为入住的酒店不是三星级的，要求更换。导游员坚持安排的酒店就是三星级，并拉着郭女士来到酒店大堂，让其查看悬挂在大堂墙上的由国家旅游局颁发的三星级酒店标牌。但是，郭女士仍然对酒店的星级表示怀疑，并向旅行社进行投诉。

问题：旅行社计调员采购相关服务产品时，能从该案例中得到什么借鉴？

案例解析：旅行社计调员在采购相关服务产品时，一定要进行实地考察，看该饭店的设备设施是否齐全、是否可以使用、是否安全卫生，一定要保证采购数量和质量。在这些设施设备都能得到保证的前提下，才能采购酒店服务产品。

【理论引导】

地接社计调旅游交通服务的采购主要以汽车交通服务和景区交通服务为主，有些地区也有一些航空交通服务、火车交通服务的采购。

一、汽车交通服务的采购

汽车已成为人们普遍的旅行方式。一般认为，各景点间乘汽车旅游的距离不宜过长，最好短距离控制在50千米左右、1小时以内；长距离控制在300千米左右、5小时以内，否则客人会感觉疲劳。

(一)确定采购对象

计调员要对提供此项服务的汽车公司(包括定点旅游车队，出租汽车公司等)进行调查，整理所收集到的信息和资料进行分析，从中选出管理严格、车型齐全、驾驶员素质好、服务优良、已取得准运资格、善于配合(用车高峰期能提供给本社旅游车辆)、车价优惠的汽车租赁公司，作为本社的采购对象。

(二)签订合作协议

计调员与多家汽车租赁服务采购对象进行洽谈，协商用车协议书的有关条款，并代表旅行社同这些公司签约；将经过双方签字的用车协议书存档，并送本社相关部门备案。

(三)整理相关资料

计调员将签约汽车租赁公司的名称、24小时值班电话、调度联系人姓名及联系方式等相关资料列表，将汽车租赁公司的相关规定等资料分发给本社相关部门。

(四)及时订车

计调员根据用车计划，将需用车型、接送时间、行程安排时间顺序、是否购物等用车要求信息向有合作关系的多家汽车服务公司提出，用恰当的询问方式向汽车服务公司寻价(因向多家公司询问，而最终只选择一家，以免伤害情感)，选择符合本次旅游行程要求的公司，填写订车单，签章后传至汽车服务公司。

汽车租赁公司落实后传回，计调员将车号、车型、驾驶员姓名及联系方式、使用该车的注意事项、时间、地点、付款方式通报给相关部门和人员。

计调员应在游客或旅游团到达前一天，再次与汽车租赁公司联系，核实车辆落实情况有无变更。如有更改，还需要重新订车，填写订车变更单。

(五)报账结算

计调员根据用车协议书的相关规定，将实际发生的用车费用明细报财务部门。财务部门审核，确定符合用车协议书后，根据本次用车协议付款方式规定与汽车租赁公司办理预付款手续。

二、旅游景区交通服务的采购

(一)确定采购对象

计调员要对各景区交通项目(包括景区观光车、索道、滑道、游船等)进行调查，整理收集到的信息和资料，进行分析，选择本社所需的服务项目，作为本社采购对象。

（二）签订合作协议

计调员与景区交通服务项目采购对象进行洽谈，协商合作的有关条款，并代表旅行社同这些公司签约。将经过双方签字的合作协议书存档，并送本社相关部门备案。

（三）整理相关资料

计调员将签约景区交通服务项目的名称、团/散价格、24 小时值班电话、调度联系人姓名及联系方式、乘坐须知、景区交通服务项目的相关规定等相关资料列表，分发给本社相关部门。

（四）实施采购

景区交通服务单位落实后传回，计调员将需要采购的景区观光车、索道、滑道、游船等服务项目的使用时间、数量、类型，联系人姓名、联系方式，使用该服务项目的注意事项、时间、地点，各项服务的价格、付款方式通报给相关部门和人员。

计调员应在游客或旅游团到达前一天，再次与景区交通服务单位联系人联系，核实景区交通服务项目、落实情况有无变更。

（五）报账结算

计调员根据合作协议书的相关规定，将实际发生的费用明细报财务部门。财务部门审核，确定符合协议约定内容后，根据本次项目协议付款方式规定与景区交通服务项目单位办理结算付款手续。

>> 任务二　住宿服务的采购 <<

【任务描述】

了解住宿服务采购的策略以及实现旅游住宿服务的采购需要建立的协作网络。

【任务目标】

知识目标：掌握旅游住宿服务的采购方法。

能力目标：理解旅游团在本地的住宿服务项目的采购程序。

素质目标：培养计调员在工作中正确处理关系的能力。

【理论引导】

一、确定采购对象

计调员根据本社经营计划，收集、调查各地酒店或宾馆的资料，通过实地考察从价位及结算方式、档次、服务、酒店安保、同级性价比、房况、酒店销售配合等方面对酒店或宾馆进行综合比较和评价，选出符合本社要求的酒店或宾馆。

二、签订合作协议

计调员与多家符合本社要求的酒店或宾馆进行合作洽谈，根据当地具体行规，由一方或双方协商拟订合作协议书，通过谈判与协商，计调员代表旅行社与对方代表签订合作协议书；对签署的合作协议书进行编号、存档，并报送相关部门备案。

三、整理相关资料

计调员整理与住宿单位签订的合作协议书、酒店或宾馆的名称、值班电话、销售联系人姓名及 24 小时联系方式、淡旺季价格等相关资料及规定并列表，将列表分发给本社相关部门并备案。

四、落实订房工作

首先，计调员根据游客住宿要求，对行程安排、酒店位置、房间数量、入住时间、是否在酒店用餐、本次旅游活动的住宿价格、付款方式的要求，制订住宿采购计划。

其次，计调员根据住宿采购计划，在已签订合作协议书的酒店或宾馆中用恰当的询问方式选择符合要求的酒店或宾馆，询问该酒店是否余有房源，价格是否可以降低等信息。如没有符合要求的酒店或宾馆，需调整住宿采购计划，直至采购到符合本次要求的酒店或宾馆。及时与酒店或宾馆联系，传真发送订房计划单；及时掌握最新的客房行情，争取更优惠的房价。

最后，计调员在收到酒店或宾馆的确认传真后，进行登记并按发团时间顺序排列存档，计调员将酒店星级、位置、联系方式、使用该酒店注意事项、入住天数、价格、付款方式等信息转交给接待部门。如有更改还需要重新订房，重新填写订房变更单。

五、报账结算

计调员根据合作协议书的相关规定，根据本次用房协议付款方式的规定，及时将住房费用明细报财务部门。财务部门审核合作协议书并确认无误后与酒店或宾馆办理结算。

>> 任务三 餐饮服务的采购 <<

【任务描述】

了解餐饮服务采购的策略以及实现旅游餐饮服务的采购需要建立的协作网络。

【任务目标】

知识目标：掌握旅游餐饮服务的采购方法。

能力目标：理解旅游团在本地的餐饮服务项目的采购程序。

素质目标：培养计调员在工作中正确处理关系的能力。

【理论引导】

一、确定采购对象

计调员根据本社经营计划，调查、收集餐饮部门(定点餐馆、酒饭店等)的相关信息资料。对基本符合本社要求的餐饮单位进行综合比较和评价，重点考察餐馆的餐厅卫生标准、地理位置、停车场地、车位、洗手间、餐标、主要经营风味、菜单(特色餐)、就餐环境、结算方式、销售方式、接待能力和服务情况等。通过实地考察，与符合本社要求的餐馆联系，选出符合本社要求的餐馆或饭店。

二、签订合作协议

计调员根据考察结果，与多家符合本社要求的餐馆进行合作洽谈，根据当地具体行规，由一方或双方协商拟订合作协议书。对签署的合作协议书进行编号、存档，并报送相关部门备案。

三、整理相关资料

计调员整理与餐饮单位签订的合作协议书和餐厅的名称、主要经营风味、值班电话、餐标、销售联系人姓名及 24 小时联系方式、接待能力等相关资料及规定并列表，将列表分发给本社相关部门并备案。

四、落实订餐工作

计调员根据游客餐饮要求，用餐禁忌、用餐风味、行程中路程距离、餐厅位置、接待能力、餐标、是否在饭店入住、付款方式的要求制订餐饮采购计划，在已签订合作协议餐厅中选择，用恰当的询问方式选择符合要求的餐厅/饭店。最终选择符合本次旅游行程要求的饭店，及时与饭店联系，传真发送订餐通知；及时掌握饭店行情，争取更优惠的餐标。

在收到餐厅的确认后，计调员按照接待计划中发团日期顺序存档，并将饭店位置、联系方式、在该饭店的注意事项、本行程在该饭店的用餐次数、餐标、是否再次提醒饭店客人用餐禁忌、特殊用餐要求、付款方式等信息，转交给接待部门。如有更改还需要重新订餐，填写订餐变更单。

五、报账结算

计调员根据本社的财务规定和合作协议书的相关规定，及时将用餐费用明细报财务部门。财务部门根据合作协议书，根据本次用餐协议付款方式的规定，审核无误后与餐馆办理结算。

>>任务四　游览服务的采购<<

【任务描述】

了解游览服务采购的策略以及实现旅游游览服务的采购需要建立的协作网络。

【任务目标】

知识目标：掌握旅游游览服务的采购方法。

能力目标：理解旅游团在本地的游览服务项目的采购程序。

素质目标：培养计调员在工作中正确处理关系的能力。

【理论引导】

一、确定采购对象

计调员根据本社经营规划，调查、收集旅游资源管理部门(文物局等)及游览单位(名胜古迹、动植物园、博物馆等)的相关信息资料。对基本符合本社要求的游览项目进行综合比较和评价，重点考察旅游资源情况、地理位置、公路状况、停车场地、结算方式、销售配合、接待能力和服务情况等。通过实地考察，选出符合本社要求的游览项目。

二、签订合作协议

根据本社需求与选定的游览单位进行洽谈，协商合作事宜，包括旅游团队门票折扣、旅行社散客门票折扣(包括代理推广景区不成团的补助，年底返利、广告支持额度、游览前是否传真确认、门票等的单价折扣价；大、小车进园的单价结算方式和期限；陪同的减免人数及费用等)。在协商一致的基础上，由一方或双方协商拟订合作协议书。将签署的合作协议书进行编号、存档，并报送相关部门备案。

三、整理相关资料

计调员根据合作协议书和双方的相关规定，编制游览结算单，主要内容包括旅行社的名称、人数、收款单位、导游签名、日期、编号等；该单的份数(正联由导游签字后交旅游项目单位保存，存根联由导游带回旅行社)以备结算。将合作协议书及列表分发给本社相关部门，并备案。

四、带团游览

计调员根据游客的游览要求，确定游览单位及游览该单位的时间，如需要可以向景区传真确认、向导游派发游览结算单；导游根据接待计划，安排游客游览观光。

导游按规定填好游览结算单并交给旅游景点工作人员，双方按协议共同做好游客的接待和游览工作。

五、报账结算

计调员将《参观游览结算单》(见表 2-5)统一交给财务部门。财务部门根据合作协议书的规定，根据本次游览协议及付款方式规定，审核无误后与相关旅游项目单位办理结算。

表 2-5　参观游览结算单

参观游览券存根	中国　　　　　　　　旅行社参观游览券
团名：	旅游团名称：
人数：	旅游团人数：(大写)
地点：	收款单位：(公章)
日期：	日期：　　　年　　月　　日

>> 任务五　娱乐服务采购 <<

【任务描述】

了解娱乐服务采购的策略以及实现旅游娱乐服务的采购需要建立的协作网络。

【任务目标】

知识目标：掌握旅游娱乐服务的采购方法。

能力目标：理解旅游团在本地的娱乐服务项目的采购程序。

素质目标：培养计调员在工作中正确处理关系的能力。

【理论引导】

一、确定采购对象

计调员根据本社的业务需要，调查、收集各地具有特色的娱乐节目的信息资料，与这些提供娱乐节目的单位协商、洽谈合作事宜。根据协商的结果，选择符合本社业务需要的娱乐节目。

二、签订合作协议

计调员根据协商的结果，由一方或双方协商拟订合作协议书 。通过与娱乐单位谈判，双方在公正平等的基础上签订合作协议书。将签署的合作协议书进行编号、存档，并报送相关部门备案。

三、整理相关资料

计调员整理与娱乐单位签订的合作协议书和娱乐单位的相关资料并列表，注明各娱乐节目提供单位的要求及特殊规定。将娱乐节目提供单位的列表及特殊规定分发给本社相关部门。

四、实施采购

计调员与娱乐节目提供单位随时保持联系，了解新节目的上演，索取节目简介与节目单，并及时分发到本社相关部门；根据游客的娱乐要求，制订采购计划，并落实具体的订票工作；节目门票预订落实后，及时通知接待部门或导游，安排游客去欣赏娱乐节目。

五、报账结算

计调员根据本社的财务规定和合作协议书的相关规定，及时将娱乐费用明细报财务部门。财务部门审核合作协议书并确认无误后与娱乐节目提供单位办理结算。

>> 任务六　购物服务的采购<<

【任务描述】

了解购物服务采购的策略以及实现旅游购物服务的采购需要建立的协作网络。

【任务目标】

知识目标：掌握旅游购物服务的采购方法。

能力目标：理解旅游团在本地的购物服务项目的采购程序。

素质目标：培养计调员在工作中正确处理关系的能力。

【理论引导】

一、确定采购对象

计调员根据本社经营计划，调查、收集各地与旅游产品相配套的购物服务及这些服务提供单位的信息资料。与这些旅游定点商店协商、洽谈合作事宜；根据协商的结果，选择有特色的购物商店。

二、签订合作协议

计调员根据协商的结果，根据当地具体行规，由一方或双方协商拟订合作协议书。通过与旅游定点商店谈判，双方在公正平等的基础上签订合作协议书。将签署的合作协议书进行编号、存档，并报送相关部门备案。

三、整理相关资料

计调员整理与旅游定点商店签订的合作协议书，注明各旅游定点商店提供单位的要求及特殊规定。将旅游定点商店的相关资料列表及特殊规定分发给本社相关部门。

四、落实旅游购物商店

计调员根据本社业务计划和游客的要求，安排旅游定点商店。安排旅游定点商店后，及时通知接待部门或导游，带游客去欣赏或购物。

五、报账结算

计调员根据本社的财务规定和合作协议书的相关规定，及时将结算单报财务部门。财务部门审核合作协议书并确认无误后定时与旅游定点商店办理结算。

>> 任务七　地接服务的选择<<

【任务描述】

了解地接服务采购的策略以及实现旅游地接服务的采购需要建立的协作网络。

【任务目标】

知识目标：掌握旅游地接服务的采购方法。

能力目标：理解旅游团在本地的地接服务项目的采购程序。

素质目标：培养计调员在工作中正确处理关系的能力。

【理论引导】

一、确定采购对象

计调员根据本社经营计划，调查、收集地接导游员的相关信息资料。经过初步筛选，对基本符合本社要求的地接导游员进行考察，重点对声誉好、经验丰富的地接导游员进行考察。考察后与符合本社要求的地接导游员联系，初步约定合作关系。

二、签订合作协议

计调员通过与地接导游员谈判，协商具体的合作事宜。根据协商的结果，利用本社的标准采购合同文本，拟订地接导游聘用协议书；签订双方认可的地接导游聘用协议。

三、整理相关资料

计调员将签署的聘用协议书进行整理、编号、存档，并报送相关部门备案，并将《地接导游聘用协议书》分发给本社相关部门。

四、落实带团工作

计调员根据组团社的要求，通过对已签协议导游员的筛选，选择合适的地接导游员；将与组团社约定的旅游行程、人数、时间、注意事项等具体要求，以出团计划单的形式发给地接导游员并提醒导游员携带各项证件资料；协助地接导游员处理带团过程中的各项事宜。

五、报账结算

根据本社的财务规定和《地接导游聘用协议书》的相关规定，及时将该团导游服务费费用明细报财务部门。财务部门根据财务规定和《地接导游聘用协议书》审核无误后与地接导游员办理结算。

>>任务八　变更后的采购<<

【任务描述】

通过学习，了解旅行计划变更后的采购策略。

【任务目标】

知识目标：掌握旅游团旅行计划变更后的采购方法。

能力目标：理解旅游团在本地的旅行计划变更后的采购程序。

素质目标：培养计调员在工作中正确处理关系的能力。

【理论引导】

旅游计划的变更因自身在产业链的位置，极易受到相关因素及突发事件的影响。这种影响直接对原先的采购构成威胁。出现变更后的作业变更，是计调工作能力的体现。当外联部或接待部告知变更时，计调部应积极协助处理，并做出相应调整，如根据团队人数增减、交通问题、行程变动等情况，做出修改、取消原定行程并重新采购等决策。

一、变更应遵循的原则

计调员在对原计划进行调整时，应遵循以下原则。

(一)变更最小原则

将因计划变更所涉及的范围控制在最小限度，尽可能对原计划不做大的调整也尽量不引起其他因素的变更。

(二)宾客至上的原则

旅游计划是旅游活动的依据，旅行社同旅游者一旦形成约定关系，尤其在行程进行中，一般不要随意更改，对不可抗因素引起的变故，应充分考虑旅游者的意愿，并求得他们的谅解。

(三)同级变通原则

变更后的服务内容，尤其是用房的级别、档次，应与最初的安排在级别、档次上力求一致。

二、变更后采购通用方法

(一)航班变更

一是考虑包机，但要注意控制成本；二是飞机改火车，尽量利用晚间，但距离不宜过长，铺位不足，考虑加挂；三是若加挂不行，考虑利用汽车运输。

(二)房、餐出现问题

应选择就近同级房、餐。另外，采取加菜、赠品等小恩惠弥补因变更给客人带来的损失。

计调承上启下，连接内外，在旅行社中处于中枢位置。当计划变更和突发事件发生时，计调员应立即拟出应急方案，并与旅行社的相关部门，如外联、接待及交通、酒店、地接社等迅速构成协同通道，用以应对有可能的突变。

【任务实施】

撰写订车单、订房单、订餐单

实训目的

让学生掌握订车单、订房单、订餐单等相关文本的撰写。

实训内容

要求每一位学生代表本地的一家地接社撰写订车单、订房单、订餐单。

实训步骤

第一步：老师指定一家旅行社、一家酒店、一家餐饮企业、一家汽车租赁公司。

第二步：让学生代表旅行社接待计调员向酒店订房，撰写一份订房通知单。

第三步：让学生代表旅行社接待计调员向餐饮企业订餐，撰写一份订餐通知单。

第四步：让学生代表旅行社接待计调员向汽车租赁公司订车，撰写一份订车通知单。

实训成果

每位学生提交一份订车单、订房单、订餐单。

【知识链接】

表 2-6 ______旅行社订车通知单

接收方：　　负责人： 传真：　　电话：	发出方：　　负责人： 传真：　　电话：	
您好！现将我社用车计划传给您，请派车并回信确认告知司机师傅的电话及车号。感谢支持！		
团号：	国家：	人数：
日期：	天数：	团队类别：
用车要求		
车型：　座旅游空调车	车价：　元	结算方式：
行程表		
日期	行程	住宿
备注：		
回传确认：		
车队名称(盖章)		派车人：
本次车号：	本次驾驶员姓名：	驾驶员电话：

表 2-7 ______旅行社订房计划单

接收方：	发出方：
电话：	电话：
传真：	传真：
团队(客人)名称：　　人数：	
入住时间：______年______月______日______时至______年______月______日______时共______天	
住宿要求：______房______间	
房费标准：______房______元/天，住宿累计______元	
膳食标准：早餐______元/人(含早，不含早)，中餐______元/人，晚餐______元/人，餐费累计______元	
付款方式：按付款协议约定执行(导游前台凭此单登记入住)	

续表

备注：	
1. 代订费、房费结算账单，请寄到我社财务部。	
2. 其他房费均有客人自理，本社不予承担。	
3. 受到订房委托后，请速将订房回执传回我社。	
酒店确认：	

公司名称(盖章)　　　　联系人：　　　　年　月　日

表 2-8　＿＿＿＿旅行社用餐计划单

接收方：　　　　发出方： 电话：　　　　电话： 传真：　　　　传真： 团队(客人)名称： 人数：＿＿成人＿＿小孩　　　　用餐时间：年＿＿月＿＿日＿＿餐 用餐要求：＿＿菜＿＿汤（十人一桌，＿＿荤＿＿素） 餐标：早餐　成人＿＿元/人，小孩＿＿元/人 　　　中餐　成人＿＿元/人，小孩＿＿元/人 　　　晚餐　成人＿＿元/人，小孩＿＿元/人　　餐费累计＿＿元 付款方式：按付款协议约定执行(导游前台凭此单登记用餐)　　特殊要求： 备注： 其他费用均由客人自理，本社不予承担。 受到订餐委托后，请速将订餐回执传回我社。
餐厅确认：

公司名称(盖章)　　　　联系人：　　　　年　月　日

【课后小测试】

一、填空题

1. 根据交通线路和交通工具的不同，旅游交通一般可分为＿＿＿＿、＿＿＿＿、＿＿＿＿、水运和特殊交通五种类型。

2. ＿＿＿＿是旅游行程中的核心内容，是旅游者在旅游目的地进行的最基本和最重要的旅游活动，各项服务都围绕着这个主体展开。

二、简答题

简述接待计调员采购住宿服务的程序。

项目七　计调的工作流程

【项目描述】

本项目详细分析了国内接待计调和组团计调的整个工作流程。

>> 任务一　国内接待计调工作流程<<

【任务描述】

通过学习，掌握旅游接待计划的制订方法。

【任务目标】

知识目标：熟悉接待计调的基本工作流程。

能力目标：能够制订旅行社团队运行计划表、旅游团团员名单。

素质目标：能够在旅行社进行接待计调操作。

【任务导入】

2018年正是旅游旺季，北京A旅行每天接待的团队特别多，广州B旅行社7月5日组织了由30位教师组成的旅游团，于7月5～10日在北京旅游，由北京A旅行社负责接待。北京A旅行社计调员王宇与广州B旅行社计调员张明已经确认了接待计划。但是，7月3日广州B旅行社又增加5位游客，于是张明马上给王宇打电话，王宇回答接待没有问题，同意增加5人，同时也发出更改计划给张明。张明接到更改计划后也及时进行了确认。由于团队太多，张明没有及时更改接待计划，导致7月5日广州增加的5人到机场后，旅游车的座位不够，晚上也没有安排酒店住宿，导致客人对接待工作的不满，向旅游局投诉。

问题：张明从此案例中应该吸取哪些教训？

案例解析：旺季时，团量集中，工作量大，几乎所有员工都会加班加点超负荷工作。此种情况下最容易出差错，张明应该严格按照计调工作流程进行操作。特别是当计划变更之后，一定要及时更改计划，及时增加预定，保质保量地接待每一位客人。

【理论引导】

一、接听客人咨询电话

地接计调的工作流程是从接组团社、外地客人和本地客人的咨询电话开始的。组团社打电话主要是咨询旅游线路和价格。计调在接听电话时要注意以下几点。

(一)接通电话后自我介绍

计调员接通电话后，一定要向对方问好，然后自报家门。例如：“您好！我是内蒙古某某旅行社草沙成专线王某，很高兴为您服务。”绝对禁止抓起电话就问：“喂，喂，你找谁呀，你是谁呀?”这样不仅浪费时间还很不礼貌，让公司的形象在顾客心中大打折扣。接听电话前一般要让电话响一到二个长音，切忌不可让电话一直响而缓慢地接听。

(二)向客人问清楚相关服务内容

接听电话时，要问清对方的单位、姓名、电话、传真(最好能问到手机号)、团号、抵离时间、往返交通、所需产品(行程线路)、等级标准、团队大概人数、出行日期、有无全陪、客人有无特殊要求(如风味餐、回民餐、增减住房、禁忌等)、是公司哪位业务员的客户及相关信息。

(三)记录重要内容

在电话机旁最好摆放一些纸和笔，这样可以一边听电话一边随手将重点记录下来，电话结束后，应该对记录下来的重点妥善处理。对于房、餐、车、游等内容一定要详细问清楚具体标准。

(四)重复重要内容

电话结束前，还应该对一些重要内容进行核对，重复重要内容，看记录是否有错。

二、确定旅游线路

(一)审核组团社提供的旅游线路

如果组团社提供了旅游线路，就要仔细阅读并审核组团社的旅游线路，如认为安排不合理，或地接方面的特殊情况不可能实施的，要向组团社说明情况要求更改，并提出合理的、可行的建议。

(二)推荐旅行社现有的旅游线路

如果组团社没有提供旅游线路，地接社计调就可以根据组团社客户的要求推荐旅行社现有的旅游线路。

(三)重新设计旅游线路

如果组团社对现有的旅游线路不满意，可以根据游客的要求重新设计旅游线路，经双方协商同意后作为最终的旅游线路。

三、询价、计价、报价

地接计调需要根据行程安排，向需要提供服务的各个单位一一询价，以询价单的方式向对方询价，要求对方尽快回传确认。在向各协作单位询价之后，进行内部计价，把各协作单位的价格加起来，就构成了地接社的成本。在地接社总成本的基础上加上一定的利润之后就可以向组团社报价了。报价的项目包括大交通费、住宿费、餐费、景点门票费、导游服务费、利润等。

四、与国内组团社签订合同

与组团社确定价格之后，就可以签正式的旅游合同了。其中，对双方约定的事项进行程序上的确认，是计调员在操作上必不可缺少的程序。第一步，与对方协商付款方式及付款时间。第二步，与对方确定违约补偿办法。第三步，与组团社拟定协议书。协议书的内容包括旅游时间、付款方式及付款时间，交付金额，双方的权利、义务违约责任等。第四步，确定具体事项。在双方协商时注意文字，避免发生争议。应该向对方提醒合同中的敏感条款，并进行适当解释和说明。第五步，核实签字，在双方没有任何异议的情况下，签字生效，计调员一定要注意，如果任何一方没有签字，则该协议或旅游合同将被视为无效。

五、计划录入

接到组团社书面预报计划后，将团号、人数、国籍、抵离航班(车次)、时间等相关信息录入在当月团队动态表中。如遇对方口头预报，必须请求对方以书面方式补发计划，或在我方确认书上加盖对方业务专用章并由经手人签名，回传作为确认件。

六、编制团队动态表

编制接待计划，将人数、抵离航班(车次)、时间、住宿酒店、餐厅、参观景点、地接旅行社、接团时间及地点、其他特殊要求等逐一登记在团队动态表中。

七、向各接待单位发送计划

向各有关单位发送计划书，逐一落实接待任务。

(一)用房

根据团队人数、要求，以传真方式向协议酒店或指定酒店发送订房计划书并要求对方书面确认。如遇人数变更，及时做出更改件，以传真方式向协议酒店或指定酒店发送，并要求对方书面确认；如遇酒店无法接待，应及时通知组团社，经同意后调整至同级酒店。

(二)用车

根据人数、要求安排用车，以传真方式向协议车队发送订车计划书并要求对方书面确认。如遇变更，及时做出更改件，以传真方式向协议车队发送，并要求对方书面确认。

(三)用餐

根据团队人数、要求，以传真或电话通知向协议餐厅发送订餐计划书。如遇变更，及时做出更改件，以传真方式向协议餐厅发送，并要求对方书面确认。

(四)地接社

如客人还需要异地旅游，就需要以传真方式向协议地接社发送团队接待通知书并要求对方书面确认。如遇变更，及时做出更改件，以传真方式向协议地接社发送，并要求对方书面确认。

(五)返程交通

如果组团社没有落实返程交通，需要接待社落实返程交通时，接待计调员就要仔细落实并核对计划，向票务人员下达订票通知单，注明团号、人数、航班(车次)、用票时间、票别、票量，并由经手人签字。如遇变更，及时通知票务人员。

八、向国内组团社确认计划

旅游接待计划是地接社和组团社合作的基础及处理旅游纠纷的法律依据。从理论上讲，地接社和组团社利益相关，只有共同完成旅游接待任务，才能获得相应的经济回报，双方一损俱损、一荣俱荣。但在实际合作过程中，地接社和组团社之间出现纠纷扯皮的现象并不少。对此，旅游接待计划可以起到规范双方权利和义务的作用。当组团社与地接社之间就旅游行程和报价达成一致后，双方即进入旅游接待计划确认阶段。

(一)确认的原因

一是组团社要求确认接待计划。组团社把团队接待计划传真给地接社时，在计划中会附有一份回执，要求地接社在收到接待计划后，将团队计划落实情况确认后盖章回传给组团社。这样，组团社收到回执后就可以放心发团。地接社对确认的接待计划负有法律责任。

二是地接社对接待计划不能确认时，要主动通知组团社。地接社计调员收到组团社发送的接待计划后，应立即落实接待事宜。遇有个别不能确认的团队或团队计划中不能确认的项目，要及时通知组团社，以便组团社及时做出调整。

(二)确认的方式

接待社以确认单的方式向组团社确认接待计划。

九、编制概算

编制团队预算单，注明现付费用、用途，交由主管审核后报财务部门审核；填写借款单，与预算单一并交部门经理审核签字后，再报总经理签字。最后，凭预算单、接待计划、借款单、车队的回传确认单、房间回传确认单等向财务部领取借款。

十、下达计划

编制接待计划及附件。由计调员签字并加盖团队计划专用章。此计划由团队基本情况(含个性要求)、日程安排、游客名单三个部分组成。其中，团队基本情况包含旅游团队名称、团号、组团社名称、团队人数、团队类别、团队服务等级、自订和代订项目、住宿要求、膳食要求及标准、对地陪的要求、全陪信息、特殊要求备注等内容。日程安排包括游览日期、出发城市、团队抵离时间、班次和机场(车站、码头)名称、住宿情况、游览活动时间安排、用餐安排、文娱活动时间安排、其他特殊要求等内容。游客名单包括游客的姓名、性别、身份证号码、联络电话等。如果是散客拼团，要注明散客来自哪个旅行社。若是 VIP 客人，还要注明客人身份。客人有特殊要求的(如分房要求)或组团社重点备注的也须在名单中标示出来。

十一、选派地陪

选择合适的导游接团。地接社计调部门应本着高度负责的态度，认真选拔地接导游：一是必须选派已取得导游证的正式导游员。二是必须掌握导游员的基本情况(包括带团年限、证书编号、导游等级、投诉及表扬记录、仪容仪表、身体健康状况、个性品质等)，选拔有良好职业道德、语言对口、等级高、无不良投诉的优秀导游员来带团。三是必须考察导游员的业务技能，择优选用。要考察的技能包括导游的知识储备、服务技能、语言能力、应变能力等，择优选用是导游服务质量的基本保证。四是必须根据团队的特点选派导游员。如老年团适合选派稳重大方的导游员，儿童团则适合选派活泼、有亲和力的导游员。

计调员把团队运行表、质量跟踪表、游客名单、概算单等资料发给导游，资料中应包括团队重点客人、民俗禁忌、用餐标准、司机和陪同人员住宿等内容。导游员必须严格执行接待计划，不得随意增减计划内容。如遇组团行程或旅游者行程与地接社行程不符时，必须立即向计调员汇报，不得擅自做主。旅行前一天，对有关要素再次确认，提醒导游接团。

十二、编制结算

接待计调员需要填制公司团队结算单，经审核后加盖公司财务专用章。于国内团队抵达前将结算单传真至国内组团社，提醒对方把接待款划入该旅行社账户。

十三、接团及监督管理

(一)接团

接团是指本国、本地区的旅行社对来自外国或外地区的，从事游览、观光、探亲及商务、会务或其他旅游活动的团队和个人做好接待与服务工作的过程。计调员要做好接团管理工作，安排导游准时到机场(或火车站、码头)等接团。接团工作开始后，旅行社将从多方面为旅游者提供服务，旅游者与旅行社的接触也随之增多。因此，接团工作直接关系到旅行社的知名度和效益。

(二)监督管理

计调员在实际操作过程中往往因疏于对接团的监督而造成严重后果，认为旅游团队已经开始了旅游行程，不会出现大的问题，即使有问题，只要自己出面协调解决即可。为了防患于未然，与各方保持良好的关系，计调的监督作用非常重要。

在团队运行过程中注意“一进一出”原则(对于重点团要注意跟踪)，即团队抵达第一日及团队返程最后一日，一直都要密切关注。如产生问题或投诉，应及时与客户沟通，以最快的速度解决问题，尽量把问题处理在当地，不要给组团社带回麻烦。处理意见书需领队及陪同签字确认。如果是重点团队，可请领导看望团队。

1. 监督接团过程中各接待单位的落实情况

一是监督交通工具的使用情况，特别要注意旅游车的设施设备是否齐全、车况如何。它常常对团队的接待质量和利润产生着决定性影响。二是监督餐饮部门落实用餐情况，特别是餐厅的卫生情况，提醒地接导游员订餐时，及时把旅游者(团)的宗教信仰和个别客人的特殊要求转告餐厅，避免出现不愉快和尴尬的局面。三是监督酒店宾馆的住宿情况，特别要重视住宿地点的环境、设施等。提醒住宿单位严格按照协议约定的标准向旅游者提供住宿。

2. 监督地接导游员的工作情况

一是监督地接导游员实施旅游接待计划的情况。二是监督地接导游的服务态度和服务水平，以及全陪、旅游者对地接导游员的意见评价。

3. 计调员监督的方法

一是实地监督。在实施接待计划的同时，计调员到达现场对各个部门及导游员进行监督。但是，这一点在执行时会有困难。条件允许的情况下可以采用此方法。二是通过电话监督。计调员可以通过电话询问，如向地接导游员询问各个接待单位的接待情况，向各个接待单位询问导游的工作情况，向旅游者询问导游员的态度等。这在实际工作中比较常用。

十四、送团管理

在团队顺利结束本地行程后，地接计调员还要做好送团管理工作，安排导游准时送别游客。计调员还要与游客保持良好的关系，为第二次销售工作打下基础。

十五、报账登账

团队行程结束，通知导游员凭导游报账单、接待计划、陪同报告书、质量反馈单、原始票据等及时向部门计调员报账。计调员详细审核导游填写的陪同报告书，以此为据填制团费用小结单及决算单，交部门经理审核签字后，交财务部经理审核签字，总经理签字，然后向财务部报账。报完账之后计调将涉及该团的协议单位的相关款项及时登录到团队费用往来明细表中，以便核对。

十六、归档总结

(一)建立团队档案

团队游程结束之后，要整理该团的原始资料，每月底将该月团队资料登记存档，以备查询。建立团队档案的主要内容有组团社的询价单(历次询价)、双方签字的确认单(盖章)、客户名单表、合同、缴费单、最终行程表、订车单、订票单，送团后双方结算的单据和地陪日志，游客意见反馈单，等等。这些资料保存期为两年以上。

(二)总结工作

地陪对整个带团工作进行总结，检查地陪的带团日志。处理表扬与投诉：有表扬和投诉都需要报告给部门负责人，有的表扬需要对当事人进行褒奖，或通过一定的宣传，增加旅行社的美誉度；有的投诉涉及多个部门，处理不好，旅行社可能会有名誉或经济损失，计调员要搞清情况，如实报告给部门领导，做好协调工作。

十七、售后服务

旅行社的售后服务是指在旅游者结束旅游之后，由旅行社向组团社或旅游者继续提供的一系列服务，意在加强与组团社或旅游者的联系，主动解决他们遇到的各种问题。具体操作是由计调员完成的。

售后服务对旅行社维系已有客源和开拓新的客源都至关重要。许多旅行社计调员不重视售后服务，丢失了不少客源，丧失了很多机会。鉴于售后服务对旅行社日后的工作，尤其是在二次销售方面工作的重要性，成熟的旅行社都极为重视，并采取多种多样的售后服务形式以争取再次与组团社合作，招徕每一位顾客。只有做好售后服务工作，才能现固与扩大客源。只有客源充足，旅行社才能在激烈的竞争中求得生存与发展。

售后服务的作用：一是信息反馈。向组团社了解旅游者在旅游中的满意度；根据地接导游收集的游客意见反馈单可以得到旅游的基本信息。计调员对这些信息进行整理、分类，并及时向旅行社主管经理汇报。二是调整策略。计调员根据组团社或旅游者反馈的信息，可以及时、有针对性地调整经营策略，以适应旅游者需求不断变化的需要。三是保持联系。计调员与组团社或旅游者经常保持联系，可以促进彼此的了解，加深感情。

>> 任务二　国内组团计调工作流程 <<

【任务描述】

通过学习与实践，熟悉国内组团旅游的游客签订旅游合同的流程。

【任务目标】

知识目标：熟悉组团计调的基本工作流程。

能力目标：准备一份旅游合同书，向旅游者说明合同中双方的责任和义务并签订旅游合同。

素质目标：能够在旅行社进行组团计调操作。

【理论引导】

一、接听客人咨询电话

计调员要接听客人的咨询电话，在接客人的咨询电话时一定要做好电话记录，问清客人的基本情况和要求，如是散客团还是团队，出团时间、往返大交通、住宿标准、人数、主要旅游景点、是否需要全陪、特殊要求。认真记录与客户谈话的要点，留下来电客户的联系方式。为了减少和避免工作中的失误，计调员应该重复确认客户提出的要求。

二、介绍或设计旅游线路

(一)介绍现有旅游线路

每个旅行社都有很多向社会公开推出的已经成型的旅游线路，在接受团体和散客的咨询时，就可以向客人详细地介绍产品的情况、亮点、报价及价格构成等，让游客从众多旅游线路中选择一条比较理想的线路。

(二)设计旅游线路

计调员在设计旅游线路时，一定要根据客人的要求进行设计，经常与客人沟通，反复修改，最终设计出客人满意的旅游线路。

三、询价、计价、报价

(一)询价

1. 向各地接社询价

调阅资料，同时应向两家以上的地接社询价，包括住宿、交通、景点门票的价格等，确认相对稳定的要素，如门票、中间段的火车票等有无调整，经常变化的旅游汽车的现行价格，确认地接的基本价格区间。国内团去多个省，一般也会选择多个地接社，每地一个，降低成本。

2. 向交通部门询价

旅游线路基本确定后，应立即向航空公司、铁路公司询价，预定国内机票或火车票，使大交通基本有保障。交通费用包括往返大交通费、市内接送交通费。

(二)计价

计调将询价的情况进行汇总，就开始进行内部计价，即把组团社的各项成本加起来。

(三)报价

给客户的报价是在内部计价的基础上加上一定的利润。报价的项目包括往返大交通费、地接社综合服务费、全服务费、市内接送费和一定的利税。客户报价时一定要及时、准确，报价不能太高，太高了客户会流失；也不能太低，太低了旅行社就没有利润。

报价之后，等待对方的回应，但不要消极等待，而要视报价内容的轻重缓急积极跟进。掌握客户的情况和市场的变化，如有需要，或有可能，要调整报价或增加服务，特别是免费服务内容，想方设法增强竞争力，力争把每一单都做成功；同时，将跟踪的情况和调整的内容做好记录；根据进展情况，及时控制资源，即提前预订某一时段的住宿、汽车、火车票、机票等。

四、与游客签订合同

客人确定价格之后，就可以签订正式的旅游合同了。计调员在与旅游者签订旅游合同时，应当对旅游合同的具体内容做出真实、准确、完整的说明。一定要根据《旅行社条例》第二十八条规定，载明下列事项：①旅行社的名称及其经营范围、地址、联系电话和旅行社业务经营许可证编号；②旅行社经办人的姓名、联系电话；③签约地点和日期；④旅游行程的出发地、途经地和目的地；⑤旅游行程中交通、住宿、餐饮服务安排及其标准；⑥旅行社统一安排的游览项目的具体内容及时间；⑦旅游者自由活动的时间和次数；⑧旅游者应当交纳的旅游费用及交纳方式；⑨旅行社安排购物次数、停留时间及购物场所的名称；⑩需要旅游者另行付费的游览项目及价格；⑪解除或者变更合同的条件和提前通知的期限；⑫违反合同的纠纷解决机制及应当承担的责任；⑬旅游服务监督、投诉电话；⑭双方协商一致的其他内容。签订合同之后，计调员全额收款，交财务部入账，填写交款记录后成团。

五、编制团号

游客签订了旅游服务合同之后，就开始编制团号。团号即旅行团的编号。在给游客上旅游人身意外险的保险公司的单子、制订组团计划时的文件、团队资料存档时都要填写，以便和其他团队区分开。目前，我国各家旅行社的团号都不一样，有的简单，有的复杂；有的对团号不重视，有的只注重使用。

WTO规范团号就是一种标准团号，即通过这个团队的编号，能够一目了然地看出游览城市、往返交通、人数、团队等级等各方面的信息。WTO规范团号以国际航空代码为基础，分为四个区域。现举例说明团号的编制。

例如，“银川双飞八日标准游”，出团日期为5月6日，出团数为第一个，合成WTO规范团号：

XBY 08 B—2F 0506 A

① ② ③④ ⑤ ⑥

①首先参照基本代码设定团号，前两位英文大写为区域代码，第一位和第二位XB代表西北大区，与第三位(第一个游览城市的拼音大写)组成三位数团号代码，这里银川是XBY。

②第四位和第五位代表游览天数。团队游览时间按照国家规定日期由两位阿拉伯数字表示，八天是08。

③第六位代表团队的等级。即日期之后的字母代表团队的等级。H代表豪华团，B代表标准团，S代表散拼团。

④连接横线后两位是交通等级：双飞(2F)，单飞(1F)，一飞一卧(1F1W)，双卧(含船)(2W)，双座(2Z)，全程汽车(2T)。

⑤交通等级后是旅游团出团时间，按照国家规定月份日期由两位阿拉伯数字表示，5月6日是0506。

⑥最后一位大写的英文字母为出团数，如第一个团写作“A”，第二个团写作“B”，以此类推。这里是5月6日当天的第一个团，所以标注为A。

六、向地接社预报计划

向目的地接待社发出团队接待通知书，如果有几个地接社就要同时向行程中的各接待社发出预报计划。预报计划的目的是使接待社将此团列入该社的接待计划，要求接待社尽早预订酒店、车辆等。预报计划的内容应该包括团号、旅游团的准确人数、团队抵离时间与交通工具、行程、食宿标准及其他要求等。向选定的接待社发出正式的团队预告，将产品的旅游行程计划给地接社，方便地接社提前做准备工作。督促接待社在最短时间(8～24 小时)内书面确认。确认重点为机(车、船)票、用房、用车、结算等。说明所接团队或个人的各项注意事项；有无用餐禁忌等问题；团队或个人的结算问题(自带车一般现收费)；要考虑到可能出现的各种问题以及解决办法。

七、编制概算

编制概算，报财务审核，总经理签字后开始作业；凭概算单、组团合同、地接社确认、团队接待通知书等材料，填写借款单，经部门经理签字，报财务审核，总经理签字后领取借款。

八、订票作业

仔细落实并核对计划，向票务人员下达团队订票单，注明团号、人数、航班(车次)、用票时间、票量，并由经手人签字。如遇变更，及时通知票务人员。

九、督促接待社书面确认

组团计调员督促接待社在最短时间(8～24 小时)内书面确认。确认重点为机(车、船)票、用车、用房、结算等。

十、发出正式计划

接待社回传确认后，组团社在出发之前发出正式计划。打印正式计划，加盖计划专用章，一式两份(发出、留存各一份)，督促回执。

十一、选派全陪

全陪作为国内组团社的代表，自始至终参与旅游团的全程活动，负责旅游团移动中的各环节的衔接，监督接待计划的实施，协调领队、地陪、司机等旅游接待人员的关系。因此，旅行社在全陪服务的采购中应注意全陪的品德修养、业务能力、沟通能力等。根据不同团队的要求选派不同全陪，确定团队接待重点及服务方向，交代接待计划，发放全陪日志。

十二、最终确认

出发前24小时与对方核对计划，要求对方最终确认，向对方催要结算单。

十三、付款

确认团队质量无异议，经财务部审核，总经理批准，(允许预付)将团款汇入地接社账户。

十四、发出团通知书

团队出发前，应该制作好出团通知书，把出游前需要准备的资料、出游中的注意事项向游客逐项交代清楚。

十五、发团及监督

(一)发团

发团指组团社把通过各种招徕手段组成的旅游团队，委托给选定的接团社，并由其负责完成合同中规定的游客应该享受的权利的过程。组团社将旅游团委托给旅游目的地接团社后，由接团社根据合同规定安排该旅游团在旅游目的地的一切旅游活动，而组团社通过对接团社的监督，督促对方完成旅游合同。

(二)监督

团队发出之后，组团计调员要时时监控团队的异地运行，监控内容如下。

1. 监督地接社的接待情况

组团计调员在团队发出后应该履行监督职责，即监督地接社的接待质量。可以通过组团社派出的全陪或客人的信息反馈，发现问题及时纠正，消除各种隐患。

2. 监督全陪的工作情况

组团计调员在团队发出后应该要求全陪定期向组团社汇报团队的情况，同时还要向接待社了解全陪在工作中是否认真履行自己的职责。现在很多国内团为了降低成本，不再派全陪，给组团社的督察工作带来一些不便，这样就更要维持通信联系，“遥控”地接，如有问题必须及时按程序处理。

3. 监督游客的游览情况

组团计调员在团队发出后应该向全陪、接待社了解客人游览的情况，在第一时间发现问题，并及时与接待社协商解决，保证团队顺利游览。对游客违规行为，要搜集证据，为以后处理问题留下依据。

十六、送团管理

在团队顺利结束异地行程返回本地后，组团计调员与全陪一起搞好送团工作。主动征求客人的意见，让游客高高兴兴地结束整个行程。

十七、报账登账

行程中如果有一些变动，或增减了项目，会涉及费用，团队运行完毕，计调员要对全过程进行审核；团队对地接质量有无异议，有无投诉，要了解清楚，给地接社拨全款前，应要求地接社把客人的意见反馈表传回组团社，作为拨款的依据；最后做好结算单，报财务结账。一般要求团队行程结束后一周内清账，整理决算单、概算单、组团合同、地接社确认件、地接社结算单、团队接待通知书原始凭证，交公司财务部报账。报账之后，计调员将涉及该团的协议单位的相关款项及时录入到团队费用往来明细表中，以便核对。

十八、归档总结

(一)建立团队档案

旅程结束之后，要整理该团的原始资料，每月底将该月团队资料登记存档，以备查询。建立团队档案的主要内容有地接报价单(历次报价)、双方签字的确认单(盖章)、客户名单表、合同、缴费单、最终行程表、订车单、订票单。这些资料保存期为两年以上。

(二)总结工作

全陪对整个带团工作进行总结，检查全陪的带团日志；处理表扬与投诉，有表扬和投诉都需要报告给部门负责人，有的表扬需要对当事人进行褒奖，或通过一定的宣传，提高旅行社的美誉度；有的投诉涉及多个部门，处理不好，旅行社可能会有名誉或经济损失。计调员要搞清情况，如实报告给部门领导，做好协调工作。

十九、售后服务

在团队顺利结束行程返回本地后，组团计调员应进行客户满意度调查，掌握准确的信息，为今后工作的改进提供依据。计调员要与客户保持良好的关系，为第二次销售工作打下基础。

【任务实施】

模拟国内计调操作流程

实训目的

让学生掌握国内计调的操作流程。

实训内容

通过角色扮演进行计调操作流程模拟实训。

实训步骤

第一步：以小组为单位进行，把全班同学分成6组。一组代表组团社，一组代表接待社，一组代表酒店，一组代表餐饮部门，一组代表汽车公司，一组代表旅游景区。

第二步：每组同学分别代表单位不同的工作岗位，进行模拟实训。

第三步：组与组之间可以互换不同的角色进行模式实训。

实训成果

让每个同学都掌握国内计调的操作流程。

【课后小测试】

一、填空题

地接社计调旅游交通服务的采购主要是以______为主。

二、简答题

1. 简述国内接待计调工作流程。

2. 简述国内组团计调工作流程。

项目八　旅游线路的报价

【项目描述】

旅游线路价格的具体操作是由计调员来完成的。计调员要熟知旅游线路的价格构成、计价和报价方法等，这样才能准确快速地计算出产品价格并对外报价。

>> 任务一　地接旅游线路的报价 <<

【任务描述】

通过学习，掌握旅游团内部价格的核算并按程序准确对外报价。

【任务目标】

知识目标：熟悉本地旅游线路的报价方法。

能力目标：能够对本地旅游线路进行报价。

素质目标：能够设计本地旅游线路，并依据线路进行定价和报价。

【任务导入】

平遥乔家一日游

6:00 在花苑宾馆出发，赴祁县乔家堡，参观《大红灯笼高高挂》及《乔家大院》的拍摄地乔家大院(参观游览约 1.5 小时)，12:20 集合后乘车赴平遥古城(车程约 40 分钟)。午餐可品尝平遥特色风味餐(莜面、碗托、平遥牛肉等)，用餐标准为 25 元/人。午餐后游览平遥古城明清一条街，观中国银行的“乡下祖父”——日升昌票号、旧县衙门等景点，登平遥古城墙(游览约 3 小时)。乘车返回太原，途中参观山西晋农博览展示中心，约 19:00 抵达太原市，结束行程。

请你为上面的行程计价并为游客做出报价。交通费：按照 35 座包车价 1000 元计算，29 元/人。景区协议价门票费：乔家大院 36 元/人，平遥古城 130 元/人。餐费：午餐 25 元/人。导游服务费：175 元/天，5 元/人。旅游意外保险费：10 元/人。

任务解析

交通费：本次旅游从太原到祁县乔家堡，再从乔家堡到平遥，返回太原。按照 35 座包车价 1000 元计算，29 元/人。

景区门票费：乔家大院协议价 36 元/人，平遥古城协议价 130 元/人。

餐费：午餐 25 元/人。

导游服务费：175 元/天，5 元/人。

旅游意外保险费：10 元/人。

旅行社利润：成本的10％。

本次旅游的总价＝(1＋10％)(29＋36＋130＋25＋5＋10)＝259元/人。

【理论引导】

以接待业务为主的旅行社，工作的核心就是以适当的价格将旅游线路通过合适的渠道推向选定的目标市场，销售过程的管理和售后服务对旅行社来说具有非常重要的意义。

一、接待社旅游线路的价格构成

(一)餐费

餐费含团队餐和特色餐费用，旅行社报价中一般只包含团队用餐费用，特色餐费用由游客自付。团队餐包含早中晚餐，许多酒店为住店客人提供免费早餐，因此旅行社报价时所含的餐费多指正餐费用。

(二)房费

房费一般指双人标准间的房费。按旅游者要求预定高、中、低档酒店或由旅游者自订房、委托代订房和委托代订指定房，并一律加收自订房手续费。团队和散客价相差很多。淡季价、平季价和旺季价有很大差别。计调员必须熟悉业务，充分了解每个地区饭店的淡、平、旺季的划分，否则会造成报价不真实，报价过高会失去竞争力，报价过低会造成旅行社亏损。

(三)市内交通费

市内交通费包括市内接送费用和市区到景区的交通费及景区的观光车费等。

(四)游览景区门票

游览景区门票一般包括景区大门的第一道费用。

(五)导游服务费

导游服务费包括地接的各种费用。

(六)旅游保险费

为了使旅游者在旅游期间发生伤亡、疾病、被盗等意外事件时能得到必要的补偿，在对外报价时旅行社对每人加收保险费并统一在保险公司投保。

(七)综合服务费

目前很少收综合服务费了，这笔费用一般是指旅行社的利润。

二、国内地接社报价流程

(一)向各接待单位询价

根据双方确定的最终旅游行程计划书，向相关协作单位一一询价。在旅行社实践中，有时可通过打电话或者网络向各服务单位询价，直接记录在本上，然后统一汇总。有时是通过传真或网络发正式的询价单。

1. 向交通部门询价

主要是本地游览用车和往返交通费用，如果组团社预定了返程交通费，地接社就可以不管这笔费用了。地接社只计算本地的汽车费用。询价之后用传真确认价格，每一份传真就是一份购买合同，是今后付款的依据。

2. 向酒店询价

向要入住的酒店询问住宿费，明确入住的房间数、等级、费用标准等内容。询价之后用传真确定价格，作为今后付款的依据。

3. 向餐饮部门询价

向餐饮部门询问团队餐餐标、菜品、风味餐价格等。询价之后用传真确认价格，作为今后付款的依据。

4. 向旅游景区询价

根据组团社提供的旅游景点，依次确认各景点的门票价格，问清楚有哪些优惠政策，团体价格是多少。询价之后用传真确认价格，作为今后付款的依据。

(二)接待社专线部内部计价

接待社专线部内部计价是指接待社在向组团社或本地服务网点报价之前对各项成本进行核算的过程。它是计调员的一项重要的基本功，同时也是旅行社计调部门一项重要的工作，要根据市场需求制定合理的价格，并及时对外报价，才能最大限度地占有市场份额。计调员根据行程安排，确定各服务单位的价格，把各服务单位的价格加起来得到地接社的内部计价。

(三)接待社专线部对外报价

接待社专线部对外报价是指接待社专线部在内部计价基础上加上一定比例的利润之后向外省组团社或本地服务网点报出的接待价格。目前，我国本省游由本地接待社各专线负责操作，收客主要是本地各服务网点和外省组团社负责。因此，报价就有两种情况，一是接待社专线部先给外省组团社专线部报价，后者向外省组团社服务网点报价，外省服务网点再向外省游客报价；二是接待社专线部先给本地服务网点报价，本地服务网点再向本地游客报价。

1. 报价的方法

第一种：计价加利润法。

计价加利润法是在计价的基础上加上一定比例的利润。例如，“草原沙漠成吉思汗陵纯玩三日游”线路的内部计价为755元/人，对外省组团社或本地服务网点的报价就可以直接加上一定的利税，假设利税按10%计算，则地接社对外省组团社或本地服务网点的报价为755+755×10%=831元/人(四舍五入后)，其中地接社的利税为75.5元。本地服务网点在接待社报价的基础上再加上服务网点的利润就是接待社的对外报价了，见表2-9。

表2-9 计价加利润法报价

行程安排	地接社计价/元	利税/元 (假定按10%计算)	地接社报价/元/人 (向组团社报价)
草原沙漠成吉思汗陵纯玩三日游	150(车)+130(住)+315(门票)+120(餐饮)+30(导游)+10(保险)=755	755×10%=75.5	831

第二种：利润分摊法。

利润分摊法是把利润分摊在交通、住宿、餐饮等项目上，一般主要是分摊在交通和住宿上，用餐和景区门票利润很少。要根据服务单位的价格，对每一项旅游服务进行计算，然后算出地接社的报价。

例如，西安国旅组织30位客人乘天津航空GS7617航班于2019年7月8日10:10到达呼和浩特白塔机场，由某旅行社负责地接，接机后入住希拉穆仁草原红格尔敖包。7月9日早餐后乘车赴响沙湾景区，中午在响沙湾景区吃午餐，下午游览库布齐沙漠，晚上住响沙湾酒店。10日早餐后驱车前往成吉思汗陵游览，下午乘车返回呼和浩特市区参观大召，晚21:15乘天津航空GS7646航班返回西安，结束愉快旅程。

各服务单位的价格如下：希拉穆草原住宿标准为60元/间/晚，响沙湾酒店200元/间/晚；用餐标准为20元/人/餐。响沙湾景区门票为130元/人，成吉思汗陵门票为150元/人，大召门票为35元/人；31座金龙租金为1500元/天；导游费为30元/人。保险费为10元/人。

服务单位的价格=150+315+130+120+30+10=755(元/人)(地接社的计价)

车=1500×3÷30=150(元/人)

门票=130+150+35=315(元/人)

住宿=(60+200)÷2=130(元/人)

餐=120元/人(餐标：20元/人/餐，6份正餐，酒店含双早)

导游服务费=30元/人

保险=10元/人

注：服务单位的总价格就是地接社的总成本，就是地接社的内部计价。

地接社报价＝166＋315＋190＋120＋50＋10＝851(元/人)(地接社的报价)

车＝1660×3÷30＝166(元/人)

门票＝130＋150＋35＝315(元/人)

住宿＝(100＋280)÷2＝190(元/人)

餐＝120 元/人(餐标：20 元/人/餐，6 个正餐，酒店含双早)

导游服务费＝50 元/人

保险＝10 元/人

接待社专线部向外省组团社专线部或本地服务网点的报价为 851 元/人(单房差 310 元)

接待社专线部利润＝接待社专线部总报价－接待社专线部的计价(总成本)＝851－755＝96(元/人)。

接待社专线部总利润＝96×30＝2880(元)。

利润分摊法便于计调明确利润的详细来源，表 2-10 就直观地展现了各要素的利润情况。

表 2-10　分项报价利润明细/元/人

项目	各服务单位计价(地接社计价)	接待社向组团社或本地服务网点报价	利润
住宿	(60＋200)÷2＝130	(100＋280)÷2＝190	60
门票	130＋150＋35＝315	130＋150＋35＝315	0
车	1500×3÷30＝150	1660×3÷30＝166	16
餐	6×20＝120	6×20＝120	0
导游	30	50	20
保险	10	10	0
总计	755	851	96

2. 报价的方式

采用报价单进行报价。报价单是旅行社向游客展示旅游线路和价格、交通工具、住宿情况、旅游价格、出团日期等详细情况的表格。报价单没有固定的模式，但不管是哪一类报价单都必须注明旅游线路、价格、出团时间、住房、交通等内容，让游客一目了然。

3. 报价跟踪

报价之后，等待对方的回应，但不能消极地等待，而要视报价内容的轻重缓急积极跟进。掌握客户的情况和市场的变化，如有需要，或有可能，要调整报价或增加服务，特别是免费服务内容，想方设法增强竞争力，力争把每一单都做成功；同时，把跟踪的情况和调整的内容做好记录；根据进展情况，及时控制资源，即提前预订某一时段的房、车等。

4. 报价注意事项

报价应清晰、准确，有实效性。如有不确定的某项内容，要说明情况(如团队在某月 20 日前运行，机票是 5 折，20 号以后运行机票折扣会有变化，要明确告知对方)，并提示变化的趋势。报价回复应高效、准确。组团社有明确时限要求的，应在要求时限完成，组团社没有明确时限要求的，原则上应在 1 小时内给予回复，完成报价后必须仔细检查，确定无误后方可传真给组团社。报价回复后，必须将报价成本写在背面，以便在团队跟踪中更好地把握团队情况。

>> 任务二　外发旅游线路报价 <<

【任务描述】

通过学习，掌握旅游产品成本价的计算，确定旅游产品价格，向客户报价。

【任务目标】

知识目标：熟悉外发旅游线路的报价方法。

能力目标：能够对外发旅游线路进行报价。

素质目标：能够设计外发旅游线路，并依据线路进行定价和报价。

【理论引导】

一、国内外发旅游线路价格构成

(一)城市间大交通费

城市间大交通费指飞机、火车、轮船、内河及古运船和汽车客票价格，目前，城市间大交通以火车、飞机为主。例如，从成都到西安旅游，可以根据游客的情况选择飞机、火车、汽车等交通工具。从重庆到上海可以选择飞机、火车、轮船等交通工具。

(二)外省接待社费用

外省接待社费用包括目的地交通费、住宿费、餐费、景点门票、地接等费用。接待社根据接待的标准和人数，给组团社一个总的报价。如果是独立成团，一般要求外省接待社提供一份详细的分项报价。

(三)全陪分摊费用

全陪分摊费用是国内组团社派出全陪全程陪同游客游览的所有费用。一般情况下是把全陪所用的费用分推到每个旅游者头上，散客旅行社大多都不安排全陪，就可以节约这笔费用。独立成团一般要安排全陪，计算全陪费用。

(四)市内接送费用

市内接送费是接送游客到机场(车站、码头等)的费用。对于散客来说，旅行社一般都安排他们自己到机场(车站、码头等)去，就没有这笔费用，对于团队来说，旅行社一般都要安排接送，在计价时就要加上这笔费用。

(五)保险费

旅游一定要购买保险，包括旅行社责任险和意外险，责任险由组团旅行社购买，意外险由游客自己购买。

(六)经营利润

获取利润是旅行社的根本目的，组团社应根据旅游市场的情况确定适当的利润。

二、国内组团计调报价流程

(一)向接待部门询价

1. 向外省地接社询价

调阅资料库资料，同时应向两家以上的地接社询价，包括房价、旅游汽车、旅游区内部交通、景点门票等，确认相对稳定的要素，如门票、中间段的火车票等有无调整，旅游汽车的现行价格，地接的基本价格区间。国内团去多个省，一般会选择多个地接社，一地一个，可以降低成本。

2. 向交通部门询价

旅游线路基本确定后，应立即向航空公司、火车站询价，预订国内机票或火车票，使大交通基本有保障。交通费用包括往返大交通费、市内接送交通费。

(二)组团社计调内部计价

组团社计调内部计价是组团社计调根据外省地接社报价、城市间交通费、接送费、全陪费用、保险费等计算组团社总成本的过程。组团社的计价方式有两种，一是在接待社地接价基础上加上往返大交通费用、接送费用、全陪费用、保险费等来进行计价；二是根据外省地接社提供的食、住、行、游等项目进行分项计价。

1. 成本加总计价法

国内组团社计价＝地接社地接价＋城市间往返大交通费用＋市内接送费用＋全陪费用＋保险费用。

2. 地接成本分项计价法

地接成本分项计价法是在接待社分项报价的基础上把接待社的各项成本分项进

行计算，然后再把其他各项成本相加。

3. 组团计调对各服务网点报价

目前我国外省游的具体操作是由国内各专线负责，收客主要是各服务网点负责。因此，专线部询价之后进行内部计价，然后专线部对服务网点报价，最后服务网点对游客报价。

国内组团社专线部在所经营地区开发了很多条不同的旅游线路，在对每一条旅游线路进行内部计价的基础上，加上每条线路的操作费用(操作费包含整个旅游行程的制定与落实费、航空机票出票操作费、省外旅游服务预定协调工作费等)就是专线部对服务网点的报价了。操作费用的多少根据具体的线路来确定，一般跟团游的利润低一些，一般是计价的5%左右，包团游的利润高一些，一般是计价的10%左右，即“国内组团社专线部报价＝内部计价＋操作费用(利润)”。

4. 国内组团社各服务网点对游客的报价

国内组团社所属服务网点对游客报价一般采用成本加成进行。服务网点的成本就是专线部提供的旅游计划上的同行报价，利润由各个服务网点自行确定，外省一般是150元左右，当然要根据不同时间、不同的路线来确定具体的利润。国内组团社服务网点对游客的报价＝国内组团社专线部报价＋服务网点利润。

【实例分析】

大连至五台山、平遥古城、乔家大院四日游(五人独立成团)

一、行程安排

第一日：大连—太原(含晚餐)。宿太原。

上午10:30，大连周水子机场乘机飞往太原，飞行约2小时后抵达，接团后，公务活动，入住酒店。

第二日：太原—平遥古城(车程约2小时)(含早、中、晚餐)。宿太原。

用完早餐后乘车赴世界文化遗产——平遥古城，参观古城墙、中国银行业的鼻祖——日升昌票号、明清老街、保存完整的县衙，午餐后参观素有“皇家看故宫，民宅看乔家”之称的乔家大院，返太原。

第三日：太原—五台山(车程约4小时)(含早、中、晚餐)。宿五台山。

早餐后乘车赴佛教圣地、中国四大佛教名山之一——五台山(车程约4小时)，游览菩萨顶、青庙巨刹显通寺、五台山标志性建筑塔院寺。

第四日：五台山—太原—大连(含早、中、晚餐)。

早餐后朝拜五爷庙，登“小朝台”黛螺顶；返太原参观山西百年文化醋园，21:10乘飞机回大连，结束愉快的旅程。

二、地接社报价

地接社报价为990元/人(挂三星)，包含以下内容。

住宿费用：三星或同级酒店双人标间。

门票费用：所列景点首道大门票。

餐饮费用：包含3日早、中餐，4日晚餐。

交通费用：当地空调旅游用车(含山西机场接送)。

导游费用：当地优秀导游讲解服务。

三、大连组团社山西专线部计价

1. 成本加总计价法

(1)山西地接社报价：990元/人(挂三星)。

(2)大连到太原单程机票费用：1140×80%(机票折扣)=912(元)，机票价格四舍五入。往返机票费：(910+机场建设费50+燃油税130)×2=2180(元)。

(3)全陪费用：该团没有派全陪，就没有产生费用。

(4)保险费用：10元/人。

大连组团社山西专线部计价=地接社地接价+组团社的往返交通费用+全陪费用+保险=990+2180+0+10=3180(元/人)

2. 地接成本分组计价法

大连到太原单程机票费用：1140×80%(机票折扣)=912=910(元)，机票价格四舍五入。

往返机票费用：(910+机场建设费50+燃油税130)×2=2180(元)。

全陪费用：该团没有派全陪，就没有产生费用。

目的地车费用(当地空调旅游车)：265元/人。

目的地门票费用：270+45=315(元)。

目的地住宿费用：1300÷5=260(元)。

太原住宿费用：两人间为200元；三人间为290元。

五台山住宿费用：3个两人间为160×3=480(元)。

平遥住宿费用：3个两人间为110×3=330(元)。

导游住宿费用：30元/人。

餐饮费用：120元/人。

保险费用：10元/人。

大连组团社计价=机票费用+全陪费用+当地车费+门票费用+住宿费用+导游费用+餐饮费用+保险费用=2180+0+265+315+260+30+120+10=3180(元/人)

3. 社团计调对各服务网点报价

山西专线的内部计价为3180元/人，假定利润为200元(利润的多少由专线部自行确定，我们假定以200元/人来计算)，那么，该国内组团社山西专线部对服务网点的报价=内部计价+操作费用(利润)=3180+200=3380(元/人)。

一般每个国内组团社专线部在黄金周、每月都要向该旅行社所覆盖的服务网点下发接待计划，接待计划上就提供了每条线路的报价。

4. 国内组团社各服务网点对游客的报价

山西专线部对服务网点的报价为3380元/人，假定服务网点的利润为150元(利润的多少由服务网点自行确定，我们假设以150元/人来计算)，那么，国内组团社服

务网点对游客的报价＝专线部报价＋服务网点利润＝3380＋150＝3530(元/人)

通过以上计算可以看出，大连至五台山、平遥、乔家大院四日游，地接价是990元/人；往返机票(含机建燃油税费)为2180元/人；没有全陪，无全配费用；旅游意外保险10元/人；专线内部计价3180元/人；专线部给服务网点报价为3380元/人，毛利为200元/人；服务网点给游客报价为3530元/人，服务网点毛利为150元/人(见表2-11)。

表2-11　大连至五台山、平遥、乔家大院四日游计价报价分解表(元)

部门	成本		内部计价	对外报价	毛利
国内组团社专线部	地接价	990	3180	3380(对服务网点报价)	200
	往返机票(含机建燃油税费)	2180			
	外省旅游意外保险	10			
国内组团社服务网点	专线报价	3380	3380	3530(对游客报价)	150

【任务实施】

设计一条本地区三日旅游线路

实训目的

让学生掌握旅游线路的两种报价方法。

实训内容

通过对旅游线路价格构成、计价和报价的熟知，能够准确快速计算出旅游产品价格。

实训步骤

第一步：确定线路名称以及行程特色。

第二步：设计三天的行程安排(包括每天的六大要素的安排)。

第三步：报价(注明费用包含的内容、自理费用等)。

第四步：说明注意事项。

实训成果

完成线路设计与产品价格计算。

【知识链接】

旅游线路的定价程序

价格是调节经济利益、传递信息、影响经济形象的重要因素。旅游线路定价的程序主要包括如下几个步骤。

第一步，收集信息。旅行社应充分收集有关产品供求信息、竞争对手信息、客户信息等方面的资料，并对这些资料进行分析、判断、处理，进而为合理定价提供依据。

第二步，确定目标。确定定价目标，是旅游线路定价首先要解决的问题。旅行社应根据自己企业的规模、经营状况等内部条件及收集的外部环境、市场状况的变化，来确定适合的定价目标。同时，选择定价目标时要从全局考虑，有所侧重，综合决策。

第三步，估算成本。成本是定价的最低限度，产品价格高于成本才能赢利。旅行社应对产品进行估算，进行保本分析，注意成本变化，确定市场营销的最低价，即保本价格。

第四步，分析竞争状况。旅行社在确定价格的同时，要充分了解竞争对手的产品价格、质量、竞争能力等情况，并以此定价。

第五步，测定市场需求。市场需求的测定，通常是对需求的价格弹性进行分析，测定目标市场的需求量及需求强度，分析旅游者对价格的接受度，以作为制定合适价格的参考。

第六步，选定定价法。旅行社通过以上几个步骤的准备工作后，可根据自己的产品情况，选定最有利于实现定价目标的定价方法，最终确定产品价格。

第七步，确定最后价格。价格制定后，还要考虑它是否符合国家相关的政策法令，是否符合消费者的心理，根据环境的不同，运用合适的定价，让价格更具吸引力。随着时间的推移和市场竞争环境的变化，还要不断对定价进行修整，以实现定价目标，提高产品竞争力。

【课后小测试】

一、填空题

1. 地接社对外报价常用的方法有两种，即________和________。

2. 房费一般指________的房费，团队价和散客价相差很大。

二、操作题

北京国旅将组织25位客人，于2019年9月18日下午16:00从首都机场乘中国国航CA1407到成都，19:00到达双流机场，由四川兴悦旅行社负责接待。接机后入住成都世代锦江国际大酒店。9月19日早餐后乘车赴九寨沟，中午在茂县吃午餐，晚上住九寨沟沟口的九龙宾馆。9月20日早餐后乘车到九寨沟大门，换乘观光车进入九寨沟内游览，游览九寨沟三条沟：日则沟、则查洼沟和树正沟；沟内午餐自理，晚餐后可自费参加藏羌风情烤羊篝火晚会；当晚住九龙宾馆。9月21日早餐后乘车前往松潘县境内的黄龙风景区，游览3小时之后乘车前往松潘，晚上到松潘太阳河国际大酒店入住。9月22日早餐后乘车返回成都，当晚21:00乘中国国航CA1426返回北京，结束愉快旅程。

各服务单位的价格如下：成都世代锦江国际大酒店普标200元/间/晚，九龙宾馆180元/间/晚，松潘太阳河国际大酒店入住普标180元/间/晚，餐标均为20元/人/餐，酒店均含双早。九寨沟门票220元/人，黄龙门票200元/人，九寨沟观光车90元/人，黄龙索道130元/人。藏羌歌舞晚会180元/人，自助餐40元/人。成都到九寨沟包28座金龙四天的租金共为4000元。28座金龙接机1次500元。

1. 请你代表四川兴悦地接计调对接待北京国旅游客进行内部计价。(以每人为单位计价)

2. 请你代表四川兴悦地接计调对北京国旅报出地接价。(以每人为单位计价)

项目九　旅行社组团业务管理

【项目描述】

通过学习旅行社组团业务的工作内容，熟悉组团类型和组团业务流程，如制订接待计划、预报计划、接待社书面确认、发正式接待计划、旅游过程控制、旅游行程结束后的反馈和售后服务的基本内容及环节。

>> 任务一　熟悉组团类型<<

【任务描述】

理解旅行社组团业务的基本内容，熟悉组团类型。

【任务目标】

知识目标：熟悉我国旅行社常见组团类型。

技能目标：掌握组团业务的基本内容。

素质目标：明确旅游团队的各种招待手段及委托方式。

【理论引导】

一、组团的概念

组团是指旅行社将通过各种招徕手段形成的旅游团队委托给指定的旅游目的地接待社(如果是出境旅游就要委托给境外的一家组团社)并由其负责完成合同中所规定的旅游游览活动过程。旅行社的组团业务包括旅游计划的制订、与接待社的洽谈、对团队旅行游览全过程的质量监督和旅游结束后的总结控制。

二、组团的类型

目前在我国旅行社的组团主要有以下类型：

第一，在国外销售成功后，在国内由某个国际旅行社将一个长线团或者短线团发给国内各相关旅行社接待。

第二，国际旅行社组织中国公民出境旅游，将团发给国外相关旅行社接待，或直接发给境外某旅行社总负责，再由该旅行社将团队转发给其他相关旅行社负责各地的具体接待。

第三，国内旅行社组织国内旅游，一般通过门市招徕或上门推销组成团队，将其发给异地相关旅行社接待。

第四，中国的国际旅行社在国外的分公司或者办事机构销售成功，组成团队发给国内的总公司或者直接发给相关旅行社接待。

>> 任务二　组团业务流程及管理技巧<<

【任务描述】

通过学习，了解旅行社制订、预报、确认、执行接待计划的相关流程，掌握旅游过程控制的管理技巧。

【任务目标】

知识目标：熟悉组团业务的基本流程。

技能目标：掌握前期洽谈和接待计划制订的基本工作要求。

素质目标：锻炼沟通技巧和协调能力。

【理论引导】

一、熟悉制订接待计划的程序和内容

旅行社在完成业务洽谈后，根据客户需求和约定内容，通过整理业务洽谈记录、落实交通事宜、落实各地的接待项目、落实旅游保险开始着手准备制订接待计划。接待计划至少应包括以下三个方面内容。

(一)旅游团(者)基本情况和要求

①旅游团(者)的名称、团号、组团社的名称；②旅游团(者)的人数和服务等级；③旅游线路和经停地点；④下榻饭店名称(如系委托地接社代订，应注明所需客房的单、双间客房数量)；⑤用餐要求和标准；⑥所要求的导游员语种、等级；⑦费用结算方式；⑧联系人姓名、电话、时间。

(二)日程安排

接待计划中应对旅游团(者)的活动日程进行安排，并应注明下列事项：①旅游团(者)的抵离日期、时间、航班号(车次、船次)、抵达或离开的地点；②旅游路线中所经停的城市名称、交通工具类型、航班号(车次、船次)、抵离地点；③在各地安排的参观游览单位、景点以及品尝风味、文娱活动、专业活动要求等。

(三)旅游团(者)名单

接待计划中应附有旅游团(者)的名单，包括旅游者姓名、性别、年龄、职业、领队或全陪的姓名、性别。如果是出入境团，还应标有旅游者的护照号码。

二、预报计划

向目的地接待社询价并编制出团计划《团队接待通知书》，向行程中的各接待社发出预报。

三、接待社书面确认

督促接待社在最短时间内(8～24 小时)书面确认。确认重点为机(车、船)票、用房、用车、结算等。

四、发正式接待计划

出发前发出正式接待计划，要求：正式打印，加盖计划专用章，至少一式两份(发出、留存各一份)，并督促回执。

五、旅游过程控制

确保服务提供过程在受控状态下进行，以及向客户提供的产品、服务质量符合规定要求。

【任务实施】

模拟组团业务流程

实训目的

通过情景案例进行角色扮演，落实组团业务流程并讨论分析。

实训内容

情景案例：与报名参加国内组团旅游的游客通过前期洽谈后制订接待计划，完成组团业务相关流程。

实训步骤

第一步：学生分组，分别扮演旅游者(团)、业务人员、地接社业务人员、全陪(领队)。

第二步：进行业务洽谈。

第三步：落实地接社。把旅游者(团)基本情况和要求与地接社进行接洽，询价，并达成合作协议(书面确认)。

第四步：选派全陪(领队)。

第五步：旅游过程控制。

第六步：客户回访。

实训成果

完成课堂展示汇报，并撰写实训成果文本。

【课后小测试】

一、理论测试题

1. 旅行社的组团业务包括________、________、________、________。

2. 接待计划至少应该包括________、________、________三方面内容。

二、实训操作题

模拟组团社业务员洽谈业务、确定行程的工作场景。

实训要求：

1. 学习小组模拟业务员在确定接待计划前业务洽谈的工作场景。

2. 学习小组探讨准备工作并撰写接待计划。

项目十　旅行社接待业务管理

【项目描述】

通过学习旅行社接待业务的工作内容，熟悉旅行社团体旅游接待业务和散客旅游接待业务的特点、接待业务流程及管理技巧。

>> 任务一　团体旅游接待业务 <<

【任务描述】

团体旅游接待业务是我国旅行社目前主要的接待业务类型，通过学习，了解团体旅游接待业务的特点以及导游人员所应具备的素质和能力；熟悉团体旅游接待业务的程序；掌握团体旅游接待的管理方法及行李业务。

【任务目标】

知识目标：理解并掌握团体旅游接待业务的特点。

技能目标：掌握团体旅游接待业务的运作与管理、团体旅游的行李业务。

素质目标：锻炼协调能力、沟通技巧、日程安排能力。

【理论引导】

一、团体旅游接待业务

(一)入境团体旅游接待

入境团体旅游，是指由旅游目的地国家的旅行社到其他国家或地区招徕旅游者，或者委托境外的旅行社等机构进行招徕，并将他们组织成 10 人以上(含 10 人)的团体，前来旅游目的地国家的旅游活动。入境旅游团体由境外启程，在旅游目的地国家的口岸入境，并在境内进行一段时间的游览参观活动，最后从入境的口岸或另外的开放口岸出境返回原出发地。其特点是：①停留时间长；②外籍人员多；③预定期长；④落实环节多；⑤活动日程变化多。

(二)出境团体旅游

出境团体旅游是指旅游客源国或地区的旅行社招徕本国公民并将他们组织成 10 人以上(含 10 人)的旅游团队，前往其他国家或地区进行的旅游活动。出境旅游团体由本国或本地区启程，在旅游目的地国家的口岸入境，并在境内进行一段时间的游览参观活动，最后从入境的口岸或另外的开放口岸出境返回本国或本地区。其特点是：①活动日程稳定；②消费水平高；③外语水平比较低；④文化差异比较大：出境旅游团队的成员中，有许多人从未到过旅游目的地国家或地区，缺乏对那里的历史、文化、风俗习惯等的了解，与当地居民之间存在着文化上的较大差异。

(三)国内团体旅游

国内团体旅游，是指一个国家的旅行社招徕本国公民，并将他们组织成10人以上(含10人)的旅游团队，前往国内的某个或某些旅游目的地的旅游活动。国内团体旅游包括旅游团队前往附近的旅游目的地进行的短途旅游和前往其他省(直辖市、自治区)旅游目的地进行的省际旅游。其特点是：①准备时间短；②日程变化小；③消费水平差别大；④讲解难度小。

二、团体旅游接待业务的运作与管理

(一)团体旅游接待服务的程序

1. 领队的接待服务程序

(1)准备阶段：①熟悉情况；②进行物质准备；③介绍旅游目的地情况。

(2)实际接待阶段：①第一天的工作；②日常工作；③最后一天的工作。

(3)总结工作。

2. 全程导游员的接待服务程序

(1)准备接待阶段：①熟悉情况；②进行物质准备；③与地方导游员联系。

(2)迎接接待阶段：①入境旅游团的迎接服务；②协助地方导游员带领旅游团乘车前往预订下榻的饭店；③国内旅游团的迎接服务。

(3)途中服务阶段：①熟悉情况；②进行物质准备；③与地方导游员联系。

(4)结束工作阶段。

3. 地方导游员的接待服务程序

(1)准备接待阶段：①研究旅游接待计划；②安排和落实旅游活动日程；③知识准备；④物质准备。

(2)迎接接待阶段：①入境旅游团的迎接服务；②协助地方导游员带领旅游团乘车前往预订下榻的饭店；③国内旅游团的迎接服务。

(3)导游讲解及生活服务阶段：①熟悉情况；②进行物质准备；③与地方导游员联系。

(4)结束工作阶段。

(二)团体旅游接待的管理

团体旅游接待的管理包括建立标准化接待服务程序、接待过程管理、与地方导游员联系三个方面。

其中，接待过程管理包括：

1. 准备接待阶段的管理

(1)委派适当的接待人员；

(2)检查接待工作的准备情况。

2. 实施接待阶段的管理

(1)建立请示汇报制度；

(2)接待现场抽查与监督。

3. 总结阶段的管理

(1)建立接待总结制度；

(2)处理旅游者的表扬和投诉。

三、团体旅游接待的行李业务

(一)行李的托运

1. 民航部门行李托运

(1)国内航线的行李托运；

(2)国际航线的行李托运。

2. 铁路部门行李托运

(1) 向火车站行李托运处的有关人员出示旅游团的火车票，并提出托运行李的申请；

(2) 经同意后，将交运的行李交行李托运处人员过磅；

(3) 按照交运行李的重量向行李托运处交纳托运费；

(4) 向行李托运处有关人员索取行李托运票。

(二)旅游团行李的交接程序

旅游团行李的交接程序包括接受行李程序与运送行李程序，前者又包括：①接受入境旅游团行李；②接受国内航班旅游团行李。

(三)行李差错的处理

1. 行李差错的类型及原因

(1) 行李丢失。造成行李丢失的原因主要是：①承运旅游团行李的航空公司、铁路、公路、水运等部门未能将行李及时运到目的地或在途中将行李丢失；②旅行社行李员在运送行李时将行李丢失；③饭店行李员在把行李送往旅游者下榻的房间途中将行李丢失。

(2) 行李漏接或错送。造成旅游团行李漏接或错送的原因主要是：①旅行社行李员工作疏忽，未能按时接送行李或未按有关规定进行行李交接而造成行李漏接或错送；②航班、车次等发生变化造成行李漏接；③行李车发生意外事故造成行李漏接。

(3) 行李破损。造成行李破损的原因主要是：①承运旅游团行李的航空公司、铁路、公路、水运等部门在运到目的地或在途中造成破损；②旅行社行李员在运送行李时造成破损；③饭店行李员在把行李送往旅游者下榻的房间途中造成破损。

2. 行李差错的处理

行李出现差错的原因很多，不论是旅游接待单位在运输途中造成的，还是相关托运部门或者游客造成的，游客都会因行李丢失而神情沮丧，游兴大减。因此，在团体接待过程中，导游员尤其要注意防止行李出现问题。凡进港的行李一律要由客人自行从传输带中取出，再由导游员负责集中并与行李员一同清点，行李在装机中如有损坏，客人也可以及时找航空公司索赔。饭店在出行李时，导游员要负责挂行李牌，离开饭店前，应与领队一起负责清点，以免同其他团队混淆。行李如确实出现问题，导游员、旅游团接待单位要积极参与处理。

(1)分析判断行李出现差错的环节，再请有关方面协助调查或者解决。如在机场发现行李遗失，可带领失者凭机票及行李牌向机场行李查询处挂失，并记下查询处的电话号码，保持联系；如果抵达饭店后才发现行李丢失，应从最近处查起，即先查询饭店行李部，再查询接待社行李员，然后查询交通部门，最后查询上站接待社及饭店。

(2)安慰失主。帮助其解决因丢失差错造成的生活困难，如陪其上街购买必需的生活用品等。

(3)旅游活动要继续按计划进行并设法安抚游客的低落情绪。同时要与有关方面保持联系，直至解决行李问题。

(4)不管行李差错问题是否解决都不要推卸责任，积极协助游客联系有关方面处理寻找、索赔等问题。

(5)若遗失的行李中有进关时登记并须复带出境或保险的贵重物品，接待社要出具证明，失者持证明去当地公安局开具遗失证明，以备出海关时查验或向保险公司索赔。

四、接待业务流程及管理的技巧

(一)客户来电接待技巧

接待要求做到语言清晰、言简意赅、语气和蔼、态度热情。接待客户来电的四大要素是：

一是答。解答客户来电询问的旅游线路价格及行程问题。

二是问。问清其需求线路、团队人数、联系人、电话、具体出行时间、按照问询单问询客户。

三是讲。讲述该线路的特征和突出卖点，强调自身的服务优势。如住宿等级、导游水平、企业实力等。

四是记。记录上述所问及事项，认真填写接待登记表，特别注明进度情况，与组团社确定产品内容、来团日期、接团时间地点、人数、男女比例、有无儿童、有无特殊要求、返程方式等。

(二)产品报价技巧

首次报价要做好不同地区组团社的报价，应一团一议，还应为客户做第二次价格谈判。给客户报价后，在较短的时间内进行二次跟踪，询问客户情况，争取客户确认，达成合作意向。如果客户要求价格减让，在确保利润的前提下根据实际情况适当让利，或采用赠送相关服务等方式，争取达成合作。

(三)业务确认技巧

与客户经过多次沟通，如能达成合作意向，可采取传真、邮件等方式确认，并填写旅行社团队确认书。内容包括：价格、行程、时间、人数、住宿标准、用餐要求、车型、区间交通票、全陪姓名与联系电话等。

(四)接待操作技巧

打印团队计划单，报部门经理处，如有需要报财务处借款，取签单资料，报计调处落实各项接待事宜，如有变更，及时确认。

(五)台账登记技巧

与组团社确认后，将该团队详细信息登记在团队操作台账上，以方便计调工作和日后查对，按最终确认的时间和具体要求打印行程表。

(六)导游出团技巧

长期合作的客户，最好安排合作过的导游；第一次合作的客户，一定要安排经验丰富、讲解熟练、接待能力强的导游，为客户提供优质的服务。派团时，交代就餐、景点安排及付费方式。

(七)计调跟团技巧

计调部或者客服部应定期与全陪取得联系，询问导游服务的质量及团队的整体情况。特别是旺季，一定要与各接待方二次确认，以防止房间、用车、就餐等出现问题。

(八)质量检查及结账技巧

结束行程时，通过客人填写的导游带团反馈单，了解行程安排是否合理、导游是否优秀、客人有无意见等，以便及时改进和控制。组团社在团队离开时，务必将剩余团款汇出或由全陪支付剩余团款。

(九)领导送团技巧

团队结束后，如果是 VIP 团，可由部门经理以上的管理人员出面送团，显示重视，给对方留下一个很好的印象。

(十)团队报账技巧

团队结束后，导游应与计调核对账目，将其出行所借备用金或开销与旅行社进行清算，计调核对无误后报财务处。

(十一)团队收入核算技巧

根据地陪及财务提供的有关费用情况，登记团队成本、利润等情况。同时报财务记账并留计调处和其他相关部门归档备案。团队结束后，企业客服应在两天之内通过电话对组团社旅游团进行回访，了解满意程度，进一步加强联系，维系长期客户。

【任务实施】

模拟团体旅游接待流程

实训目的

通过情景案例进行角色扮演，落实团队接待的流程和内容。

实训内容

情景案例：所在旅行社接到组团社一接待任务，接待某国一入境旅游团，按照团体旅游接待的内容和程序，模拟接待流程。

实训步骤

第一步：学生分组，分别扮演组团社业务人员、旅游者(团)、地接社导游、领队、计调、地接旅行社相关人员(根据情境设计适当增减)。

第二步：业务洽谈。组团社向地接社发出任务通知。

第三步：地接社根据组团社要求安排线路行程以及落实车、房、餐，同时了解团队情况。

第四步：选派导游，并完成地接导游的接待程序。

第五步：接待结束后回访组团社获得反馈意见。

实训成果

模拟接待流程并梳理出书面流程报告。

>> 任务二　散客旅游接待业务 <<

【任务描述】

散客旅游接待业务相对于团队旅游接待业务而言，表现出批量小、要求多、预定期短、变化多等特点，通过学习，了解散客旅游接待业务的类型和特点；熟悉散客旅游接待任务时的操作流程。

【任务目标】

知识目标：理解并掌握散客旅游接待业务的类型和特点。

技能目标：掌握散客旅游接待业务中的操作流程。

素质目标：协调能力、沟通技巧、日程安排能力。

【理论引导】

一、散客旅游业务的类型

单项委托业务(散客来本地旅游的委托业务、散客赴外地旅游的委托业务、散客在本地的单项委托业务)，旅游咨询业务(电话咨询、信函咨询、人员咨询)，选择性旅游业务都属于散客旅游业务的类型。散客旅游业务的特点是批量小、批次多、预定期短、要求多、变化多。

二、散客旅游接待业务流程

(一)行程编制

旅行社相关部门在接到各同行以及社内办事处报单后，按照节约成本的原则将相近日期内日程不一的团队计划行程，合理编排成能够相对统一调度的行程进行拼团、发车以及委派导游的计划。必须注意的是，一定要在通知客人并征求其同意后才可确定计划，以免出现临时更改计划的情况。

(二)导游安排

在确定散客团队接待计划后，旅行社应确定用车、用房、用餐，同时安排导游，并督促做好接站工作。同时通知导游到旅行社领取任务做前期准备。导游在接待散客旅游业务时，主要工作流程如下。

1. 接站服务

导游在接到散客旅游接待任务后，首先要做好迎接的准备工作，落实好有关接待事宜。提前到达机场(车站、码头)迎接游客，帮助游客办理抵达后的有关手续和事宜，如出站手续、住店手续等。

2. 导游服务

导游员在接待散客时，应有高度的工作责任感，多倾听游客的意见，做好组织协调工作。尤其是散客小包价旅游团，团员们来自不同的国家和地区，有着不同的文化背景和生活习惯，游览中相互没有任何约束，集合非常困难。因此，导游员更应该尽心尽力，多做提醒工作，多提合理建议，努力使游客参观游览的过程安全、顺利。此外，采用散客旅游方式的游客大多文化层次较高，对旅游产品的文化内涵甚为重视，因此导游员在进行导游讲解时，应当格外重视导游词的艺术性、知识性和文化性。

3. 送站服务

游客在结束本地参观游览活动后，导游员应使游客安全、顺利、愉快地离站。提前确认离站的准确时间和交通票证的落实情况，及时将游客送达机场(车站、码头)，提醒和帮助游客带好行李物品，协助办理有关出境手续。

三、特殊人群接待注意事项关键词

(一)儿童团队

安全、更多的关照、接待价格标准。

(二)高龄游客

慢、提醒与耐心解答、预防走失。

(三)残疾游客

适时恰当的关心与照顾、尊重与友好、尽可能地提供便利。

(四)宗教人士

充分的相关知识准备、尊重信仰、满足合理合法的特殊要求。

(五)特殊身份人士

充足的知识准备、灵活变通的能力、请示汇报。

【任务实施】

模拟散客接待流程

实训目的

通过情景案例进行角色扮演，落实散客接待的流程和内容。

实训内容

情景案例：某旅行社分别接到北京、沈阳、上海三家旅行社从三个地区发来的零散组织的总计12位客人来本地旅游的委托业务，主要浏览本地的三处景区。请根据散客旅游接待程序制订接待计划并安排导游完成相应任务。

实训步骤

第一步：学生分组，分别扮演外地三家旅行社计调、地接社计调、旅游者(团)、导游、司机(根据情境设计适当增减)。

第二步：业务洽谈。三家外地旅行社向地接社发出散客旅游业务委托，并告知相关标准、要求、游客信息。

第三步：地接社根据要求安排线路行程以及落实导游、车、房、餐。

第四步：选派导游，并完成地接导游的接待程序。

第五步：接待结束后回访。

实训成果

模拟散客接待流程并梳理出书面流程报告。

【课后小测试】

1. 国内团体旅游接待业务的特点是________、________、________、________。

2. 团体旅游接待中行李差错的类型包括________、________、________。

3. 散客旅游接待业务的类型有________、________、________。

4. 散客旅游接待业务的特点是________、________、________、________、________。

项目十一　旅行社同业批发业务管理

【项目描述】

通过学习本项目的内容，熟悉旅行社同业批发业务流程及管理技巧。

>>任务　同业批发业务<<

【任务描述】

通过学习，了解同业批发形态，掌握同业批发业务流程及管理技巧。

【任务目标】

知识目标：理解并掌握同业批发业务的形态和业务类型。

技能目标：掌握同业批发业务流程及管理技巧。

素质目标：锻炼沟通能力、分析能力、行业认知能力。

【理论引导】

一、同业批发形态

同业批发业务是指一系列针对旅游同业客户的旅游产品批发业务，其中包含了同业产品的开发、区域客户网络的建设与管理、同业批发业务具体操作等。我国主要的同业批发形态包括：以地接社在客源地设立的联络处或办事处为主导的批发商形态；以大型组团社包机(专列)为主导的客源地区批发形态；组团社与地接社密切合作的客源地总代表批发商形态。从严格意义上说，这三种形态还不能算作真正的批发商，但却形成了中国旅游批发商的雏形。

二、同业批发产品类型

中国旅游批发商主要业务类型按其产品可分为单一旅游产品批发、“机票＋酒店”商务度假产品批发、常规观光旅游产品批发和主题旅游产品批发。

三、同业批发业务流程及管理技巧

(一)同业批发旅游产品的开发

同业批发旅游产品的开发主要涉及：①批发产品的采购；②建立稳定的大交通供给体系；③批发产品的整合；④产品手册的编制。

(二)区域客户的建设与管理

区域客户的建设与管理应当包含以下事项：①客户资料的获取与分析；②旅游产品的区域营销覆盖；③区域客户的拜访销售；④客户网络的管理与维护。

(三)批发业务的操作流程

操作流程可以分为业务询价电话、报价及确认、业务操作、后续服务与改进等环节。

【任务实施】

模拟同业批发业务流程

实训目的

通过情境案例进行角色扮演，掌握同业批发业务的操作流程。

实训内容

情景案例：

实训步骤

第一步：学生分组，组内扮演。

第二步：业务询价。

第三步：报价及确认。

第四步：业务操作。

第五步：后续服务与改进。

实训成果

模拟同业批发业务流程并梳理出书面流程报告。

【课后小测试】

1. 我国主要的同业批发形态有________、________、________。

2. 中国旅游批发商主要业务类型按其产品可分为________、________、________、________。

项目十二　旅行社门市接待管理

【项目描述】

通过学习旅行社门市接待管理的内容，熟悉旅行社门市柜台的设立，掌握门市服务人员的职责和门市对客服务流程及技巧。

>> 任务　旅行社门市接待服务流程及技巧<<

【任务描述】

旅行社门市是旅游者与旅行社第一次面对面“亲密接触”的地点，是旅行社给旅游者留下第一印象的地方。门市工作人员的一言一行、一举一动都会影响门市服务的质量，甚至直接影响旅游者对旅行社的评价。通过学习，掌握旅行社门市接待的服务流程、操作技巧。

【任务目标】

知识目标：理解并掌握旅行社门市服务人员的职责。

技能目标：掌握旅行社门市接待的对客服务流程和技巧。

素质目标：锻炼沟通技巧、协调能力、行业认知能力。

【理论引导】

一、门市柜台设立

旅行社选择门市的地址时一般要考虑以下因素：

第一，选择目标市场容易到达的地点。

第二，方便客人，尽量将门市设立在商业区、居住区、机关企业等较为集中的地方，且一般要临街。

第三，位置要醒目，在设计和装饰上要体现企业文化，门市的物品陈列与宣传张贴要分类明确、主题突出。

第四，门市的设计布局上功能区要划分明显，应能体现出入口、等候区、接待咨询服务区、后勤工作区等，从而展现门市部的分工职责和工作效率。

二、门市服务人员的职责

1. 介绍旅游产品

熟悉主要旅游目的地的有关情况；掌握本旅行社的主要旅游产品情况。

2. 提供旅游咨询服务

为到访者提供旅游咨询服务，做到热情接待、细致解答、引导销售。

3. 销售旅游产品

当旅游者对某一旅游产品感兴趣或者有意购买时，门市服务人员要及时为旅游者提供办理相关手续的便利，并同时向其推荐其他相关旅游产品，以扩大旅行社销售收入。

4. 整理业务文件

门市服务人员要认真整理业务过程中的资料和文件，同时保留好客户资料，及时归档存档。

三、门市对客服务流程及技巧

(一)必备的基本业务知识

1. 旅游交通

旅游交通可分为长途交通和短途交通，前者指城市间的交通(区间交通)，后者指市内接送(区内交通)。交通工具有民航客机、旅客列车、客运巴士、轮船(含渡轮、渡船)等，旅行社安排旅游交通的原则：便利、安全、快速、舒适。

2. 旅游住宿

住宿一般占旅游者旅游时间的1/3，同时旅游者在住宿地还可以进行娱乐文体等方面的活动。因此，旅游者对住宿的满意程度是关系旅行社产品声誉的重要方面。旅行社销售旅游线路产品时，必须注明下榻饭店的名称、地点、档次以及提供的服务项目等。一经确定，则不可随意更改，更不能降低档次、改变服务项目等。

3. 旅游餐饮

旅游餐饮是旅行社产品不可缺少的要素，也是旅游者重要的需求内容。尤其是驰名的风味餐饮，往往是吸引旅游者的因素之一，甚至有的旅游团就是为了风味餐饮而组团的。即使是短途的“一日游”产品，也包含用餐项目。

旅游者对餐饮安排的满意程度直接影响到旅行社的信誉和形象。旅行社安排餐饮的基本原则是：卫生、新鲜、味美、量足、价廉、营养、荤素搭配适宜等。

4. 游览观光

游览观光是旅游者最主要的旅游动机，是旅行社产品产生吸引力的根本所在，也反映了旅游目的地的品牌与形象。由于游览观光是旅行社产品的核心内容，必须充分重视游览观光的质量。

旅行社安排游览观光的原则是：资源品位高、环境氛围好、游览设施齐、可进入性好、安全保障强等。

5. 娱乐项目

娱乐项目包括歌舞、戏曲、杂技、民间艺术及趣味性、消遣性强的民俗活动。

许多娱乐项目都是参与性很强的活动，能极大地促进旅游者游兴，加深旅游者对旅游目的地的认识，如歌舞晚宴、民俗家访等。

6. 购物项目

旅游者在旅游过程中一般会适当购买一些风物特产、工艺美术品，或自用，或留作纪念，或馈赠亲友，购物是旅游活动中的一项重要内容。

旅行社安排购物的原则是：购物次数要适当、购物时间要合理，要选择服务态度好、物美价廉的购物场所，忌选择那些服务态度差、充斥伪劣商品的购物场所。

7. 导游服务

为旅游者提供导游服务是旅行社产品的本质要求，大部分的旅行社产品都含有导游服务。导游服务包括地方陪同服务(地陪)、全程陪同服务(全陪)、领队服务和景区讲解员服务。导游服务必须符合国家和行业的有关标准及相关法规，并严格按组团合同的约定提供翻译、向导、讲解和旅途生活等服务。

8. 旅游保险

旅行社提供旅游产品时，必须向保险公司投保旅行社责任险，一旦由于旅行社的责任致使旅游者旅游过程中发生人身或财产意外事故，将由保险公司第一时间对无辜的受害旅客进行赔偿。

(二)门市接待的流程

1. 进门问候

旅游者出门前，一般都会打电话或亲自前往旅行社门市柜台，向工作人员咨询旅游的相关事宜。这时接待人员要面对面地为旅游者服务，其态度的热情程度、业务的精通程度、办事效率的高低，都体现了整个旅行社的管理、业务水平。所以，要求门市接待人员在工作中热情、礼貌地待客，对旅游者的询问要给予迅速、准确的解答，并提出合理的建议，努力给顾客留下良好的印象。

2. 介绍本旅行社的主要产品情况

(1)旅游产品的种类、价格。

(2)办理单项旅游服务的手续、费用。

(3)选择性旅游活动的内容、价格、出发日期及时间。

(4)本地区旅游服务设施的基本概况，如饭店客房的价格、开放时间、主要特色、门票价格等。

(5)本地区主要旅游景点的情况，如坐落地点、开放时间、主要特色、门票价格等。

(6)本地区主要娱乐场所及购物商店的情况。

3. 旅游产品说明

(1)主要旅游景点的名称、坐落地点、门票价格、开放时间；饭店、旅馆、餐馆、市内交通等旅游服务设施的类型、价格。

(2)抵离目的地的交通工具类型、价格及有关订票、乘坐、行李等方面的规定。

(3)旅游目的地国家或地区的有关法律、法规、政策，旅游目的地的民俗风情，当地居民的生活习惯、宗教信仰及对外来旅游者的态度。

(4)旅游目的地主要接待旅行社情况，如拥有哪些语种的导游员、能够提供的旅游活动项目。

4. 其他工作

门市接待的其他工作主要包括进一步说明、提供建议，签订合同，收取费用，收尾工作等。

(三)门市接待的技巧

1. 抓住主动攀谈、介绍的机会

(1)旅游咨询者较长时间凝视某条宣传线路时；

(2)旅游咨询者抬头把目光从青睐的线路上转移过来时；

(3)旅游咨询者临近资料架停步用眼睛看某条线路的图片时；

(4)旅游咨询者拿起某条线路的资料时；

(5)旅游咨询者在资料架旁边寻找某条线路时；

(6)旅游咨询者主动转向门市服务人员时。

2. 介绍旅游产品的技巧

(1)理解需求。旅游咨询者不一定是来购买产品或者服务的客户，他们向那些能够理解并满足他们需求的门市服务人员寻求解决问题的方法。

(2)介绍旅游线路或者旅游产品要简短扼要。请注意：独自一人滔滔不绝并非好的销售方式，我们要用最简要、清晰、易懂的语言与旅游咨询者沟通。

(3)运用图片等视觉手段。

(4)运用第三者的例子。

(5)针对旅游咨询者的需求，对亮点、特色、注意事项等进行比较详尽的介绍。

3. 旅游产品的出示技巧

在旅游咨询者表明对某种旅游产品产生兴趣时，门市服务人员要立即取出该产品的宣传资料递给旅游咨询者，以促使其产生联想，刺激购买欲望。门市服务人员与旅游咨询者沟通时，应尽快出示旅游产品，使旅游咨询者有事情做、有东西看、有产生联想的对象。在出示旅游产品时，需要注意出示方法。

(1)示范法，即旅游产品的展示。例如，可以让旅游咨询者欣赏旅游产品的精美图片。这是进一步激发旅游兴趣、打消旅游咨询者疑虑的好方法。

(2)感知法，即尽可能地让旅游咨询者想象、感受、体验旅游产品，比如通过网络信息、论坛评语，让旅游咨询者实际感知旅游产品，以消除旅游咨询者的疑虑。根据从众心理，绝大部分游客认为是好的、值得去的，一般来说，旅游咨询者也会认为是好的、值得去的。

(3)多种类出示法，适用于旅游咨询者对具体购买某种旅游产品还不确定的情况。门市服务人员可出示几种行程相似或价格相近的旅游产品供其选择，但这并不意味着出示的旅游产品越多越好。

【任务实施】

模拟门市接待流程

实训目的

通过角色扮演模拟接待流程，落实门市接待的流程和内容。

实训内容

某旅行社门市服务人员接待了一位前来咨询全家游的客户。请根据门市接待服务程序模拟接待流程。

实训步骤

第一步：学生分组，组内扮演门市接待人员、客户、财务等(根据情境设计适当增减)。

第二步：业务洽谈。从客户进入门市接待做起，模拟接待流程。

第三步：产品展示。根据要求介绍本旅行社产品。

第四步：签订合同。

第五步：资料整理。

实训成果

模拟门市接待流程并梳理出书面流程报告。

【课后小测试】

1. 门市服务人员的职责包括________、________、________、________。

2. 旅游产品的出示方法包括________、________、________。

项目十三　导游管理

【项目描述】

通过学习旅行社导游管理的内容，熟悉导游服务的含义、特点、原则等基础知识，掌握导游员的服务程序与规范、常见事故处理方式。

>> 任务一　导游人员的服务程序与规范<<

【任务描述】

旅行社接待是对已经预订旅游产品的旅游者在其到达后提供的旅游安排，即为旅游者落实在本地的食、宿、行、游、购、娱等消费活动，这主要是通过导游接待服务来完成的。通过学习，掌握导游服务的基本知识、服务流程及操作技巧。

【任务目标】

知识目标：理解并掌握导游服务的含义、特点、原则及导游员应具备的基本能力。

技能目标：掌握导游员的服务程序与规范。

素质目标：锻炼沟通技巧、协调能力、解决问题的能力。

【理论引导】

一、导游服务的含义

导游服务的概念是在长期的导游实践中逐渐形成并发展起来的。导游服务是旅游服务的一种，即引导他人旅行游览。作为一种助游活动，导游服务已在原有的国人观念中注入了经营特性。从旅行社角度看，导游服务是指导游员为满足游客旅行游览需要所提供的引导活动。这一概念至少包含两层意思：一是满足游客需要是导游服务的出发点；二是导游服务的行为特征是引导。

二、导游服务的特点

同其他旅游服务相比，导游服务特点鲜明，因此成为旅游业中富有挑战性和创造性的职业。

(一)导游服务独立性强

旅游团人数少则几位，多则上百位，天数有几日乃至月余，出访旅游目的地为一个或数个，旅游者全程由导游人员负责带领。从领取计划到送团，包括解答旅游者问题、处理突发状况，能够独立从事导游工作是导游人员所需具备的素养，也是导游人员上岗的前提条件。

(二)导游服务知识面广

导游服务以游客的需求为出发点，同其他旅游服务相比，导游人员主要运用知识来满足游客的需求。知识面广是导游服务的另一特点。

(三)导游服务差异性大

导游人员带团容易受自身生理和心理因素变化的影响，而使服务质量呈波动状态。导游服务不是一般的简单操作，而是导游人员借助一定的知识和技能向旅游者提供旅游便利的一种高智能的服务。按照服务的一般分类，导游服务可分为技能服务和情绪服务。技能服务是指有形的专业服务，如为旅游者进行沿途讲解；情绪服务是指导游服务中的情绪和态度。导游服务质量应该是这两种服务的高度统一。情绪是一个极易波动的因素，同一导游员在相同的场合、不同的时间内所提供的导游服务往往也会水平不一。

导游服务的这一特点要求导游人员必须有高度的责任感和心理自控力，并从内心的标准化方面去规范自己的言行举止。

(四)导游服务关联度高

一次完整的旅游消费包括食、宿、行、游、购、娱等内容，而这些供给又分别存在旅游各职能部门中。成功的旅游活动需要各供给部门的共同努力和协作，任何一个供给部门的差错，都会影响到整个旅游活动的运行和产品质量。这些相关的旅游供给部门的工作效率将影响到导游服务的质量，导游服务受制于旅游供给部门的工作，这是导游服务关联度高的表现之一。

导游服务关联度高的特点，要求导游员在事业心、协调能力、公关能力等方面有更高的追求。

三、导游服务的原则

导游服务原则是导游员在接待服务过程中所必须遵循的准则。它是在大量的导游员实践活动的基础上归纳总结出来的，有一定的普遍性，并符合国际惯例，因而也有一定的指导性。

(一)满足游客需求的原则

客源是旅游业生存和发展的生命线。没有游客，导游员就失去了自身存在的价值。游客需求的满足会使主客体间的关系趋于融洽，反之，游客的情绪将会干扰正常的导游工作，严重的还会使主客体与导游员的关系僵硬，影响游客消费。因此，满足游客的需求应成为导游服务的出发点。满足游客需求，就是提供规范化的针对性服务。

导游员必须依旅游者的实际情况，针对服务对象的特点提供相应的服务，在旅游内容、服务形式、导游讲解等方面灵活处理，做到因人而异、因时制宜、因地制宜。

(二)效益原则

导游既是经营性的服务活动，又是传播性的社会活动，社会效益和经济效益的统一是导游服务追求的目标。只有经济效益而没有社会效益的导游服务是片面的，而如果只有社会效益没有经济效益，导游服务的价值也难持续。导游员在导游服务过程中要有赢得社会和经济双重效益的思想，并将此作为导游服务的一个原则。

效益是有效产出与其投入之间的一种比例关系。导游服务的经济效益表现在两个方面：一是由导游人员为旅游者提供的向导讲解、旅行生活服务等所耗费的劳动换来的直接产出，其经济效益是明显的；二是导游服务的间接产出，包括扩大客源、推销商品和促进经济交流，这一部分的经济产出是隐性的。导游服务的直接产出是以等量的劳动消耗换来等量的货币，导游服务的间接产出则以较少的劳动消耗换来较大的利润，其价值不可估量。

(三)按合同行事原则

根据我国法规规定，旅行社组织旅游者出游，应当与旅游者签订合同。导游员带团应严格按照旅游合同规定的等级要求，完成计划内的服务内容，不得擅自增加、减少旅游项目或者中止导游活动。在旅行游览中，遇有可能危及游客人身安全的紧急情形时，经征得多数游客的同意，导游员可以调整或者变更接待计划，但须立即报告旅行社；对可能发生的危及游客人身、财物安全的情况，导游员要向游客做出真实说明和明确警示，并按照旅行社要求采取防止危害发生的措施；对于不按合同要求提供不符合标准的旅游产品，导游员要同提供单位进行交涉，并进行补偿。导游服务以合同为基础，是否履行旅游合同是评估导游服务质量的基本尺度。

(四)合理而可能原则

合理而可能原则已成为导游员处理旅游者计划外要求的一个重要尺度。满足游客的需要是导游工作的出发点，但游客一般都有求全心理，他们往往会对旅游活动和安排提出超过合同的要求，有的近似于“苛求”。因此，在“宾客至上”的前提下，导游员应本着“合理而可能”的原则行事，即针对旅游者提出的要求，合理而可能实现的就应尽量满足：对不合理的要求以及合理但不可能实现的要求则要向游客一一耐心解释，晓之以理，切不可断然拒绝。

四、导游人员的基本素质、知识与能力

(一)基本素质

导游人员应具备基本素质包括：①热情友好、爱岗敬业；②态度乐观、不惧困难；③意志坚定、处事果断；④待人真诚、讲求信誉；⑤文明礼貌、举止端庄；⑥顾全大局、团结协作；⑦身体健康、性格开朗；⑧遵纪守法、依法办事；⑨勤奋好学、不断进取。

(二)基本知识

导游人员应具备基本的旅游知识、生活常识、语言知识、法律知识、心理学知识、美学知识、历史地理等文化知识、旅游客源地知识和旅游目的地知识。

(三)基本能力

导游人员应具备基本的独立工作能力、协调组织能力和随机应变能力。

五、导游人员的服务程序与规范

以地陪服务为例，程序与规范包含如下几个步骤。

(一)准备工作

熟悉接待计划、落实接待事宜、准备相关物质、准备语言、知识、修饰自身形象、做好心理准备、联络畅通准备。

(二)接站服务

接团当天，地陪应提前到达接待社，全面检查准备工作的落实情况。如发现纰漏及时协调相关部门解决，做到万无一失。团队抵达后，认找旅游团、核实人数、集中清点行李、集合登车。途中致欢迎词、调整时间、沿途导游、宣布集合时间地点注意事项等。

(三)住店服务

协办入住手续、介绍设施设备、带客用餐、宣布活动安排、照顾行李入房、安排叫早服务、处理出现的问题。

(四)核定日程

开始参观游览之前，应与领队、全陪核对、商定该团在当地的日程安排，并由

领队或全陪在全团宣布。

(五)参观游览

1. 行前服务

提前到达集合点，核实清点人数、提醒注意事项、准时集合登车。

2. 途中导游

重申当日活动安排，风情导游、游览景点、活跃气氛。

3. 景点讲解

交代游览注意事项、游览中讲解、留意游客走向、防止走失。

4. 参观活动

旅游团的参观活动需要地陪提前联系、安排落实。

5. 返程服务

回顾当天活动，风光导游、宣布次日活动日程安排。

(六)其他服务

餐饮服务，宴请与品尝风味、会见活动、文娱活动、购物服务。

(七)送站服务

1. 行前准备

核实、确认交通票据，确定出行时间商议出发、叫早和早餐时间，协助饭店结清与游客的有关账目，返还游客证件。

2. 离店服务

集中交运行李、办理退房、集合等车。

3. 送行服务

回顾旅程、征求意见、致欢送词，带队提前赶往机场、车站、码头，办理离站手续，与司机核算账目。

(八)后续工作

处理遗留问题，结清所有账目，做好总结。

【任务实施】

模拟导游服务流程

实训目的

通过情境案例进行角色扮演，落实导游服务的程序与规范。

实训内容

情境案例：某导游接待来自外省的 20 人境内旅游团，请根据导游员服务程序模拟接待流程。

实训步骤

第一步：学生分组，组内扮演导游员、司机、全陪、游客酒店前台人员(根据情境设计适当增减)。

第二步：准备工作。

第三步：接站服务。

第四步：住店服务。

第五步：核定日程。

第六步：途中导游。

第七步：送站服务。

实训成果

模拟导游服务流程并梳理出书面流程报告。

>>任务二　导游人员常见突发问题和事故处理<<

【任务描述】

在旅游服务中，任何问题、事故一旦发生都是不愉快的，且直接影响旅游质量，甚至会影响国家或地区旅游业的声誉。杜绝责任事故、不出或少出问题是保证并提高旅游接待服务质量的基本条件。通过学习，认识旅游服务中常见问题和突发事故，掌握处理问题的程序和技巧。

【任务目标】

知识目标：熟悉旅游服务中常见问题的类型。

技能目标：掌握解决常见问题和突发事故的流程和技巧。

素质目标：锻炼沟通技巧、应变能力、解决问题的能力。

【理论引导】

导游人员在旅游接待过程中，要尽力做好服务工作，与各方面密切合作，时刻保持警惕并采取必要的防范措施，预防问题和事故的发生。有时问题的发生并不是导游的责任，但是导游作为旅游接待第一线的工作人员负有帮助解决问题和处理事故的责任。同时，对旅游接待过程中的事故和问题的处理也是对导游理解能力、应变能力和独立处理问题能力的重大考验。因此出现问题不论责任是否在导游，都必须全力以赴，当机立断，合情合理地进行处理。一般来说，经常出现的问题有以下几种类型。

一、漏接的预防及处理

漏接是指旅游团(者)抵达后无导游人员迎接的现象。漏接无论是由何原因引起的，都会造成游客不满、抱怨，这是人之常情。导游人员应尽快消除游客的不满情绪，做好工作。

(一)主观原因造成的漏接

1. 主观原因

(1)工作不细。没有认真阅读接待计划，搞错旅游团(者)抵京的日期、时间、地点。

(2)迟到。没有按规定时间提前抵达接站地点。

(3)没看变更记录。只阅读接待计划，没阅读变更记录，仍按原计划接站。

(4)没查对新的航班时刻表。特别是新、旧时刻表交替时，“想当然”仍按旧时刻表的时间接站，因而造成漏接事故。

(5)导游人员举牌接站的地方选择不当。

2. 处理方法

(1)实事求是地向游客说明情况，诚恳地赔礼道歉，求得谅解。

(2)如果有费用问题(如：游客乘出租车到饭店的车费)，应主动将费用赔付游客。

(3)提供更加热情周到的服务，高质量地完成计划内的全部活动内容，以求尽快消除因漏接而给游客造成的不愉快情绪。

(二)客观原因造成的漏接

1. 客观原因

(1)由于种种原因，上一站接待社将旅游团原定的班次或车次变更而提前抵达，但漏发变更通知，造成漏接。

(2)接待社已接到变更通知，但有关人员没有能及时通知该团地陪，造成漏接。

(3)司机迟到，未能按时到达接站地点，造成漏接。

(4)由于交通堵塞或其他预料不到的情况发生，未能及时抵达机场(车站)，造成漏接。

(5)由于国际航班提前抵达或游客在境外中转站乘其他航班而造成漏接。

2. 处理方法

(1)立即与接待社联系，告知现状，查明原因。

(2)耐心向游客做解释工作，消除误解。

(3)尽量采取弥补措施，使游客的损失减少到最低限度。

(4)必要时请接待社领导出面赔礼道歉，或酌情给游客一定的物质补偿。

(三)漏接的预防

1. 认真阅读计划

导游人员接到任务后，应了解旅游团抵达的日期、时间、接站地点(具体是哪个机场、车站、码头)并亲自核对清楚。

2. 核实交通工具到达的准确时间

旅游团抵达的当天，导游人员应与旅行社有关部门联系，弄清班次或车次是否有变更，并及时与机场(车站、码头)联系，核实抵达的确切时间。

3. 提前抵达接站地点

导游人员应与司机商定好出发时间，保证按规定提前半小时到达接站地点。

二、空接的原因及处理

空接是指由于某种原因旅游团推迟抵达某站，导游人员仍按原计划预定的班次或车次接站而没有接到旅游团。

(一)空接事故的原因

1. 接待社没有接到上一站的通知

由于天气原因或某种故障，旅游团(者)仍滞留在上一站或途中。而上一站旅行社并不知道这种临时的变化，没有通知下一站接待社。此时，全陪或领队也无法通知接待社，因此，造成空接。

2. 上一站忘记通知

由于某种原因，上一站旅行社将该团原定的航班或车次变更，变更后推迟抵达。但上一站有关人员由于工作疏忽，没有通知下一站接待社，造成空接。

3. 没有通知地陪

接到了上一站的变更通知，但接待社有关人员没有及时通知该团地陪，造成空接。

4. 游客本身原因

由于游客本人生病、遭遇急事或其他状况，临时决定取消旅游，没乘飞机或火车前往下一站，但又没及时通知下一站接待社，造成空接。

(二)空接的处理

导游人员应立即与本社有关部门联系，查明原因。如推迟时间不长，可留在接站地点继续等候，迎接旅游团的到来，同时要通知各接待单位。如推迟时间较长，导游应按本社有关部门的安排，重新落实接团事宜。

三、错接的预防及处理

错接是指导游人员接了不应由他接的旅游团(者)。

(一)错接的预防

第一，导游人员应提前到达接站地点迎接旅游团(者)。

第二，接团时认真核实。导游人员要认真逐一核实旅游客源地派出方旅行社的名称、旅游目的地组团旅行社的名称、旅游团的代号、人数、领队姓名(无领队的团要核实游客的姓名)、下榻饭店等。

第三，提高警惕，严防社会其他人员非法接走旅游团(者)。

(二)错接的处理

一旦发现错接，地陪应立即采取如下措施：

1. 报告旅行社

发现错接后，地陪马上向接待社领导以及有关人员报告，查明两个错换团的情况，再做具体处理。

2. 将错就错

如果经调查核实，错接发生在本社的两个旅游团之间，两个导游人员又同是地陪，那么可以将错就错，两名地陪将接待计划交换之后就可继续接团。

3. 交换旅游团

若经核查，错接的团是两家接待社的团，必须交换旅游团。若两个团都属于一个旅行社接待，但两个导游人员中有一名是地陪兼全陪，那么应该交换旅游团。

4. 道歉解释

地陪要实事求是地向游客说明情况，并诚恳地道歉，以取得游客的谅解。

5. 联系酒店

如发现其他人员(非法导游)将游客带走，应马上与酒店联系，看游客是否已住进应下榻的酒店。

四、旅游活动计划和日程变更的处理

(一)旅游团(者)要求变更计划行程

在旅游过程中，由于种种原因，游客向导游人员提出变更旅游路线或旅游日程时，原则上应按旅游合同执行；遇有较特殊的情况或由领队提出，导游人员也无权擅自做主，要报组团社或接待社有关人员，须经有关部门同意，并按照其指示和具体要求做好变更工作。

(二)客观原因需要变更计划和日程

旅游过程中，因客观原因、不可预料的因素(如天气、自然灾害、交通问题等)需要变更旅游团的旅游计划、路线和活动日程时，一般会出现三种情况，针对不同情况要有灵活的应变措施：

1. 缩短或取消在某地的游览时间

(1)旅游团(者)在抵达时间延误，造成旅游时间缩短。在这种情况下，应仔细分析因延误带来的困难和问题，并及时向接待社外联或计调部门报告，以便将情况尽快反馈给组团社，找出补救措施。

(2)在外联或计调部门的协助下，安排落实该团交通、住宿、游览等事宜。提醒有关人员与饭店、车队、餐厅联系及时办理退房、退餐、退车等一切相关事宜。

(3)地陪应立即调整活动日程，压缩在每一景点的活动时间，尽量保证不减少计划内的游览项目。

2. 旅游团(者)提前离开，造成游览时间缩短

(1)立即与全陪、领队商量，尽可能采取补救措施；立即调整活动时间，抓紧时间将计划内游览项目完成；若有困难，无法完成计划内所有游览项目，地接应选择最有代表性、最具特色的重点旅游景点，以求游客对游览景点有个基本的了解。

(2)做好游客的工作。不要急于将旅游团提前离开的消息告诉旅游团(者)，以免引起混乱。待与领队、全陪制定新的游览方案后，找准时机向旅游团中有影响的游客实事求是地说明困难，诚恳地道歉，以求得谅解，并将变更后的安排向他们解释清楚，争取他们的认可和支持，最后分头做游客的工作。

(3)地接应通知接待社计调部门或有关人员办理相关事宜，如退饭店，退餐，退车等。

(4)给予游客适当的补偿。必要时经接待社领导同意可采取加菜、风味餐、赠送小纪念品等物质补偿的办法。如果旅游团的活动受到较大的影响，游客损失较大而引起强烈的不满时可请接待社领导出面表示歉意，并提出补偿办法。

(5)若旅游团(者)提前离开，全陪应立即报告组团社，并通知下一站接待社。

(三)延长旅游时间

游客提前抵达，或推迟离开都会造成延长游览时间而变更游览日程。出现这种情况，地陪应该采取如下措施：

第一，落实有关事宜。与接待社有关部门或有关人员联系，重新落实旅游团(者)的用房、用餐、用车的情况，并及时落实离开的机、车票。

第二，迅速调整活动日程。适当地延长在主要景点的游览时间。经组团社同意后，酌情增加游览景点，努力使活动内容充实。

第三，提醒接待有关人员通知下一站该团的日程变化。

第四，在设计变更旅游计划时，地陪要征求领队和全陪的建议和要求，共同商量，取得他们的支持和帮助。在改变的旅游计划决定之后，应与领队、全陪商讨如何向团内游客解释说明，取得他们的谅解与支持。

(四)逗留时间不变，但被迫改变部分旅游计划

这种情况通常是由外界客观原因造成的，如大雪封山、维修改造进入危险阶段等。这时导游员应采取如下措施：

第一，实事求是地将情况向游客讲清楚，求得谅解。

第二，提出由另一景点代替的方案，与游客协商。

第三，以精彩的导游讲解，热情的服务激起游客的游兴。

第四，按照有关规定做相应补偿，如用餐时适当地加菜，将便餐改为风味餐，赠送小礼品等。必要时，由旅行社领导出面，诚恳地向游客表示歉意，尽量让游客高高兴兴地离开。

五、误机(车、船)事故的预防和处理

误机(车、船)事故是指因故造成旅游团(者)没有按原定航班(车次、船次)离开本站而导致暂时滞留。

(一)误机(车、船)事故的原因

1. 客观原因导致的非责任事故

由于游客走失、不听安排或由于途中遇到交通事故、严重堵车、汽车发生故障等突发情况造成迟误。

2. 主观因素导致的责任事故

由于导游人员或旅行社其他人员工作上的差错造成迟误，如导游人员安排日程不当或过紧，没有按规定提前到达机场(车站、码头)；导游人员没有认真核实交通票据；班次已变更但旅行社有关人员没有及时通知导游人员等。

(二)误机(车、船)事故的预防

误机(车、船)带来的后果严重。杜绝此类事故的发生关键在预防，地陪应做到：

第一，认真核实机、车、船票的班次、车次、日期、时间及在哪个机场、车站、码头乘机(车、船)等。

第二，如果票据未落实，接团期间应随时与接待社有关人员保持联系。没有行李车的旅游团在拿到票据核实无误后，地陪应立即将其交到全陪或游客手中。

第三，离开当天不要安排旅游团到地域复杂、偏远的景点参观游览，不要安排自由活动。

第四，留有充足的时间去机场、车站、码头，要考虑到交通堵塞或突发事件等因素。

第五，保证按规定的时间到达机场、车站。乘坐国内航班：提前一个半小时到达机场；乘坐国际航班出境：提前两个小时到达机场；乘坐火车：提前一个小时到达火车站。

(三)误机(车、船)事故的处理

一旦发生误机(车、船)事故，导游人员应按照下列步骤进行处理：

第一，导游人员应立即向旅行社领导及有关部门报告并请求协助。

第二，地陪和旅行社尽快与机场(车站、码头)联系，争取让游客乘最近班次的交通工具离开本站，或采取包机(车厢、船)或改乘其他交通工具前往下一站。

第三，稳定旅游团(者)的情绪，安排好在当地滞留期间的食宿、游览等事宜。

第四，及时通知下一站，对日程做相应的调整。

第五，向旅游团(者)赔礼道歉。

第六，写出事故报告，查清事故的原因和责任，责任者应承担经济损失并受纪律处分。

六、物品遗失的预防和处理

(一)证件、钱物、行李遗失的预防

第一，多做提醒工作。参观游览时，导游人员要提醒游客带好随身物品和提包；在热闹、拥挤的场所和购物时，导游人员要提醒游客保管好自己的钱包、提包和贵重物品；离开饭店时，导游人员要提醒游客带好随身行李物品，检查是否带齐了旅行证件；下车时提醒游客不要将贵重物品留在车上。

第二，不代为游客保管证件。导游人员在工作中需要游客的证件时，要经由领队收取，用毕立即如数归还，不要代为保管；还要提醒游客保管好自己的证件。

第三，切实做好每次行李的清点、交接工作。

第四，每次游客下车后，导游人员都要提醒司机清车、关窗并锁好车门。

(二)遗失证件的处理

1. 协助寻找

请失主冷静地回忆，详细了解丢失情况，找出线索，尽量协助寻找。

2. 报警

如确已丢失，马上报告公安部门、接待社领导和组团社并留下游客的详细地址、电话。

3. 补办

根据领导或接待社有关人员的安排，协助失主办理补办手续，所需费用由失主自理。

(1)丢失外国护照和签证：需由旅行社出具证明；请失主准备照片；失主本人持证明去当地公安局(外国人出入境管理处)报失，由公安局出具证明；持公安局的证明去所在国驻华使、领馆申请补办新护照；领到新护照后，再去公安局办理签证

手续。

(2)丢失团体签证：由接待社开具遗失公函；原团体签证复印件(副本)；重新打印与原团体签证格式、内容相同的该团人员名单；该团全体游客的护照；持以上证明材料到公安局出入境管理处报失，并填写有关申请表，(可由一名游客填写，其他成员附名单)。

(3)丢失中国护照和签证：华侨丢失护照和签证需接待社开具遗失证明；失主准备彩色照片；失主持证明、照片到公安局出入境管理处报失并申请办理新护照；持新护照到其居住国驻华使、领馆办理入境签证手续。中国公民出境旅游时丢失护照、签证：请当地陪同协助到当地警察机构报案，并取得警察机构开具的报案证明；持当地警察机构的报案证明和有关材料到我国驻该国使、领馆领取《中华人民共和国旅行证》；回国后，可凭《中华人民共和国旅行证》和境外警方的报失证明，申请补发新护照。

(4)丢失港澳居民来往内地通行证(港澳同胞回乡证)：向公安局派出所报失，并取得报失证明；或由接待社开具遗失证明；持报失证明或遗失证明到公安局出入境管理处申请领取赴港澳证件；经出入境管理部门核实后，给失主签发一次性《中华人民共和国入出境通行证》。失主持该通行证回港澳地区后，填写《港澳居民来往内地通行证件遗失登记表》和申请表，凭本人的港澳居民身份证，向通行证受理机关申请补发新的通行证。

(5)丢失台湾同胞旅行证明：失主向遗失地的中国旅行社或户口管理部门或侨办报失，核实后发给一次性有效的入出境通行证。

(6)丢失中华人民共和国居民身份证：由接待社开具证明，失主持证明到公安局报失，经核实后开具身份证明，机场安检人员核准放行。回到居住所在地后，凭公安局报失证明和有关材料到当地派出所办理新身份证。

(三)丢失钱物的处理

1. 外国游客丢失钱物的处理

(1)稳定失主情绪，详细了解物品丢失的经过、物品的数量、形状、特征、价值。仔细分析物品丢失的原因、时间、地点，并迅速判断丢失的性质：是不慎丢失还是被盗。

(2)立即向公安局或保安部门以及保险公司报案(特别是贵重物品的丢失)。

(3)及时向接待社领导汇报，听取领导指示。

(4)接待社出具遗失证明。

(5)若丢失的是贵重物品，失主持证明、本人护照或有效身份证件到公安局出入境管理处填写失物经过说明，列出遗失物品清单。

(6)若失主遗失的是入境时向海关申报的物品，要出示《中国海关行李申报单》。

(7)若将《中国海关行李申报单》遗失，要在公安局出入境管理处申请办理《中国海关行李申报单报失证明》。

(8)若遗失物品已在国外办理财产保险，领取保险时需要证明，可以公安局出入境管理处申请办理财物报失证明。

(9)若遗失物品是旅行支票、信用卡等票证，在向公安机关报失的同时也要及时向有关银行挂失；失主持以上由公安局开具的所有证明，可供出海关时查验或向保险公司索赔；发生证件、财物、特别是贵重物品被盗是治安事故，导游人员应立即向公安机关及有关部门报警，并积极配合有关部门早日破案，挽回不良影响；若不能破案，导游人员要尽力安慰失主，按上述步骤办理。

2. 国内游客丢失钱物的处理

(1)立即向公安局、保安部门或保险公司报案；

(2)及时向接待社领导汇报；

(3)若旅游团结束时仍未破案，可根据失主丢失钱物的时间、地点、责任方等具体情况做善后处理。

(四)行李遗失的处理

1. 来华途中丢失行李

(1)带失主到机场失物登记处办理行李丢失和认领手续。失主须出示机票及行李牌，详细说明始发站、转运站，说清楚行李件数及丢失行李的大小、形状、颜色、标记、特征等，并一一填入失物登记表；将失主将下榻饭店的名称、房间号和电话号码(如果已经知道的话)告诉登记处并记下登记处的电话和联系人，记下有关航空公司办事处的地址、电话，以便联系。

(2)游客在当地游览期间，导游人员要不时打电话询问寻找行李的情况，一时找不回行李，要协助失主购置必要的生活用品。

(3)离开本地前行李还没有找到，导游人员应帮助失主将接待旅行社的名称、全程旅游线路以及各地可能下榻的饭店名称转告有关航空公司，以便行李找到后及时运往相宜地点交还失主。

(4)如行李确定丢失，失主可向有关航空公司索赔或按国际惯例赔偿。

2. 在中国境内丢失行李

游客在我国境内旅游期间丢失行李，一般是在三个环节上出了差错，即：交通运输部门、饭店行李部门和旅行社的行李员。导游人员必须认识到，不论是在哪个环节出现的问题，都是我方的责任，应积极设法负责查找。

(1)仔细分析，找出差错的线索或环节。如果游客在机场领取行李时找不到托运的行李，则很有可能是上一站行李交接或机场行李托运过程中出现了差错。这时：①全陪应马上带领失主凭机票和行李牌到机场行李查询处登记办理行李丢失或认领手续，并由失主填写行李丢失登记表；②地陪立即向接待社领导或有关人员汇报，安排有关人员与机场、上一站接待社、有关航空公司等单位联系，积极寻找。

(2)如果抵达饭店后，游客告知没有拿到行李，问题则可以出现在四个方面。其一：本团游客误拿。其二：饭店行李部投递出错。其三：旅行社行李员与饭店行李员交接时有误。其四：在往返运送行李途中丢失。出现这种情况，地陪应立即依次采取以下措施：①地陪、全陪与领队一起先在本团内寻找；②如果不是以上原因，应立即与饭店行李部取得联系，请其设法查找；③如果仍找不到行李，地陪应马上向接待社领导或有关部门汇报，请其派人了解旅行社行李员有关情况，设法查找。

(3)做好善后工作。主动关心失主，对因丢失行李给失主带来的诸多不便表示歉意，并积极帮助其解决因行李丢失而带来的生活方面的困难。

(4)随时与有关方面联系，询问查找进展情况。

(5)若行李找回，及时将找回的行李归还失主。若确定行李已丢失，由责任方负责人出面向失主说明情况，并表示歉意。

(6)帮助失主根据有关规定或惯例向有关部门索赔。

(7)事后写出书面报告(事故的全过程：行李丢失的原因、经过、查找过程、赔偿情况及失主和其他团员的反应)。

七、游客走失的预防和处理

在参观游览或自由活动时，时常有游客走失的情况。一般说来，造成游客走失的原因有三种：一是导游人员没有向游客讲清车号、停车位置或景点的游览路线；二是游客对某种现象和事物产生兴趣，或在某处摄影滞留时间较长而脱离团队自己走失；三是在自由活动、外出购物时游客没有记清饭店地址和路线而走失。

无论哪种原因，都会影响游客情绪、有损带团质量。导游员只要有责任心，肯下功夫，就会降低这种事故的发生率。一旦发生这种事故，要立即采取有效措施以挽回不良影响。

(一)游客走失的预防

第一，做好提醒工作：提醒游客记住接待社的名称，旅行车的车号和标志，下榻饭店的名称、电话号码，带上饭店的店徽等。团体游览时，地陪要提醒游客不要走散；自由活动时，提醒游客不要走得太远；不要回饭店太晚；不要去热闹、拥挤、秩序混乱的地方。

第二，做好各项活动的安排和预报：在出发前或旅游车离开饭店后，地陪要向游客报告一天的行程，上、下午游览点和吃中、晚餐餐厅的名称和地址。到游览点后，在景点示意图前，地陪要向游客介绍游览线路，告知旅游车的停车地点，强调集合时间和地点，再次提醒旅游车的特征和车号。

第三，时刻和游客在一起，经常清点人数。

第四，地陪、全陪和领队应密切配合，全陪和领队要主动负责做好旅游团的断后工作。

第五，导游人员要以高超的导游技巧和丰富的讲解内容吸引游客。

(二)游客走失的处理

1. 游客在旅游景点走失

(1)了解情况，迅速寻找。导游人员应立即向其他游客、景点工作人员了解情况并迅速寻找。地陪、全陪和领队要密切配合，一般情况下是全陪、领队分头去找，地陪带领其他游客继续游览。

(2)寻求帮助。在经过认真寻找仍然找不到走失者后，应立即向游览地的派出所和管理部门求助，特别是面积大、范围广、进出口多的游览点，因寻找工作难度较大，争取当地有关部门的帮助尤其必要。

(3)与饭店联系。在寻找过程中，导游人员可与饭店前台、楼层服务台联系，请他们注意该游客是否已经回到饭店。

(4)向旅行社报告。如采取了以上措施仍找不到走失的游客，地陪应向旅行社及时报告并请求帮助，必要时请示领导，向公安部门报案。

(5)做好善后工作。找到走失的游客后，导游人员要做好善后工作，分析走失的原因。如属导游人员的责任，导游人员应向游客赔礼道歉；如果责任在走失者，导游人员也不应指责或训斥对方，而应对其进行安慰，讲清利害关系，提醒以后注意。

(6)写出事故报告。若发生严重的走失事故，导游人员要写出书面报告，详细记述游客走失经过、寻找经过、走失原因、善后处理情况及游客的反映等。

2. 游客在自由活动时走失

(1)立即报告接待社和公安部门。导游人员在得知游客自己在外出时走失，应立即报告旅行社领导，请求指示和帮助；通过有关部门向公安局管区派出所报案，并向公安部门提供走失者可辨认的特征。

(2)做好善后工作。找到走失者，导游人员应表示高兴；问清情况，安抚因走失而受惊吓的游客，必要时提出善意的批评，提醒其引以为戒，避免走失事故再次发生。

(3)若游客走失后出现其他情况，应视具体情况作为治安事故或其他事故处理。

八、游客患病、死亡问题的处理

(一)游客患病的预防

第一，游览项目选择有针对性。在做准备工作时，应根据旅游团的信息材料，了解旅游团成员的年龄及旅游团其他情况，做到心中有数。选择适合这一年龄段游客的游览路线，如游览高山时，老年人多的团可选择坐缆车下山而不要用滑道下山。

第二，安排活动日程要留有余地。做到劳逸结合，使游客感到轻松愉快；不要将一天的游览活动安排太多、太满；更不能将体力消耗大、游览项目多的景点集中安排，要有张有驰；晚间活动的时间不宜排得过长。

第三，随时提醒游客注意饮食卫生，不要买小贩的食品，不要喝生水。

第四，及时报告天气变化。提醒游客随着天气的变化及时增减衣服、带雨具等。尤其是炎热的夏季要注意防中暑。

（二）游客患一般疾病的处理

经常有游客会在旅游期间感到身体不适或患一般疾病，如感冒、发烧、水土不服、晕车、失眠、便秘、腹泻等，这时导游员应该：

第一，劝其及早就医，注意休息，不要强行游览。在游览过程中，导游人员要观察游客的神态、气色，发现游客有病态时，应多加关心，照顾其坐在较舒服的座位上，或留在饭店休息，但一定要通知饭店给予关照切不可劝其强行游览。游客患一般疾病时，导游人员应劝其及早去医院就医。

第二，关心患病的游客。对因病没有参加游览活动，留在饭店休息的游客，导游人员要主动前去问候询问身体状况，以示关心。必要时通知餐厅为其提供送餐服务。

第三，需要时，导游人员可陪同患者前往医院就医，但应向患者讲清楚，所需费用自理，并提醒其保存诊断证明和收据。

第四，严禁导游人员擅自给患者用药。

（三）游客突患重病的处理

1. 在前往景点途中突然患病

(1)在征得患者、患者亲友或领队同意后，立即将患重病游客送往就近医院治疗，或借用其他车辆将其送往医院。必要时，暂时中止旅行，用旅游车将患者直接送往医院。

(2)及时将情况通知接待社有关人员。

(3)一般由全陪、领队、病人亲友同往医院。如无全陪和领队，地陪应立即通知接待社请求帮助。

2. 在参观游览时突然患病

(1)不要搬动患病游客，让其坐下或躺下。

(2)立即拨打电话叫救护车(医疗急救电话：120)。

(3)向景点工作人员或管理部门请求帮助。

(4)及时向接待社领导及有关人员报告。

3. 在饭店突然患病

游客在饭店突患重病，先由饭店医务人员抢救，然后送往医院，并将其情况及时向接待社领导汇报。

4. 在向异地转移途中突患重病（如在乘飞机、火车、轮船前往下一站的途中游客突患重病）

(1)全陪应请求乘务员帮助，在乘客中寻找从医人员。

(2)通知下一站旅行社做好抢救的各项准备工作。

5. 处理要点

(1)游客病危，需要送往急救中心或医院抢救时，需由领队或患者亲友陪同前往。

(2)如果患者是国际急救组织的投保者，导游人员应提醒其亲属或领队及时与该组织的代理机构联系。

(3)在抢救过程中，需要领队或患者亲友在场，并详细记录患者患病前后的症状及治疗情况，并请接待社领导到现场或与接待社保持联系。随时汇报患者情况。

(4)如果需要做手术，须征得患者亲属的同意，如果亲属不在，须由领队同意并签字。

(5)若患者病危，但亲属又不在身边时，导游人员应提醒领队及时通知患者亲属。如果患者亲属系外国人士，导游员要提醒领队通知所在国使、领馆。患者亲属到后，导游人员要协助其解决生活方面的问题；若找不到亲属，一切按使、领馆的书面意见处理。

(6)有关诊治、抢救或动手术的书面材料，应由主治医生出具证明并签字，要妥善保存。

(7)地陪应请求接待社领导派人帮助照顾患者、办理医院的相关事宜，同时安排好旅游团继续按计划活动，不得将全团活动中断。

(8)患者转危为安但仍需要继续住院治疗，不能随团继续旅游或出境时，接待社领导和导游人员（主要是地陪）要不时去医院探望，帮助患者办理分离签证、延期签证以及出院、回国手续及交通票证等事宜。

(9)患者住院和医疗费用自理。如患者暂时没钱看病，请领队或组团社与境外旅行社、患者家人或保险公司联系解决其费用问题。

(10)患者在离团住院期间未享受的综合服务费由中外旅行社之间结算后，按协议规定处理。患者亲属在此期间的一切费用自理。

九、游客因病死亡的处理

游客在旅游期间不论因什么原因死亡，都是一件很不幸的事情。当出现游客死亡的情况时，导游员应沉着冷静，立即向接待社领导和有关人员汇报，按有关规定办理善后事宜。

1. 处理依据

(1)如果死者的亲属不在身边，应立即通知亲属前来处理后事；若死者系外国人士，应通过领队或有关外事部门迅速与死者所属国的驻华使、领馆联系，通知其亲属来华。

(2)由参加抢救的医师向死者的亲属、领队及好友详细报告抢救经过，并出示《抢救工作报告》《死亡诊断证明书》，由主治医生签字后盖章，复印后分别交给死者的亲属、领队或旅行社。

(3)对死者一般不做尸体解剖，如果要求解剖尸体，应由死者的亲属或领队，或其所在国家使、领馆有关人员签字做书面请求，经医院和有关部门同意后方可进行。

(4)如果死者属非正常死亡，导游员要保护好现场，立即向公安局和旅行社领导汇报，协助查明死因。如需解剖尸体，要征得死者亲属和领队或所在国驻华使、领馆人员的同意，并签字认可。解剖后提供《尸体解剖报告》(无论属何种原因解剖尸体，都要提供《尸体解剖报告》)。此外，旅行社还应向司法机关要求办理公证书。

(5)死亡原因确定后，在与领队、死者亲属协商一致的基础上，请领队向全团宣布死亡原因及抢救、死亡经过情况。

(6)遗体的处理，一般以火化为宜，遗体火化前，应由死者亲属或领队，或所在国家驻华使、领馆出具火化申请书并签字后进行火化。

(7)死者遗体由领队、死者亲属护送火化后，火葬场死者《火化证明书》交给领队或死者亲属；我国民政部门应发给对方携带骨灰出境的证明。各有关事项的办理，旅行社应予以协助。

(8)死者如在生前已办理人寿保险，旅行社应协助死者亲属办理人寿保险索赔、医疗费报销等有关证明。

(9)出现因病死亡事件后，除领队、死者亲属和旅行社代表负责处理外，其余团员应在代理领队带领下仍按原计划参观游览。至于旅行社派何人处理死亡事故，何人负责团队游览活动，一律请示旅行社领导决定。

(10)若死者亲属要求将遗体运回国，除需办理上述手续外，还应由医院对尸体进行防腐处理，并办理《尸体防腐证明书》《装殓证明书》《外国人运送灵柩(骨灰)许可证》和《尸体灵柩进出境许可证》等有关证件，方可将遗体运出境。灵柩要按有关规定包装运输，要用铁皮密封，外廓要包装结实。

(11)由死者所属国驻华使、领馆办理一张经由各国的通行证，此证随灵柩通行。

(12)有关抢救死者的医疗、火化、尸体运送、交通等各项费用，一律由死者亲属或该团队交付。

(13)清点造册，清点人要在清单上一一签字，一式两份，签字人员分别保存。遗物要交死者亲属或死者所在国家驻华使、领馆有关人员。接收遗物者应在收据上签字，收据上应注意接收时间、地点、在场人员等。

2. 处理要点提示

在处理死亡事故时，应注意的问题是：①必须有死者的亲属，领队，使、领馆人员及旅行社有关领导在场，导游人员和我方旅行社人员切忌单独行事。②在有些环节还需公安局、旅游局、保险公司的有关人员在场。每个重要环节应经得起事后查证并有文字根据。③口头协议或承诺均属无效。事故处理后，将全部报告、证明文件、清单及有关材料存档备单。

十、交通事故的预防和处理

(一)交通事故的预防

第一，司机开车时，导游员不要与司机聊天，以免分散其注意力。

第二，安排游览日程时，在时间上要留有余地，避免造成司机为抢时间、赶日程而违章超速行驶。不催促司机开快车。

第三，如遇天气不好(下雪、下雨、下雾)、交通堵塞、路况不好，尤其是狭窄道路、山区行车的情况，导游员要主动提醒司机注意安全，谨慎驾驶。

第四，如果天气恶劣，地陪对日程安排可适当灵活，加以调整；如遇道路不安全的情况，可以改变行程。必须把安全放在第一位。

第五，阻止非本车司机开车。提醒司机在工作期间不要饮酒。如遇司机酒后开车，绝不能迁就，地接要立即阻止，并向领导汇报，请求改派其他车辆或换司机。

第六，提醒司机经常检查车辆，若发现事故隐患，及时提出更换车辆的建议。

(二)交通事故的处理

1. 立即组织抢救

导游员应立即组织现场人员迅速抢救受伤的游客，特别是抢救重伤员，并尽快让游客离开事故车辆。立即打电话叫救护车或拦车将重伤员送往距出事地点最近的医院抢救。

2. 立即报案，保护好现场

事故发生后，不要在忙乱中破坏现场，要设法保护现场，并尽快通知交通、公安部门(交通事故报警台电话：122)，争取尽快派人来现场调查处理。

3. 迅速向接待社报告

地接应迅速向接待社领导和有关人员报告，讲清交通事故的发生和游客伤亡情况，请求派人前来帮助和指挥事故的处理，并要求派车把未伤和轻伤的游客接走送至饭店或继续旅游活动。

4. 做好安抚工作

事故发生后，交通事故的善后工作将由交运公司和旅行社的领导出面处理。导游人员在积极抢救、安置伤员的同时，做好其他游客的安抚工作，力争按计划继续进行参观游览活动。待事故原因查清后，请旅行社领导出面向全体游客说明事故原因和处理结果。

5. 开具证明文书

请医院开出诊断和医疗证明书，并请公安局开具交通事故证明书，以便向保险公司索赔。

6. 写出书面报告

交通事故处理结束后，需有关部门出具有关事故证明、调查结果，导游员要立即写出书面报告。内容包括：事故的原因和经过；抢救经过和治疗情况；人员伤亡情况和诊断结果；事故责任及对责任者的处理结果；受伤者及其他旅行者对处理的反映等。书面报告力求详细、准确、清楚、实事求是，最好和领导联署签名。

十一、治安事故的预防和处理

在旅游活动过程中，遇到坏人行凶、诈骗、偷窃、抢劫，导致游客身心及财物受到不同程度的损害，统称治安事故。

(一)治安事故的预防

导游员在接待工作中要时刻提高警惕，采取一切有效的措施防止治安事故的发生。

第一，入住饭店时，导游人员应建议游客将贵重财物存入饭店保险柜。不要随身携带大量现金或将大量现金放在客房内。

第二，提醒游客不要将自己的房号随便告诉陌生人；更不要让陌生人或自称饭店维修人员的人随便进入自己的房间；尤其是夜间绝不可贸然开门，以防意外；出入房间一定锁好门。

第三，提醒游客不要与私人兑换外币，并讲清关于我国外汇管制规定。

第四，每当离开游览车时，导游人员都要提醒游客不要将证件或贵重物品遗留在车内。游客下车后，导游人员要提醒司机锁好车门、关好车窗，尽量不要走远。

第五，在旅游景点活动中，导游人员要始终和游客在一起，随时注意观察周围的环境，发现可疑的人或在人多拥挤的地方，提醒游客看管好自己的财物，如：不要在公共场合拿出钱包，最好不买小贩的东西(防止物品被小贩偷去)，并随时清点人数。

第六，汽车行驶途中，不得停车让非本车人员上车、搭车；若遇不明身份者拦车，导游人员提醒司机不要停车。

(二)治安事故的处理

导游员在陪同旅游团(者)参观游览的过程中，遇到治安事件的发生，必须全力保护游客的人身安全。发现不正常情况，立即采取行动。

1. 全力保护游客

遇到歹徒向游客行凶、抢劫，导游人员应做到临危不惧，立即将游客转移到安全地点，力争在在场的群众和公安人员的帮助下缉拿罪犯，追回钱物，但也要防备犯罪分子携带凶器狗急跳墙。所以，切不可鲁莽行事，要以游客的安全为重。

2. 迅速抢救

如果有游客受伤，应立即组织抢救，或送伤者去医院。

3. 立即报警

治安事故发生后，导游员应立即向公安局报警(电话：110)，如果罪犯已逃脱，导游员要积极协助公安局破案。要把案件发生的时间、地点、经过、作案人的特征，以及受害人的姓名、性别、国籍、伤势及损失物品的名称、数量、型号、特征等向公安部门报告清楚。

4. 及时向接待社领导报告

导游员在向公安部门报警的同时要向接待社领导及有关人员报告。如情况严重，请求领导前来指挥处理。

5. 妥善处理善后事宜

治安事件发生后，导游员要采取必要措施稳定游客情绪，尽力使旅游活动继续进行下去。并在领导的指挥下，准备好必要的证明、资料，处理好受害者的补偿、索赔等各项善后事宜。

6. 写出书面报告

事后，导游员要按照有关要求写出详细、准确的书面报告。

十二、火灾事故的预防和处理

(一)火灾事故的预防

1. 做好提醒工作

提醒游客不要携带易燃、易爆物品；不乱扔烟头和火种，不要躺在床上吸烟；向游客讲清，在托运行李时应按运输部门有关规定去做，不得将不准作为托运行李运输的物品夹带在行李中。只有这样，才能尽可能地规避火灾。

2. 熟悉饭店的安全出口和转移路线

导游员带领游客住进饭店后，在介绍饭店内的服务设施时，必须介绍饭店楼层的安全出口、安全楼梯的位置，并提醒游客进入房间后，看懂房门上贴的安全转移路线示意图，掌握失火时应走的路线。

3. 牢记火警电话

导游员一定要牢记火警电话(火警电话：119)；明确领队和全体游客的房间号码。一旦火情发生，能及时通知游客。

(二)火灾事故的处理

万一发生了火灾，导游员应：①立即报警；②迅速通知领队及全团游客；③配合工作人员，听从统一指挥，迅速通过安全出口疏散游客；④判断火情，引导自救。

如果情况危急，不能马上离开火灾现场或被困，导游员应采取的正确做法是：①千万不能让游客搭乘电梯或慌乱跳楼。尤其是身在三层以上的旅客，切记不要跳楼；②用湿毛巾捂住口、鼻，尽量身体重心下移，使面部贴近墙壁、墙根，或地面；③必须穿过浓烟时，可用水将全身浇湿或披上浸湿的衣被后捂住口、鼻，贴近地面蹲行或爬行；④若身上着火了，可就地打滚，将火苗压灭，或用厚重衣物压灭火苗；⑤大火封门无法逃脱时，可用浸湿的衣物、被褥将门封堵塞严，或泼水降温，等待救援；⑥当见到消防队来灭火时，可以摇动色彩鲜艳的衣物为信号，争取救援。

游客得救后，导游人员应立即组织抢救受伤者；若有重伤者应迅速送医院，若有人死亡，按有关规定处理；采取各种措施安定游客的情绪，解决因火灾造成的生活方面的困难，设法使旅游活动继续进行；协助领导处理好善后事宜；写出详细的书面报告。

十三、食物中毒的预防和处理

游客若食用变质或不干净的食物会遭遇食物中毒。其特点是：潜伏期短，发病快，且常常集体发病，若抢救不及时会有生命危险。

(一)食物中毒的预防

为防止食物中毒事故的发生，导游员应：①严格执行在旅游定点餐厅就餐的规定；②提醒游客不要在小摊上购买食物；③用餐时，若发现食物、饮料不卫生，或有异味变质的情况，立即提出更换，并要求餐厅负责人出面道歉，必要时向旅行社领导汇报。

(二)食物中毒的处理

发现游客食物中毒，导游员应：设法催吐，让食物中毒者多喝水以加速排泄，缓解毒性；立即将患者送医院抢救，请医生开具诊断证明；迅速报告旅行社并追究供餐单位的责任。

【任务实施】

模拟突发状况的处理流程

实训目的

通过情境案例进行角色扮演，掌握常见问题和突发状况的处理流程。

实训内容

情境案例：从以上所涉及的问题和突发状况中选取一种情况，模拟现场处理过程以及应对方案。

实训步骤

第一步：学生分组，分别扮演游客、导游、全陪(根据情境设计适当增减)。

第二步：问题发生阶段，分析问题。

第三步：协调解决处理问题。

第四步：问题解决后的总结反思。

实训成果

掌握常见问题和突发状况的处理流程。

【课后小测试】

1. 导游在接站服务中容易出现的突发状况有________、________、________。

2. 旅游活动中计划要求被更改一般有________、________两种情况。

模块三　旅行社内部运营管理

项目一　旅行社电子商务

【项目描述】

旅行社电子商务是指以网络为主体，以旅游信息库、电子化银行业务为基础，利用先进的电子手段运作旅游业及其分销系统的商务体系。旅行社电子商务为广大旅游业同行提供了一个互联网的平台。

>> 任务一　旅游电子商务概念、功能 <<

【任务描述】

通过对大型旅游网站、短视频平台的分组调研，了解我国旅游电子商务发展现状。

【任务目标】

知识目标：理解旅游电子商务的基本概念。

技能目标：掌握旅游电子商务的主要功能和应用领域。

素质目标：了解旅游电子商务的发展状况。

【理论引导】

人类已经进入信息社会，电子商务正飞速地发展并逐渐成为一种重要的经济和贸易手段。在飞速发展的全球电子商务中，旅游业和金融业、软件业、出版业并列为四大应用领域。开展电子商务既是现代旅游业发展的要求，也是旅行社行业作为旅游业重要组成部分向纵深发展的必然选择。

一、旅游电子商务概述

(一)电子商务

1. 电子商务的概念

顾名思义，电子商务就是利用电子手段进行商务活动。关于电子商务，至今没有一个统一的定义。不过，一般认为电子商务是运用电子技术和电子工具如计算机及其网络等进行商务活动的过程。因此，电子商务简称 EC(Electronic Commerce)或 EB(Electronic Business)，也有人认为电子商务主要是利用互联网从事商务活动，又把电子商务简称为 IC(Internet Commerce)。

2. 电子商务的分类

电子商务有多种分类方法，可按照电子商务的运作模式分类，也可按照电子商务的交易范围分类。这里介绍最常用的分类方法，即按照电子商务的交易对象分类。根据电子商务的交易对象的不同，可将其分为企业对企业、企业对消费者、企业对政府、消费者对政府、消费者对消费者 5 类。

(1)企业对企业电子商务(Business to Business，BtoB 或 B2B)是企业间通过电子手段进行销售和采购的交易方式。

(2)企业对消费者电子商务(Business to Customer，BtoC 或 B2C)是企业通过电子手段进行零售的交易方式，或者说是消费者通过网络进行的购物行为。

(3)企业对政府电子商务(Business to Government，BtoG 或 B2G)是企业与政府部门间通过电子手段进行的商务活动或其他联系，如政府部门运用电子手段进行采购，企业运用电子手段向政府缴纳税款。

(4)消费者对政府电子商务(Customer to Government，CtoG 或 C2G)是消费者与政府部门间通过电子手段进行的商务活动或其他联系，如政府部门运用电子手段发放补贴、救济，消费者运用电子手段向政府缴纳个人所得税等。

(5)消费者对消费者电子商务(Customer to Customer，CtoC 或 C2C)是消费者之间通过电子手段进行的交易活动，如网上个人物品拍卖等。

(二)旅游电子商务

1. 旅游电子商务的概念

旅游电子商务是电子商务在旅游业这一特定领域的运用，是在各种旅游集团的营销网络特别是互联网的支持下开展的电子化商务活动。

一般认为，旅游电子商务是旅游企业基于网络技术，运用电子手段以实现旅游商务活动的过程。狭义地讲，旅游电子商务是在网上进行的旅游产品交易；广义地讲，旅游电子商务包括利用网络进行的各种旅游经营活动和商业活动，如宣传与营销推广、市场调查分析、财务核算、生产安排等。

2. 旅游电子商务的特点

旅游电子商务与传统旅游交易方式相比，具有许多新的特点。在这里，我们从旅游企业经营的角度作如下几点归纳。

(1)超越空间限制。旅游电子商务依托网络，因此具备了网络突破空间限制的特性，可将商务活动扩展到网络上的任何一个角落，使得企业的经营范围空前扩大，旅游市场更加广阔，企业商机也随之增加。

(2)信息实时更新。旅游信息具有很强的时间性，比如季节不同、假日不同，经营的价格、项目和对象都可能不同。网络信息与印刷资料最大的区别之一，就是能够立即更改、立即更新。但这又反过来要求企业必须经常更改、更新网上信息，否则，长期不变的内容就会失去吸引力，进而失去网上潜在的顾客。

(3)成本相对稳定。开展旅游电子商务的成本主要分为建设成本与维护成本，建设成本类似于传统的旅游商务先期的固定资产投资，维护成本相当于传统的旅游商务经营过程中的开销。不同的是，旅游电子商务的维护成本具有相对稳定性，即信息的点击率增加和用户数量增多不会导致成本的增加，换言之，交易量的增长不会带来交易成本的同步增长；反过来，用户数量增多将使平均成本降低。而在传统的旅游商务中，交易量增加甚至只是访问者增多，都会由于业务员和宣传品等的增多导致经营成本的增加。由于网络经营的成本一般来说较传统经营更低廉，其价格也具有更大的优惠。

(4)快捷方便，交互性强。一方面，通过电子手段，人们可以运用非常方便快捷的方法来完成传统交易中较为烦琐的商务活动；另一方面，借助电子手段的交互性，旅游商务网站也在不断地增强互动性、增加具有可参与性的项目，以便吸引并留住更多的顾客。

(5)系统性。旅游电子商务应该是企业进行网络化经营的一个全面的解决方案，因而往往具备系统性，是企业对内实行电子化管理、对外实现电子化营销的整体方案。对内而言，饭店前厅后厨的每一个岗位、旅行社经营的每一个环节都被纳入相应的计算机管理系统；对外而言，企业的信息中常常包罗各种产品的相关资料，可以说是企业对外营销的一个总平台。

(6)系统内容和系统容量的扩展性强。电子商务方案在实现时一般都采用模块化的组合方式，扩展内容较为方便。另外，开展旅游电子商务要求系统容量的扩展性强。如当企业信息和客户资料大量增加时，系统的存储量应能迅速扩大；当访问者大量增加时，系统的接待能力应当及时增强。

(7)对于信息安全有极高的要求。由于电子商务是在一种虚拟的环境中进行的，病毒、黑客、欺诈等非法活动随时都在威胁着电子商务的开展。在这种情况下，安全始终都是至关重要的核心问题，必须下大力气解决。

二、旅游电子商务的主要功能

电子商务主要依托网络技术为企业提供信息流、资金流和物流的电子解决方案。但在目前的旅游电子商务中，物流只占很小的份额，而资金流主要还是依赖传统的支付结算方案。因此，当前旅游电子商务的主要作用体现在为企业解决信息流、产品营销、客户关系管理的问题以及企业间开展电子化交易等方面。

(一)实现旅游企业信息的网络传播与集成

旅游企业对信息的依赖性很强，具体表现在两个方面：一是要收集和存储大量与企业经营相关的行业信息；二是要将有关信息及时对外发布。这种信息的收集与发布可以说是旅游企业生存的基础。因此，旅游电子商务的首要任务就是通过自己特有的网络系统完成企业所需信息的传播与集成。

(二)实现旅游企业的网络营销

旅游电子商务的本质就是利用以网络为主的电子技术来经营旅游企业自己的产品。

(三)实现旅游企业客户关系的网络化管理

进入电子商务时代后，旅游企业不再依赖面对面的交流，网络化、智能化的客户关系管理是企业在激烈的市场竞争中取胜的关键。

(四)实现旅游企业的电子化交易与合作

旅游企业最大的特点就是离不开合作，以旅游供应商和旅行社为主的旅游代理商之间、组团社和地接社之间都要合作。而旅游电子商务在很大程度上使旅游企业的交易电子化，从而超越空间的限制，扩展合作领域、提高办事效率、降低交易成本。

三、旅游电子商务的应用领域

旅游电子商务的各种功能通过企业所选择的不同的电子商务模式，在不同的领域发挥着不同的作用。随着旅游电子商务的不断发展和深化，它的应用也越来越广泛，几乎无所不在。其中，较为典型的应用领域有销售预订、信息服务、客户关系管理、供应链管理以及企业资源计划等。

(一)销售预订

销售预订是旅游电子商务最广泛的应用之一，其模式既有B2B方式，也有B2C

方式；其运作方式既有集团联合，也有企业自营，还有网络服务商提供平台。

（二）信息服务

通过互联网对外发布旅游信息、进行市场调查、接受反馈意见是旅游企业开展旅游电子商务的重要内容之一。目前，单个旅游企业建立的企业网站还难以发挥销售预订的功能，因此发布信息、宣传企业和树立企业形象便成了其最主要的功能。

（三）客户关系管理

客户是企业发展最重要的资源之一。旅游企业推出的产品只有在大量游客的消费过程中才能产生价值和利润，客户关系对旅游企业尤为重要。客户关系管理（CRM）是利用信息技术、通过应用软件来实现企业与客户的便捷的信息交流，并由 CRM 系统来对客户的消费特征进行挖掘、整理，最终实现个性化的市场营销与管理、客户关怀与服务跟进，最大限度地维持现有客户、开发潜在客户。

CRM 除包含当今先进的管理学与电子商务理念，还集成多种信息技术，如网络技术、多媒体技术、数据仓库和数据挖掘技术、支持决策系统、专家系统以及呼叫中心等。

（四）供应链管理

所谓供应链，是指从产品制造商、原料供应商、代理商直到消费者所形成的一条价值链。而供应链管理（SCM）则是指通过相关企业相互连接的信息系统，以协同计划、预测、补货等方式为顾客提供适时、适地、适量的产品。旅游消费对消费者而言随机性很强，国际旅游的散客化、个性化潮流必然促使旅游产品的相关企业加强合作，SCM 也将成为旅游电子商务未来发展的一个重要方向。

（五）企业资源计划

根据美国生产及存货管理协会（APICS）的定义，企业资源计划（ERP）是一个以企业会计为基准的信息系统，它的目的是对制造、配送和结算等环节的企业资源进行合理的规划和管理。ERP 在传统的制造资源计划（MRPI）的基础上运用了新的信息技术，如计算机与网络技术、关系型数据库、第四代语言、图形用户接口。ERP 利用企业在生产、存储、销售、财务、运输等环节中的信息流，通过系统的运算处理，获得最佳的资源配置。

四、旅游电子商务的模式

从类别上看，旅游电子商务有 B2B（网站对交通、住宿、景点等企业）、B2C（网站对游客）以及 C2C（游客自行组团）等模式。具体来说，目前旅行社涉及电子商务的模式大概有以下三种。

第一种模式是和在线的旅行社或者一些团购平台签约合作，成为它们的产品提供商。这种模式的优点是投入成本低、关联业务能够快速部署；缺点是没有品牌展示机会、利润较低、竞争激烈、资金周转压力大。而且这种模式其实是一种伪电子商务，因为落实电子商务的主体并不是旅行社本身，而是那些合作平台。

第二种模式是选择成熟的旅游平台开网店。这种模式的优点是开发周期短、能够快速实现，而且投入低、流量大，能快速享受平台红利，较容易赢得消费者的信任，转化情况比较理想；缺点是品牌独立性不强，用户需与全平台共享，而且有各种平台的进入门槛和规则限制。这种模式其实也只能算是电子商务的简单入门，并不是真正的电子商务。

第三种模式是“自建网站＋渠道推广”。这种模式的优点是可以自创品牌或者延续品牌，并且可以展开自有用户积累；缺点是需要大量资金注入和人力投入、开发周期长，并且可能要忍受前期流量小、转化率低的情况。即使如此，这种模式在目前来看还是比较靠谱的。

>>任务二　旅行社电子商务<<

【任务描述】

理解旅行社电子商务发展模式及应遵循的原则。

【任务目标】

知识目标：了解我国旅行社电子商务的发展现状。

技能目标：掌握旅行社电子商务模式。

素质目标：熟悉旅行社电子商务平台。

【理论引导】

一、旅行社电子商务的内涵

(一)旅行社电子商务的含义

旅行社电子商务的含义主要包括以下几个方面：

第一，旅行社内部电子商务。

第二，旅行社对旅游企业电子商务，或旅行社间电子商务，即B2B模式的电子商务。

第三，以旅行社为主、面向旅游消费者的电子商务，即B2C模式的电子商务。

第四，在特定条件下，包括网络服务商、提供电子商务技术支持的IT厂商、提供支付支持的金融机构、电子商务顾问咨询机构以及相关政府部门为旅行社提供的电子商务服务。

(二)旅行社电子商务的作用

1. 创新经营模式，降低经营成本

网上交易改变了传统的交易模式，使得消费者与生产企业直接交涉，省去了中间商的层层加价，从而达到降低成本、让利于消费者的目的。在“旅游电子商务平台”的框架下，旅游网扮演旅行线路分销商的角色。在双方约定后，旅行社在旅游网销售那些即将出发的旅行团，即在线销售；用户通过出游客旅游网以远低于市场水平的价格进行订购。通过旅游网的分销平台，旅行社可以快速成团，从整个旅行线路产品来看也能达到效用最大化。而对于消费者来说，就是一次成本很低的旅行。针对于此，网站提供了强大的移动客户端，以帮助用户随时能买到低于自己价格预期的旅行线路产品。

2. 适应现代旅游者散客化、个性化浪潮

当今社会，旅游者逐步走向消费成熟化，他们不仅需要传统的包价旅游团队，而且越来越希望根据自己的特殊兴趣和爱好选择有针对性、有主题、有重点的旅游方式。据 2016 年全国旅游工作会议发布的数据，2015 年全国团队旅游与散客旅游的比例平均是 3：70。在 40 亿人次国内游人群中，自由行人群高达 32 亿人次，人均消费 9375 元；在 1.2 亿人次出境游客中，有 8000 万人次选择自由行。旅游消费正从以传统团队旅游为主的方式向定制旅游、散客自由行等多元化方式转变，“赶鸭子”“走马观花”和“行军式”安排的旅游活动已经不能满足现今旅游者对个性化旅游的追求。旅行社可以利用互联网向旅游者分类提供超大量的旅游信息。旅游者在网上查询自己感兴趣的有关旅游产品各类要素的信息，旅行社提供必要的组装指导服务，就可以形成因团而异、因人而异的时尚旅游产品。互联网技术的广泛运用，使这种涉及面广、需求复杂的个性化旅游产品得以实现。

跟团旅游虽然简单省事，但旅游者会受到很多既定限制。而网络服务既可帮助旅游者自主制定个性化旅行方案，又可帮助旅游者处理好诸如订票之类的琐事。旅游者可以在网上选择自己喜欢的个性化旅游线路，再自己确定出发时间、参加人数、游玩日程、线路安排、酒店价位等，然后提交订单。旅行社网站对个性化旅游的重视反映的是旅行社经营理念发展的必然趋势。国内旅游市场已经从卖方市场过渡到买方市场，了解和满足旅游者的需求，才能实现全行业和各个企业的持续发展，这就需要企业与旅游者之间有效地沟通、互动，旅行社电子商务平台就在此时发挥了媒介的作用。

3. 转变传统促销方式，建立良好客户关系

网上促销宣传面广、网页设计图文并茂、表现手法灵活、内容容易更新、成本低廉，并且可以与用户进行双向信息交流，以满足不断变化的市场需求。旅行社网站可以随时给用户提供最新、最实用的旅游信息，以便吸引更多的旅游客源，真正起到促销的作用。同时，旅行社利用电子商务充分了解顾客、加强与顾客的沟通、

与顾客建立良好的合作关系，不仅有利于树立良好的企业形象，而且有利于顾客忠诚度的提高，从而实现社会效益和经济效益的双赢。

二、中国旅行社电子商务发展现状

(一)存在的不足

1. 网站利用效率低

虽然现今绝大多数旅行社已经认识到开展电子商务的作用，但由于受到电子商务宏观环境不成熟的限制，大多数旅行社电子商务的功能停留在初级阶段，即利用互联网传输产品信息、宣传企业品牌等，而无法达到真正意义上的网上交易。目前旅行社网站的点击率并不高，有许多旅行社将自己的域名挂在某网站域名的后面，效果更不明显。而且旅行社虽然知道通过网站进行旅游线路发布和宣传，但是却不知道如何发布线路才能让更多的目标游客看到，以及如何展示才能使游客愿意继续看下去并且喜欢线路，或者定制线践。这说明许多旅行社网络营销方式单一、缺少新意，造成网站利用率低。

虽然有许多旅行社注册了网店，但是不少旅行社仅仅是把自己的简介、线路信息、联系方式等资料放到了网上，对网店的维护、资料的修改、信息的更新等工作则置之不理，更不要说主动去推广了。因此，有些过时的信息仍然在网上，给消费者造成误导。网店注册平台的工作人员也只能在旅行社加入初期提醒其回复消费者的咨询和留言。还有一部分旅行社则直接复制其他旅行社的线路，内容大同小异，这种产品的参考价值很小，对游客也没有独特的吸引力。旅行社要想在电子商务中分到一杯羹，一定要做到环节上、细节上步步到位，突出亮点才能吸引游客。

2. 仍以交易为中心

世界旅游理事会在其报告《未来旅游业发展：营造客户中心体系》中指出，未来的旅游应向增强与客户的双向交流、改善信息服务、通过个性化服务增加附加值的方向发展，旅游电子商务技术将在这个过程中发挥作用。目前我国网上旅游服务项目少，能够进行交易的旅行社网站也多是以面向散客提供订票、订房等服务为主。预计未来几年旅行社电子商务将在服务上更加完善、更加人性化，从“以交易为中心”向“以服务为中心”发展。

3. 网上交易面临信用危机

旅游活动有供应链条长、转换次数多、参与人数多的特点，仅仅依靠网上交流不免会造成企业与顾客之间的陌生感，而陌生的主体之间很难建立相互信任的关系。许多旅行社网站的浏览量很大，而成交量却很小，主要是因为人们访问旅游网站的目的仅仅是了解、咨询旅游信息，而在真正交易的时候还是习惯于实体交易。消费者的个人信誉和旅行社的信誉在网络上都没有建立起来。再者，当前的在线交易手段较单一，并且面临欺骗、保密性等交易风险，造成了消费者对使用在线交易没有信心。可见，诚信体系的建立对于实体交易与网络交易同等重要。旅行社在网上应积极发布自身规模、声誉、从业经验、专业水平等详细信息，促进消费者对企业的了解；提供网下联系方式或店面地址，缓解消费者的疑虑；创建消费者教育平台，使消费者自助学习网上购物流程；与合作方或同盟方建立超级链接，使消费者从信任链接方转而信任网站。

(二)具备的优势

1. 先天条件

旅行社具有开展电子商务的先天条件，主要表现在旅行社和旅游供应商、旅游交通企业已存在长期的合作关系，便于彼此间开展电子商务。

2. 不受物流制约

旅行社在开展电子商务的过程中对物流的需求较小。对进行实物产品交易的电子商务而言，货物的运送是一个不小的障碍，不仅会直接增加交易的风险，而且已成为影响电子交易总成本的主要因素。物流问题历来被认为是电子商务发展的瓶颈之一。随着电子票务技术的进一步成熟和推广，物流问题对旅游业的负面影响还会更小。

3. 良好的信息基础设施条件

我国电子商务硬件设施已有很大的改善，技术上与发达国家的差距缩小，这也为旅行社开展电子商务打下了较好的基础。一方面，国家非常重视信息基础设施建设和信息产业发展。另一方面，近年来，地方政府也极为重视信息化特别是信息基础设施的建设。

4. 良好的区域环境

我国电子商务市场的不均衡分布与旅行社的不均衡分布基本吻合，这为大多数旅行社开展电子商务提供了一个相对良好的区域环境。

当然，这些有利因素也不仅仅是针对旅行社而言的。还必须看到，这些有利因素对当地新兴旅游中间代理商来说也意味着更多的机遇。

三、中国旅行社电子商务发展应遵循的原则

中国的旅行社所面对的是一个与其他国家相当不同的应用与发展环境，为此有必要明确旅行社电子商务的正确定位和营销理念，即鉴于目前中国国情与商情，明确指导旅行社电子商务应用与发展的原则。

(一)确立“商务为本”的思想

中国旅行社电子商务要确立“商务为本”的思想，以商务为主、以技术为辅，将电子商务技术作为实现业务目标的手段。我国目前的电子商务平台更多的是重电子轻商务，信息发布偏重于在线交易、支付、营销等功能。在这样的情况下，看似丰

富实则驳杂、实用性低的内容充斥着网站，大大降低了网站的商务功能。因此，网站的建设、信息的填充、友情链接的选择都应该遵循“商务为本”原则。

(二)加速企业信息化建设

首先，旅行社电子商务建设和功能的充分实现离不开旅行社内部的信息化建设。信息化在成就一些行业巨无霸的同时，对于更多散落于区域的中小旅行社而言同样具有正面意义。应当从人员(特别是中高层管理人员)培训技术建设、管理配套等多个方面加速旅行社信息化基础建设进程。

其次，加强旅行社客户管理。通过建立专门的客户网对老顾客进行定期和不定期回访、组建会员俱乐部鼓励老顾客参与旅行社的相关活动，既可以巩固顾客对旅行社品牌的忠诚度，又可以提高旅行社营销服务质量，从而产生倍增效应，大大提高企业的办公效率。

(三)适应与创新相结合

首先是“适应”，即电子商务技术方案要充分适应我国当前水平下的商务需求。为此，必须结合旅行社商务需求和技术手段两个方面，做好旅行社电子商务总体规划，确定切实可行的商务模式，设计和开发实用、有效的技术解决方案，在现有条件下最大限度地改善旅行社管理水平，以实现经营效益的显著提高。

其次是“创新”，即在旅行社经营管理和信息化水平显著提高的情况下，着眼于未来发展的需求和进一步提高旅行社的市场竞争力，充分发挥电子商务的特点和优势，推出创新的旅行社电子商务体系。

(四)建立以大型旅行社为核心的电子商务体系

国内不少著名大型旅行社拥有上百家供应商和经销商，构成了庞大的供应链体系。因此，以大型旅行社为核心，按照供应链关系建立旅行社电子商务体系，并带动中小旅行社电子商务的应用与发展，是中国旅行社电子商务应用与发展的重要途径。

【课后小测试】

一、理论测试题

1. 简述旅行社电子商务的特点。
2. 简述旅行社电子商务的主要功能。
3. 简述发展旅行社电子商务应遵循的原则。

二、实训操作题

以小组为单位考察某旅游品牌，简述其所运用的电子商务模式、设计思想和特色。

项目二 旅行社财务管理目标与方法

【项目描述】

本项目介绍旅行社如何合理分配及使用资金，需要学生理解旅行社如何实施财务预测、财务决策、财务计划、财务控制、财务分析的综合性管理。

>> 任务一 旅行社财务管理的概念及目标<<

【任务描述】

理解旅行社财务管理的概念及目标。

【任务目标】

知识目标：理解旅行社财务管理的概念。

技能目标：掌握旅行社财务管理目标的特点。

素质目标：培养认真的学习态度、良好的职业道德和敬业精神。

【理论引导】

一、旅行社财务管理的概念

旅行社财务管理是根据资金运动的客观规律，通过资金筹集、资金运用、资产管理和利润分配等实现旅行社利润最大化的目标，使旅行社财务状况处于最优状态。它是旅行社财务预测、财务决策、财务计划、财务控制、财务分析的综合性管理，并贯穿旅行社经营活动的全过程。

二、旅行社财务管理的目标

旅行社是按照市场需求自主经营，以提供旅游服务、提高经济效益和实现保值增值为目的的经济组织。旅行社财务管理的目标受到旅行社的总目标和财务管理本身的特点制约。

(一)旅行社管理的总目标

旅行社的一切经济活动是以赢利为目标的，其出发点和归宿点均是赢利。旅行社始终面临竞争，始终处于生存和倒闭、发展和萎缩的矛盾之中。旅行社必须生存下去才可能赢利，只有不断发展才能求得生存。因此，旅行社管理的总目标可以概括为生存、发展和赢利。

(二)旅行社财务管理目标的内容

1. 利润最大化

利润代表了旅行社新创造的财富，利润越多，财富增加得越多、越接近旅行社经营的目标。利润成为考核旅行社经营状况的首要指标，同时，旅行社员工的经济利益同旅行社实现利润的多少紧密地结合在一起。旅行社以利润最大化为财务管理目标，必须讲求目标管理，以目标来指导和控制旅行社的一切经营活动，以目标作为管理人、财、物等各要素的基础，使旅行社管理行为始终围绕目标的实现而努力。

以利润最大化为财务管理目标也有其明显不足，一方面会导致企业盲目追求利润，而忽视风险的存在；另一方面，容易造成只看到眼前利益，而忽视长远利益，无视资金时间价值的影响。

2. 财富最大化

财富最大化是旅行社通过合理经营，采用最优的财务决策，在考虑资金的时间价值和风险报酬的情况下不断增加旅行社财富，使旅行社总价值达到最大。在股份制旅行社中，股东财富由其所拥有的股票数量和股票市场价格两方面决定，当股票市场价格达到最高时股东财富也达到最大，这时旅行社总价值也达到最大。所以，股份制旅行社财富最大化也可以表现为股东财富最大化。

旅行社以财富最大化为财务管理目标，要正确权衡报酬增加与风险增加的得与失，努力实现两者之间的最佳均衡。一般而言，财富最大化是旅行社财务管理的最优目标。

3. 企业财富和社会效益最大化

旅行社生产经营目标与社会效益在许多方面是共同的。在市场经济环境中，旅行社为了生存，必须面向市场，满足社会需求。旅行社在进行简单再生产和扩大再生产过程中，会增加员工人数，对员工进行教育和培训，从而解决社会就业并提高人口素质。为了在市场竞争中获胜，旅行社需改进产品质量和服务，从而促进社会效益和公众生活质量的提高。

然而，旅行社从其自身的赢利动机出发，可能会提供劣质产品，甚至会不顾员工的健康和利益、不改善劳动场所的安全和卫生条件，还可能在经营过程中造成环境污染等危害。因此，旅行社必须在国家法律和商业道德的约束下，在政府有关部门的行政监督及社会公众的舆论监督下，充分兼顾企业财富和社会效益，实现两者的最优化，达到经济效益和社会效益双丰收。

【任务实施】

理解和记忆旅行社财务管理目标的内容

实训目的

让学生理解和记忆旅行社财务管理目标的内容。

实训内容

参照电子课件大纲，论述旅行社财务管理目标。

实训步骤

第一步：总结要点。

第二步：阐述要点。

实训成果

熟记旅行社财务管理目标的内容。

>> 任务二　旅行社财务管理的方法 <<

【任务描述】

理解旅行社财务预测、财务决策、财务计划、财务控制、财务分析的常见管理方法。

【任务目标】

知识目标：熟记旅行社财务管理方法。

技能目标：理解并掌握旅行社财务管理方法的特点。

素质目标：培养认真的学习态度、良好的敬业精神。

【理论引导】

旅行社财务管理的方法是指旅行社用来组织、指挥、监督和控制财务活动，以完成财务管理任务的手段。根据财务管理的环节，常用的管理方法可以分为以下几种。

一、财务预测

财务预测是指旅行社根据财务活动的历史数据，考虑未来的财务活动和成果而进行的财务预计和测算。旅行社的财务预测的目的是为计划管理提供信息、为财务决策提供依据，常见的方法有时间序列法、回归直线法、量本利分析法、现金流量法等。

二、财务决策

财务决策是指旅行社财务人员在财务管理目标的总体要求下，从多个财务活动方案中选择最优方案的过程。财务决策是现代企业经营管理决策的核心内容，其成功与否直接关系到财务活动的结果，甚至直接影响经济效益。

三、财务计划

财务计划是指在一定时期内以货币形式反映旅行社经营活动所需要的资金来源、财务收入和财务支出、财务成果及分配的计划。财务计划是财务预测和财务决策的具体化，是控制财务活动的依据。制订财务计划的方法很多，最常用的是固定计划法。在旅行社日常经营活动中，财务计划主要体现在年度财务预算的制定、执行和管理上。

四、财务控制

财务控制是指旅行社在财务管理过程中对财务活动施加影响或进行调节，以实现预定的目标。财务控制最常见的方法是防护性控制，指为使财务活动按预定的目标进行，事先制定一系列制度、规定以防止出现差异或偏离。

五、财务分析

财务分析是指根据会计核算和有关信息资料，运用特定的方法，对旅行社财务活动的过程和结果进行评价和分析。财务分析的方法主要有对比分析法、比率分析法、因素分析法等。在财务分析的实践中，必须综合运用各种方法，才能分析问题产生的原因、找到问题的本质并提出改进措施，最终达到改善企业财务状况、提高企业经济效益的目的。

【任务实施】

记忆旅行社财务管理方法

实训目的

让学生记忆旅行社财务管理方法。

实训内容

参考电子课件大纲，论述旅行社财务管理方法。

实训步骤

第一步：总结要点。

第二步：阐述要点。

实训成果

熟记旅行社财务管理方法。

【课后小测试】

一、填空题

1. 在股份制旅行社中，财富最大化也可以表现为________财富最大化。

2. 旅行社财务管理的方法是指旅行社用来________、________、________和控制财务活动，以完成财务管理任务的手段。

二、简答题

1. 简述旅行社财务管理目标的内容。

2. 根据财务管理的环节，常用的管理方法有哪几种？

项目三　旅行社财务核算

【项目描述】

本项目介绍旅行社财务管理中进行财务核算及业务核算的方法，需要学生理解并记忆。

>> 任务一　旅行社会计核算 <<

【任务描述】

理解旅行社会计核算是全面、系统、连续地反映旅行社经营业务过程和经营成果的方式。

【任务目标】

知识目标：清楚旅行社会计核算的意义。

技能目标：掌握旅行社会计核算的基本方法。

素质目标：培养认真的学习态度、深入探索的精神。

【理论引导】

旅行社会计核算是以货币为计量单位，利用核算方法全面、系统、连续地反映旅行社经营业务过程和经营成果。另外，也存在利用商业信用进行结算的情况。

一、现金核算

旅行社的现金包括库存现金、银行存款、其他货币资金等。现金核算的内容是现金收入和现金支出的情况。

旅行社现金收入主要有主营业务收入、投资收入、利息收入、其他收入等。

旅行社现金支出主要有营业费用支出、人员工资支出、上缴税金支出等。

二、应收账款与应付账款的核算及账务处理

旅行社在经营中赊账是常见的现象。旅行社和客户、旅游服务供应商的业务往来有很多是建立在以信用为基础的定期结算制度上，它是形成应收账款和应付账款的重要原因。应收账款的催收应遵守“谁经办，谁负责”的原则，保障其资金及时回收，避免流失。

(一)应收账款的业务处理

为核算经营成果，按照权责发生制原则，无论款项是否已收到，均应以向有关

个人和企业发出“拨款单”的时间和金额作为计算本期营业收入的依据，借记“应收账款”账户，贷记“主营业务收入”账户。实际收到有关个人和企业的拨款时，借记“银行存款”账户，贷记“应收账款”账户。

1. 业务产生时

借：应收账款——应收国内结算款(A旅行社)

贷：主营业务收入

2. 收到款项时

借：银行存款

贷：应收账款——应收国内结算款(A旅行社)

(二)应付账款的业务处理

1. 业务产生时

借：主营业务支出

贷：应付账款——应付国内结算款(A旅行社)

2. 支出款项时

借：应付账款——应付国内结算款(A旅行社)

贷：银行存款

(三)应收账款得到有效控制的标准

1. 应收账款占用的资金达到最低

衡量应收账款占用资金水平的指标是应收账款平均余额，影响应收账款平均余额的因素有二：①平均每日赊销额；②应收账款平均收款期。因此，使应收账款占用的资金达到最低的关键是加强应收账款收款期的控制。

2. 应收账款周转最快

应收账款周转速度决定了应收账款变现能力的高低。为了使企业有更多的可动用现金，必须加强应收账款周转率的控制。

3. 应收账款的成本最小

应收账款的成本是指由于赊销而产生的坏账损失、收账成本、机会成本和折扣费用。因此，只有当赊销带来的收入大于其产生的成本时，赊销才是可行的。有效地控制应收账款的成本，才能使赊销带来最大的经济效益。

【任务实施】

记忆旅行社应收账款与应付账款的核算方法

实训目的

理解旅行社会计核算方法，重点记忆应收账款与应付账款的核算方法。

实训内容

学生分组，练习会计核算方法及账务处理。

实训步骤

第一步：总结要点。

第二步：阐述要点。

实训成果

掌握会计核算方法及账务处理。

>>任务二　旅行社业务核算<<

【任务描述】

理解旅行社组团业务和接待收入核算的方式。

【任务目标】

知识目标：清楚旅行社业务核算的意义。

技能目标：掌握旅行社业务核算的具体方法。

素质目标：培养认真的学习态度、良好的职业道德和敬业、吃苦耐劳的精神。

【理论引导】

一、组团业务核算

(一)审核报价

财务部门根据销售部门业务人员提供的旅游团体及个人的行程内容进行审核，主要审核内容包括行程时间，淡季、旺季的价格和报价单的价格是否准确。

(二)核算组团营业收入

组团营业收入主要包括综合服务费、房费、餐费、交通费等。为了实现利润最大化，旅行社要尽可能坚持收费后再接待的原则，要求旅游者或团体在出游前必须缴清旅行费用，否则取消其旅行资格。旅行社在核算营业收入时，要根据与旅游者或地接社达成的协议审核其旅行费用，完成核算任务。

(三)核算组团成本

核算组团成本时应考核旅行任务中的成本开支是否合理，对于不合理的开支要予以纠正，以达到降低成本和增加经济效益的目的。

二、接待收入核算

(一)审核结算通知单

接待旅行社向组团社收取费用的凭证称作结算通知单。结算通知单的审核重点为接待人数，抵、离时间，具体旅游项目是否与计划一致，各项费用的计算是否一致。

(二)核算接待收入

接待收入主要由综合服务费、房费、餐费、交通费等组成。接待旅行社在核算接待收入时要采用同组团社事先确定的结算方法，计算出其因提供接待而应该得到的各项收入。

(三)核算成本费用

接待旅行社在审核营业成本时，应该按照收入和支出配比的原则进行成本费用核算。要严格审核应付给饭店、景点、汽车公司、餐馆等旅游要素服务部门的款项，按“分团核算，一团一清”的原则完成审核任务。

【任务实施】

记忆旅行社业务核算的要点

实训目的

理解旅行社业务核算方法，记忆旅行社业务核算内容、流程与方法。

实训内容

学生分组，讨论旅行社业务核算内容、流程与方法。

实训步骤

第一步：总结要点。

第二步：背诵要点。

实训成果

掌握业务核算方法。

【课后小测试】

一、填空题

1. 接待收入主要由________、________、________、________等组成。

2. 接待旅行社在审核营业成本时，应该按照________和________配比的原则进行成本费用核算。

二、简答题

旅行社核算的组团营业收入主要包括哪些？

三、实训操作题

内蒙古旅行团一行25人于4月30日抵达西安旅游，并于5月2日离开该城市返回内蒙古。接待旅行社确定每年12月至次年4月底作为旅游淡季，其余时间作为旅游平季和旺季。淡季团体旅游的综合服务费标准价格为74元(人×天)，平季和旺季团体旅游的综合服务费标准价格为88元(人×天)。那么，接待旅行社对该团每人应收的综合服务费如何计算？

项目四　旅行社的成本费用管理

【项目描述】

旅行社的成本费用是旅行社经营过程中所发生的直接支出。旅行社的经营目标是赢利，而提高收入、降低成本费用是增加盈利的基础。因此，旅行社的成本费用管理是进行旅行社目标管理、提高经济效益的根本途径。

>> 任务一　旅行社成本费用的内容及分类<<

【任务描述】

旅行社的成本费用管理是旅行社管理的重要内容，也是旅行社财务管理的主要内容。

【任务目标】

知识目标：清楚旅行社成本费用的意义。

技能目标：掌握旅行社成本费用的内容特点。

素质目标：培养认真的学习态度、良好的职业道德和吃苦耐劳的精神。

【理论引导】

一、成本费用按用途分类

(一)主营业务成本

主营业务成本是指旅行社在经营期间直接用于接待客人的费用，主要包括主营业务发生的房费、交通费、餐费等。

(二)营业费用

营业费用是指旅行社各营业部门在经营过程中发生的各项费用，主要包括水电暖费、广告宣传费、业务人员差旅费、工作餐费、交通燃料费、经营人员的工资。

(三)管理费用

管理费用是指旅行社为组织管理经营活动而发生的费用以及由旅行社统一负担的费用，主要包括办公用品费、管理人员工资、福利费、管理人员差旅费、保险费、上级管理费、固定资产折旧费、低值易耗品摊销费用等。

(四)财务费用

财务费用是指旅行社为筹集资金而发生的费用，主要包括旅行社在经营期间发生的利息净支出、汇兑净损失、金融机构手续费以及为筹资而发生的其他费用。

二、成本费用按和业务量的关系分类

(一)固定成本

固定成本是指保持稳定不变的成本，如工资、福利费、折旧费、保险费等。

(二)变动成本

变动成本是指随业务量变动而保持正比例变动的成本，如物料消耗、水电费等。

【任务实施】

记忆旅行社成本费用的主要内容

实训目的

理解旅行社成本费用的具体组成内容。

实训内容

学生分组，制作旅行社成本费用主题电子课件。

实训步骤

第一步：总结要点。

第二步：阐述要点。

实训成果

掌握旅行社成本费用的分类。

>> 任务二　旅行社成本费用的核算及管理<<

【任务描述】

旅行社的成本费用管理既要符合国家有关规定，又要结合旅行社的实际情况。

【任务目标】

知识目标：清楚旅行社成本费用的管理方法。

技能目标：熟练掌握旅行社成本费用的核算方法。

素质目标：培养认真的学习态度、良好的职业道德和吃苦耐劳的精神。

【理论引导】

一、旅行社成本费用的核算

根据旅行社的经营规模与经营范围的不同，旅行社成本费用的核算方法可以分为单团核算法、部门核算法。

(一)单团核算法

单团核算法是以每一个旅游团队作为成本核算对象，按团队归集和分配费用的核算方法。针对不同项目，采用不同方法归集和分配。单团核算法采用一团一价，有利于旅行社之间的款项结算，能如实、直观地反映某个旅行团的经营成果，有利于旅行社进行准确的财务决策。但该方法核算繁复，仅适用于小型旅行社的成本费用核算。

(二)部门核算法

部门核算法是以旅行社内部直接创造利润的业务部门作为成本核算对象，按部门归集和分配费用，计算出各部门盈亏情况的核算方法。采用部门核算法有利于旅行社认清自己在国内外的市场占有率，为企业经营管理及市场开发决策提供依据，同时提高各部门的工作积极性，增强内部的竞争意识，全面提高旅行社的经济效益。该方法适用于大型旅行社的成本费用核算。

二、旅行社成本费用的管理

旅行社对于成本费用的管理和控制，主要是通过制定成本费用的标准、建立日常控制制度，进行定期检查与考核等办法来实现。制定成本费用标准的主要方法有分解法、定额法、预算法。

(一)分解法

分解法是指按照成本费用项目分解目标成本费用，明确各成本费用项目应达到的目标和降低的幅度。在此基础上，在旅行社内部按部门对各成本费用项目指标进行归口分解；各部门再把成本费用项目指标分解落实到位，然后由各岗位分别制定各项费用支出目标和控制措施，对分解指标进行修订。各项修订后的指标以实现目标成本费用为标准进行综合平衡，即形成了各项成本费用开支的标准。

(二)定额法

定额法是指首先确定各种经营成本或费用的合理定额，并以此为据制定成本费用标准。能直接确定定额的成本费用，都应制定成本费用标准；不能直接确定定额的成本费用，也应比照行业平均水平确定成本费用标准。

(三)预算法

预算法是指以预算指标作为实际经营支出的限额目标，以分项目、分阶段的预算数据作为实施成本控制的依据。具体做法是把每个财务报告期实际发生的各项成本费用总额与预算指标相比，在业务量相同的情况下，要求成本不能超过预算限额。为使预算具有较大的灵活性、更加切合实际情况，一般采用滚动预算编制方式。

加强成本费用管理具有重要意义，它既是企业提高经营管理水平的重要因素，也是企业增加盈利的要求，并且为企业的进一步发展提供了可靠保障。

【任务实施】

记忆旅行社成本费用的核算方法

实训目的

理解旅行社成本费用的具体核算内容。

实训内容

学生分组，讨论成本费用的核算方法。

实训步骤

第一步：总结要点。

第二步：阐述要点。

实训成果

熟练运用旅行社成本费用的核算方法。

【课后小测试】

一、填空题

1. ________是指直接用于旅行社在经营期间接待客人的费用。

2. ________是指旅行社为组织管理经营活动而发生的费用以及由旅行社统一负担的费用。

3. 制定成本费用标准的主要方法有________、________、________。

二、简答题

1. 简述如何用部门核算法核算旅行社成本费用。

2. 按与业务量的关系，成本费用有哪些？

项目五　旅行社的收入管理和利润管理

【项目描述】

旅行社向旅游者提供各项服务，从而获得其预期的营业收入和利润。旅行社的利润来源于营业收入，它是一定时期的经营成果，其高低反映旅行社经营水平的高低。

>> 任务一　旅行社的收入管理<<

【任务描述】

作为旅行社财务管理的一个重要内容，收入管理是支撑旅行社正常运转的保障。

【任务目标】

知识目标：清楚旅行社营业收入的构成。

技能目标：掌握旅行社收入管理的内容。

素质目标：培养认真的学习态度、不断钻研的精神。

【理论引导】

一、旅行社营业收入的构成

旅行社的营业收入是旅行社向旅游者提供各项服务而获得的全部收入。

(一)综合服务费收入

综合服务费包括导游费、市内交通费、餐费、全程陪同费、组团费、接团手续费等。

(二)房费收入

房费由旅行社为旅游者代交的房间费，以及按照旅游者实际住宿标准及过夜天数收取的相应费用。

(三)城市间交通费收入

城市间交通费是旅游者往来各城市、各地区之间时乘坐汽车、火车、飞机等实际产生的交通费用。

(四)专项附加费收入

专项附加费主要是指旅行社向旅游者收取的汽车超公里费、风味餐费、游江费、特殊游览门票费、文化娱乐费、专业活动费、保险费、不可预见的费用等。

(五)单项服务收入

单项服务收入主要是指旅行社接待零散旅游者和委托代办事项所收取的服务费、代购国际联运客票和国内联运客票的手续费、代订酒店房间费、单独定制服务费及代办签证费等收入。

二、旅行社营业收入的管理

在旅行社的营业收入中，代收代付的款项占了很大的比重。对这类款项旅行社应当加强管理，准确地对其进行确认及时间上的界定。

(一)确认营业收入的原则

按照国家会计准则相关规定，旅行社在确认营业收入时应实行权责发生制。根据权责发生制原则，旅行社在两种情况下可以确认其获得营业收入：

第一，旅行社已经向旅游者提供了旅游合同所包括的所有行程与服务。

第二，旅行社已经从个人或企业处收到了团款，或取得了有权收取费用的凭据。

(二)界定营业收入时间的原则

1. 入境旅游

旅行社接待境外旅游者到境内旅游，以旅游者离境或离开本地时间作为确认其营业收入实现的时间。

2. 国内旅游

旅行社组织国内旅游者在国内旅游，接团旅行社以旅游者离开本地时间、组团旅行社以旅游者旅行结束返回原出发地时间作为确认其营业收入实现的时间。

3. 境外旅游

旅行社组织中国公民出境旅游，以旅游者旅游结束返回原出发地时间作为确认其营业收入实现的时间。

【任务实施】

理解旅行社的收入管理

实训目的

理解旅行社收入的具体项目及分类。

实训内容

结合实际案例分析旅行社营业收入的构成。

实训步骤

第一步：总结要点。

第二步：阐述要点。

实训成果

熟练掌握旅行社收入项目的内容。

>> 任务二　旅行社的利润管理 <<

【任务描述】

旅行社财务管理的另一个重要内容是旅行社的利润管理。旅行社的利润管理涉及国家、企业和个人三者之间的利益关系，必须处理好。

【任务目标】

知识目标：理解旅行社利润管理的构成及运算。

技能目标：掌握旅行社利润管理的内容。

素质目标：培养认真的学习态度、不断钻研的精神。

【理论引导】

旅行社在一定时期的经营活动所取得的主要财务成果就是其利润。从整个社会来看，利润是社会再生产的重要来源；从旅行社来看，取得利润是旅行社生存与发展的必要条件，利润是评价旅行社经营状况的重要指标。影响旅行社财务成果大小的因素主要有两方面：一是主营业务收入应如何确定以及有哪些开支可作为成本费用在税前列支，二是财务成果应如何分配。要做到税金按时足额上缴，企业留存和利润分配同步、协调发展。

一、利润构成

旅行社的利润是生产经营活动取得的经济效益，一般由营业利润、投资净收益、营业外收支净额构成。

利润总额＝营业利润＋营业外收入－营业外支出

营业利润＝主营业务收入－主营业务成本＋其他业务收入－其他业务成本－营业费用－营业税金及附加－管理费用－财务费用

净利润＝利润总额－所得税

二、利润预算

利润预算就是预计旅行社在未来一定时期内可能实现的利润和可能发生的亏

损。旅行社为实现目标利润，必须综合调整经营活动规模和水平。因此，利润预算是旅行社编制财务预算的基础。利润预算要把旅行社继续生存与发展及实现目标利润所需的资金、可能取得的收益以及未来要发生的收入、成本费用、利润因素都考虑进去，一般采用本量利分析。

本量利分析是对业务量、销售价格、固定费用、变动费用、盈亏等相互之间的内在关系进行的分析、研究，通过研究有关因素的变动对利润的影响，分析实现利润目标所要采取的措施，寻求以最低成本取得最大效益。

1. 边际贡献

边际贡献是指主营业务收入减去变动费用后的余额，即边际贡献＝主营业务收入－变动费用。这部分金额是对抵补固定成本和盈利所作出的贡献。

2. 保本点

保本点是指总销售收入和总成本相等，既无盈利也不亏损，正好保本的销售量（额），也称损益平衡点。当企业实现的边际贡献总额能够全部抵补固定成本时，企业达到保本。使企业实现的边际贡献总额全部抵补固定成本的业务量称为保本业务量，使企业实现的边际贡献总额全部抵补固定成本的营业额称为保本营业额。

保本点销售量＝固定成本费用总额÷[单位销售价格×(1－税率)－单位变动成本]

三、利润管理

利润管理的主要内容是确定目标利润和进行利润分配。

(一)确定目标利润

目标利润是指旅行社在未来一段时间内经过努力要获得的利润，它是未来经营必须考虑的战略目标之一。

目标利润＝预计营业收入－目标营业成本－预计营业税金－营业费用

在确定了目标利润之后，旅行社可以用本量利分析测算需要多少业务量、降低多少成本和期间费用，才能实现目标利润。

实现目标利润销售量＝(固定成本费用总额＋目标利润)÷[单位销售价格×(1－税率)－单位变动成本]

绝大多数旅行社同时经营多个旅游产品，受市场供求关系、旅游业竞争激烈程度以及产品的等级规格、内容档次等影响较大。因此，应用本量利分析有一定的难度。很多旅行社都是参考以前经营年度的平均成本和营业收入，按上述公式进行计算。

(二)进行利润分配

目前，中国的旅行社主要分为股份制旅行社和非股份制旅行社两种类型，由于旅行社的体制不同，利润分配方式也有所不同。

1. 股份制旅行社

(1)弥补以前年度的亏损(不得超出国家规定年限)。

(2)按规定缴纳所得税。

(3)支付优先股股利。

(4)按公司章程提取任意盈余公积金。

(5)支付普通股股利。

2. 非股份制旅行社

(1)弥补以前年度的亏损(不得超出国家规定年限)。

(2)按规定缴纳所得税。

(3)提取法定盈余公积金(根据国家有关规定，旅行社提取的法定盈余公积金应为税后利润的10%；法定盈余公积金达旅行社注册资本的50%后，可不再提取。旅行社提取法定盈余公积金用于弥补亏损或按规定转增资本)。

(4)提取公益金(主要用于员工福利设施支出)。

(5)向投资者分配利润(旅行社以前年度未分配的利润，可并入本年度利润一并分配)。

【任务实施】

掌握旅行社利润管理的要点

实训目的

理解旅行社利润管理的要点。

实训内容

结合实际案例分析旅行社利润的构成。

实训步骤

第一步：总结要点。

第二步：阐述要点。

实训成果

熟练掌握旅行社利润管理的要点。

【课后小测试】

一、填空题

1. ________包括导游费、市内交通费、餐费、全程陪同费、组团费、接团手续费等。

2. 本量利分析是对________、________、________、________、盈亏等相互之间的内在关系进行的分析、研究。

3. 目前，中国的旅行社主要分为________旅行社和________旅行社两种类型。

二、简答题

1. 简述旅行社营业收入的构成。

2. 影响旅行社财务成果大小的因素主要有哪两方面？

项目六　旅行社人力资源开发与管理

【项目描述】

现代企业在人力资源管理中应实践以人为本的管理思想。本项目介绍人力资源开发与管理的内涵、内容、特性等相关知识，使学生形成人力资源管理的初步观念，明确旅行社人力资源开发与管理的意义。

>>任务一　旅行社人力资源开发与管理的内涵<<

【任务描述】

在认识人力资源的内涵的基础上，理解旅行社人力资源管理的内涵。

【任务目标】

知识目标：理解旅行社人力资源开发与管理的内涵。

技能目标：能够采用系统研究法和管理研究法进行学习与实践。

素质目标：具有团队精神及协作沟通能力、认真的学习态度、良好的职业道德和吃苦耐劳的精神。

【理论引导】

一、人力资源的内涵

人力资源、财力资源、物质资源是企业经营过程中不可缺少的三种资源。企业管理者通过充分有效地开发利用人、财、物三种资源，使之共同创造出产品、服务、收入和利润。其中，人力资源是最活跃、最具有创造性的资源。因为是人设计开发新产品、提供服务、制定战略、决定组织的目标，没有有效的人力资源，任何组织都是不可能实现其战略目标。特别是在知识经济时代，知识创新是推动经济发展的最重要的力量，员工的知识结构、知识水平和创新能力决定着一个企业的素质和市场竞争力的强弱。企业的生存与发展归根到底取决于其所拥有的人力资源的状况。

所谓人力资源管理，是指在人力资源的取得、开发、保持、引进和利用等方面所进行的计划、组织、指挥和控制活动。与人力资源开发强调个人能力的发挥有所不同，人力资源管理更多地强调企业的需要。企业通过人力资源的招聘、选拔、录用、考核、评价、培训、提升、奖励、福利等环节，调节好个人与个人、个人与群体、个人与企业的关系，挖掘人的潜力，调动人的积极性，提高人的工作效率，最终实现企业的既定目标。

二、旅行社人力资源开发与管理的内涵

旅行社人力资源开发与管理是指旅行社人力资源的获取、培养发展、整合优化、调控开发和保持利用等管理过程和活动。通过人力资源的招聘、选拔、录用、考核、培训、提升、奖励等环节，以科学的方法将旅行社的人与事做适当的配合，做到个人与岗位相匹配，充分挖掘员工的潜能，调动员工的积极性，追求企业组织效率和人力资源使用效率的最大化，以实现企业的战略发展目标。旅行社人力资源包括数量和质量两个方面，前者是指旅行社所有劳动人员的数量，后者是指旅行社员工的身体素质、文化素质、思想道德以及素质与专业劳动技能水平的统一。

三、人力资源开发与管理活动

(一)制定科学合理的人力资源规划

人力资源规划是为保证企业发展目标的实现和各项工作的顺利进行，对一定时期内的人力资源开发与管理工作所进行的预测、分析和安排。企业的人力资源规划的作用主要有两个方面：一方面是保证人力资源的管理工作和企业的战略方向与战略目标相一致，另一方面是保证人力资源管理各个环节的一致性。

人力资源开发部门应该以企业的经营管理目标为指导，研究经营管理和企业发展对人力资源的需求量和需求标准，做好人力资源数量和质量的预测，并制订人力资源开发计划。在一年中的不同阶段，旅行社对旅游专业人才的需求是不均衡的。如果旅行社不把人力资源管理上升到战略高度，逢旅游旺季就招聘人员，逢旅游淡季就解聘人员，会造成员工更迭频繁、忠诚度下降，既增加了旅行社的人工成本，也损害了旅行社的声誉。而实行人力资源管理战略就可以避免这种情况。通过分析旅行社的内部环境和相关的历史数据，制定人力资源规划，保持一定量的人力资源储备，或者提前招聘、租借一些临时人员等，都可以解决这一问题。

(二)用人计划

企业必须对其所需招聘人员的数量、质量和类型做出计划。如果企业现有的员工过剩、机构臃肿，则需要制订出裁员或降薪计划；如果企业现有的员工不足，则需要制订出招聘计划；如果企业员工结构不合理，则需要通过人员的培训、流动和调配调整员工结构，使其趋于合理。

(三)职务分析和工作设计

职务分析和工作设计是人力资源管理的基础，组织决策、人员选聘、绩效考

评、报酬奖励和职务升降诸方面都要以此为依据。职务分析是对各个点的任务、责任、性质及工作人员的条件进行分析研究并做出明确规定，工作设计则是依据职务设计对工作内容、工作方法、工作职能和工作关系做出规定。

(四)招聘

招聘是企业为补充其所需要的员工而寻找和发现符合工作要求的求职者的过程。人力资源开发部门应按照旅行社人力资源开发计划中相关部门或岗位的不同员工的基本素质、专业知识、专业技能和操作能力的标准，在旅行社内部或外部招聘和录用员工，达到人与岗位的最佳匹配。

(五)选择

选择是指企业挑选最合适的求职者，将其录用并安排在一定的工作岗位上。其目标是保证企业的人力资源得到充分的供应和高效的配置，从而提高人力资源的效率和产出。

(六)事业生涯开发与员工的培训

事业生涯开发是指企业根据员工个人的性格、气质、能力、兴趣、价值观等特点，同时结合企业的需要，为员工制订事业生涯发展计划，并依此不断开发员工的潜能。员工的培训是指企业为了实现其组织目标、提高竞争力而有计划、有组织、多层次、多渠道地安排员工从事学习和训练，从而不断丰富员工的知识和技能、改善员工的工作态度、激发员工的创新意识，有两个层次的意义：

第一个层次是培训。其主要目的是使员工较快地适应工作岗位的要求，提高职业技能和绩效；其主要任务是使员工获得或改进与工作有关的知识、技能、动机、态度和行为。培训的形式是有组织、有计划的活动，通常时间短、目的明确、阶段清晰。

第二个层次是开发。其主要目的是使企业战略目标与员工个人职业生涯发展相结合，不断地激发员工的潜能；具有时间长、内涵丰富、阶段性模糊等特点。

(七)绩效考评

绩效考评是指针对企业中每个员工所承担的工作，应用各种科学方法对员工行为的实际效果及其对企业的贡献或价值进行考核和评价。它是对员工业绩进行客观描述的过程，应用考核结果的描述来确定业绩的高低并作出评价。

(八)薪酬管理

薪酬管理是指为了能够发挥员工积极性并促进其发展，将员工的薪酬与组织目标有机结合起来的一系列管理活动。薪酬是企业因使用员工的劳动而付给员工的钱或实物，一般分为直接薪酬和间接薪酬。直接薪酬是指员工以工资、奖金、津贴、股权等形式获得的全部报酬；间接薪酬是所有除直接薪酬以外的其他各种经济回报，如养老保险、医疗保险、失业保险、伤病补助、带薪假期等，也就是通常讲的福利。

(九)安全与保健

安全与保健是指为了保障员工的健康，减少污染、工伤和杜绝死亡事故发生而采取的必要措施。

(十)劳资(干群)关系

劳资(干群)关系是指企业的管理者与企业内部有组织(包括非正式组织)的员工群体就员工的工资、福利、工作条件以及其他待遇所进行的交涉与协商。

(十一)职务晋升

职务晋升是指企业从工作绩效突出的员工中选拔有管理能力和培养前途、符合企业发展要求者，提升到更高层次的工作岗位上去。这既是为了企业发展的需要，也是为了提高员工的满意度、调动员工的积极性。

【任务实施】

记忆人力资源开发与管理活动的要点

实训目的

理解和记忆人力资源开发与管理的主要活动。

实训内容

学生分组，制作电子课件。

实训步骤

第一步：分组讲解人力资源管理的主要活动。

第二步：总结要点。

第三步：背诵要点。

实训成果

默写人力资源管理活动的要点。

>> 任务二 旅行社人力资源开发与管理的特性与意义<<

【任务描述】

在认识旅行社人力资源管理活动的基础上，了解旅行社人力资源开发与管理的特性。

【任务目标】

知识目标：理解旅行社人力资源开发与管理的特性。

技能目标：具有采用系统研究法和管理研究法进行学习与实践的能力。

素质目标：具有团队协作精神、认真的学习态度、良好的职业道德和吃苦耐劳的精神。

【理论引导】

一、旅行社人力资源开发与管理的特性

旅行社人力资源开发与管理同一般人力资源开发与管理相比既有共性，又有个性。旅行社的业务特点决定了其人力资源管理具有如下特性：

(一)工作独立性强，个体差异性大

我国旅游业起步较晚，改革开放后又超常规发展，加上旅行社本身中介的性质，其设立对设备方面要求较低。因此，我国旅行社大多规模不大、员工数目不多、业务独立性强，许多业务的开展通常落实到员工个人，由员工个人独立完成(这一特性在旅行社的借贷业务中表现得尤为突出)。旅行社的员工大多要独立完成各自的业务，有各自独特的工作方式，工作效果取决于个人的独立工作能力，因此员工的工作绩效和收入水平方面的差异较大。为了维护自己的利益，有些员工有可能拒绝与同事合作，有可能对工作挑挑拣拣，还有可能以自己的工作成绩作为向企业讨价还价的筹码，甚至构成对某方面业务的不正常垄断。这就要求旅行社加强人力资源开发与管理，既要鼓励每个人的积极性和独创性、充分挖掘每个人的潜力，又要公平合理地调配人员和制定分配方案，倡导团队精神和协作精神，推行规范化、制度化管理，保证工作井然有序地开展。

(二)工作环境分散性强，绩效考核难度大

旅行社的工作人员经常分散地独自与客户接触，广泛地在各条线路上陪同游客旅游。在联系业务或进行接待服务过程中，往往没有来自管理者和同事的直接监督，工作时间弹性大。为了确保工作质量和顾客的满意度，旅行社应向工作人员提出明确的工作要求和工作规范。目前，大多数旅行社通过填写工作日志和搜集顾客意见等方式对员工的工作绩效作出评价。这种评价是否客观、公正，在很多情况下很难判断。因此，旅行社的绩效考核难度较大。旅行社应积极建立有效的监督和激励机制，奖优罚劣，以维护自身声誉和顾客利益。

(三)员工流动率高，稳定高素质员工队伍任务重

旅行社行业的门槛较低，人员的流动相当频繁。旅行社人力资源流动性大的特点既给旅行社及时招聘所需人才提供了良好机遇，又向旅行社提出了如何保留和吸

引优秀人才的严峻挑战。旅行社应当在员工个人发展、企业凝聚力和员工待遇等方面付出不懈的努力，建立人力资源信息库，及时招聘、补充合格人才，强化业务培训，保证旅行社在人员频繁流动的大环境中拥有一支高素质的、相对稳定的员工队伍。

二、旅行社人力资源开发与管理的意义

人力资源开发与管理是涉及旅行社生存与发展全局的战略性问题，旅行社必须充分认识加强人力资源开发与管理的主要意义。

第一，加强人力资源开发与管理是增强旅行社市场竞争力的需要。旅行社行业既是以提供服务为主的劳动密集型行业，也是人才智力密集型行业。从旅游线路的设计与开发、市场促销与销售到翻译、陪同与导游服务，均须由人去完成。员工的创新策划能力、工作责任心和业务水平，直接关系到旅行社的经营管理水平与服务水平。特别是在知识经济的背景下，人力资源的作用将会更加突出。因此，旅行社市场竞争力的强弱归根到底取决于员工队伍的素质，旅行社之间的竞争归根到底是人才的竞争。

第二，加强人力资源开发与管理是旅行社吸引优秀人才的需要。在市场经济条件下，我国已经初步形成了人才市场和劳动力市场。传统的就业观念已被打破，旅行社与应聘者之间形成了双向选择关系。而人才流动、业务骨干的"跳槽"甚至是集体"跳槽"，对旅行社的稳定与发展产生了较大影响，也对旅行社人力资源管理提出了严峻的挑战。因此，加强人力资源开发与管理对于吸引和留住优秀人才，进而保证旅行社的稳定与发展具有重要的战略意义。

第三，加强人力资源开发与管理是调动员工积极性、充分挖掘员工潜能的需要。旅行社的从业人员一般所受教育程度比较高，业务潜力相对比较大。他们往往具有以下几个特点：第一，在职业晋升方面的竞争比较激烈。旅行社可以提供的晋升岗位有限，而有业务能力可供进一步提升的人才相对较多。这必然会导致一部分业务能力较强的员工为获得晋升机会展开激烈的竞争。第二，有较强的民主管理意识。第三，对自己的职业和生活满意程度给予更多的关心。上述特点对旅行社人力资源开发与管理提出了挑战。旅行社必须制定有效的人力资源管理政策，实行公开、公正的人才选拔机制；注意倾听员工的意见和建议，发动员工参与企业管理，赋予员工适当的责任；在工作安排方面尽可能考虑员工个人生活方式的特点，最大限度地调动员工的积极性；充分挖掘员工的业务潜力，为员工创造更多发挥其才智的机会。

【任务实施】

阐述旅行社人力资源管理的意义

实训目的

理解和记忆旅行社人力资源管理的意义。

实训内容

学生依据前三个任务的要点，分成5～8人的若干小组，制作本任务的理论点课件。

实训步骤

第一步：分成小组。

第二步：各小组复述不同的旅行社人力资源的特性。

第三步：总结旅行社人力资源管理的意义。

实训成果

默写旅行社人力资源管理的意义的要点。

【课后小测试】

一、理论测试题

1. 简述人力资源的内涵。

2. 简述旅行社人力资源开发与管理的意义。

二、实训操作题

小张大学毕业后进入了一家规模较大的旅行社。没多久，人力资源部经理的一位助理调走，其因工作需要急需一名助理。小张是学旅游管理的，对管理方面的知识比较熟悉，旅行社决定让小张做人力资源部经理的助理。小张觉得人力资源部无非就是为员工跑劳动保险、管理员工档案，做人力资源工作的话他学的专业知识就无用武之地了，而且也干不出什么名堂来。

假设你是旅行社总经理，请用旅行社人力资源管理的内涵和意义的相关知识来与小张进行沟通。

项目七 旅行社员工的选聘与培训

【项目描述】

本项目介绍旅行社人力资源规划的内容要点，以及旅行社员工选聘与培训的方法与程序。

>> 任务一 旅行社人力资源规划<<

【任务描述】

在认识人力资源意义的基础上，理解旅行社人力资源规划的要点。

【任务目标】

知识目标：理解并掌握旅行社人力资源规划的要点。

技能目标：具有采用系统研究法和管理研究法进行学习与实践的能力。

素质目标：具有团队协作精神、认真的学习态度、良好的职业道德和吃苦耐劳的精神。

【理论引导】

一、旅行社人力资源规划的概念

旅行社人力资源规划是旅行社对未来一定时期内人员的需求和供给所作的预测、分析和安排，可分为中、长期规划和年度计划。一般来讲，长期规划是10年以上的规划，中期规划是10年以内的规划，年度计划即当年的执行计划。中、长期规划是以旅行社的发展战略和目标为依据，对未来人力资源工作具有指导性、方向性的安排；年度计划则是中、长期规划的具体化和执行方案，它是在中、长期规划的指导下制订和实施的。

二、旅行社人力资源规划的内容

旅行社人力资源规划一般包括岗位职务规划、人员补充规划、教育培训规划和人员分配规划等。

(一)岗位职务规划

岗位职务规划主要解决旅行社的定编、定员问题。旅行社应当依据其自身的近远期目标、劳动效率、岗位技术要求等因素，确定相应的组织机构、岗位职务标准，进行定编、定员。

(二)人员补充规划

人员补充规划是要保证在中、长期内岗位职务的空缺能从数量和质量上得到合理的补充，应当具体指出各级各类人员所需要的资历、培训、年龄等要求。

(三)教育培训规划

教育培训规划是旅行社依据发展的需要，设计各种教育培训途径培养当前和未来所需要的各级各类合格人才的行为。

(四)人员分配规划

人员分配规划是旅行社依据内部各级各类组织机构、岗位职务的专业分工要求来配置所需要的人员的行为，包括工种分配、管理人员职务调配及工作调动等。

三、旅行社人员的需求预测

旅行社人员的需求预测是指旅行社根据发展的要求，对未来一定时期内旅行社所需人员的数量和质量进行预测，进而确定人员补充规划和教育培训规划的方案的行为。

旅行社人员的需求预测是旅行社编制人力资源规划的核心和前提条件，预测的基础是旅行社的发展规划和年度预算。预测要采取动态的方法，要考虑到预测期内市场环境、工作效率、技术手段等因素的变化。预测的基本方法主要有以下三种。

(一)经验估计法

经验估计法是利用现有资料，根据有关人员的经验，结合旅行社的特点，对旅行社的人员需求进行预测的方法。经验估计法可以采用以下三种方式：

第一，“自下而上”的方式。是由直线部门的经理向自己的上级领导提出用人要求和建议，征得上级领导同意后确定用人计划的方式。

第二，“自上而下”的方式。是由旅行社先拟定出总体用人目标和建议，然后由各部门确定各自的用人计划。

第三，“上下结合”的方式。即先由旅行社提出人员需求的指导性意见，再由各部门根据指导性意见的要求会同有关部门提出具体的用人要求，然后由人力资源部门汇总形成人员需求预测，上报旅行社领导审批。

(二)统计预测法

统计预测法是根据旅行社目前和预测期内的经济指标及相关因素计算出人员需求量的方法，主要有比例趋势分析法、回归分析法和经济计量模型法三种类型。其中，运用最普遍、最简便易行的是比例趋势分析法，采用这种方法的关键在于历史资料的准确性和对未来情况变动的估计。

(三)工作研究预测法

工作研究预测法是通过工作研究计算、确定员工的工作指标和定额，并考虑到预期内有关变动因素，来确定旅行社人员需求的方法。

四、旅行社人员的供给预测

旅行社人员的供给预测是指为了满足旅行社对人员的需求，而对未来一定时期内旅行社所能得到的人员的数量和质量进行预测。

(一)供给预测的内容

旅行社人员的供给预测一般包括以下几个方面的内容。

第一，分析目前的人员状况，如人员的部门分布、业务知识水平、年龄构成等。

第二，分析目前人员流动的情况及其原因，预测将来人员流动的态势，以便采取相应措施来避免不必要的流动，或及时给予补充。

第三，掌握人员提拔或内部调动的情况，保证工作和职务的连续性。

第四，分析工作条件的改变和出勤率的变化对人员供给的影响。

第五，掌握人员供给的来源和渠道。人员供给既可来源于旅行社内部，也可来源于旅行社外部。

(二)影响因素

为了了解旅行社人员供给的基本状况，还必须把握影响旅行社人员供给的基本因素，这些因素包括如下两大类。

1. 外部环境因素

外部环境因素包括：宏观经济形势，政治与法律环境，旅行社所在地的就业水平、就业观念，旅行社所在地本身对人的吸引力，旅行社所在地的交通、社会福利、生活条件、住房等。

2. 旅行社内容因素

(1)旅行社的经营目标。旅行社的经营目标是影响其选择员工的一个重要因素，它决定了旅行社设置哪些部门和岗位，以及这些部门和岗位对员工的选择标准和招聘数量。

(2)旅行社的业务性质。旅行社的业务性质对决定其招聘的人才类型具有重要影响。经营出入境旅游业务的国际旅行社往往需要招聘外语程度较高的人员，而专门经营本国公民在国内旅游业务的旅行社则不需要此类人员。

(3)旅行社自身的财力资源。旅行社选择员工时，还必须根据自身的财力资源量力而行。一般来说，财力资源相对充裕的旅行社有能力支付较高的薪酬和提供较好的工作待遇，因而能够招聘到业务能力较强和知识水平较高的人才；而财力资源相对紧缺的旅行社则不可能承担同样的负担。

(4)旅行社的人力资源现状。旅行社在招聘员工时，必须根据其现有员工的构成与不同部门和岗位人员缺位的实际情况制订招聘计划。

【任务实施】

设计旅行社人力资源规划的文案

实训目的

理解和记忆旅行社人力资源规划的主要内容。

实训内容

学生分成5～8人的若干小组，制作本任务的理论点课件。

实训步骤

第一步：分成小组。

第二步：各小组复述不同的旅行社人力资源规划的要点。

第三步：总结旅行社人力资源规划的要点。

第四步：试着设计一个旅行社人力资源规划的文案。

实训成果

完成旅行社人力资源规划的文案。

>> 任务二　旅行社员工的选聘与培训<<

【任务描述】

在认识人力资源规划的基础上，熟悉旅行社员工的选聘方法与程序。

【任务目标】

知识目标：熟悉并掌握旅行社招聘的过程。

技能目标：具有采用系统研究法和管理研究法进行学习与实践的能力。

素质目标：具有团队协作精神、认真的学习态度、良好的职业道德和吃苦耐劳的精神。

【理论引导】

一、旅行社员工的选聘方法与程序

确定旅行社的用人要求是员工选聘的第一个阶段。它主要是在旅行社人力资源规划的指导下，根据岗位工作的需要，通过职务分析确定用人数量、类别和工作条件，拟定工作说明和工作规程，为下一阶段工作做好准备。

(一)职务分析

一般来说，职务分析主要包括以下内容：①该职务的工作内容；②该职务的工作职责；③该职务与旅行社内部其他工作的关系；④该职务的“应知”“应会”；⑤对担任该职务的年龄、经验、资历、教育程度等方面的要求；⑥工作技能的培养；⑦见习制度；⑧工作环境条件。

由于职务分析是人力资源管理的基础，旅行社必须扎扎实实地把此项工作做到位，并通过其形成一定的工作成果。这些成果主要包括：①对担任某项职务的要求和履行该职务的过程中可能遇到的特殊问题进行基本分析，形成人员选聘条件。②对工作内容和职责进行详细分析，形成工作说明。③对履行该职务所必须具备的知识、技能等各种条件和要求进行基本分析，形成工作规范。④对该职务提出培训要求，形成培训方案。

(二)确定应聘者应具备的条件

1. 能力方面

能力是指一个人所具备的知识和才能，它包括人的智力、创造力和特殊能力。应聘者必须具备承担其所应聘岗位工作任务的能力。旅行社在员工选用方面应坚持学历与技能并重、适当向技能倾斜的原则。

2. 性格方面

性格是一个人长期习惯所形成的一种稳定的心理特征，是影响其工作绩效的一个重要因素。不同的工作岗位对于员工的性格有着不同的要求。例如，导游岗位比较适合那些善于与别人打交道的外向型性格员工，而财务岗位则应选择作风严谨的内向型性格员工。因此，旅行社在选择员工时应详细了解员工的性格，根据性格的优缺点合理安排其工作岗位。

3. 价值观方面

每个人均有自己的价值取向，不同的价值观指导人的思维产生不同的行为。应聘者应具备以下精神：一是敬业乐业精神。旅行社不仅应考虑应聘者的专业水平，更应重视其择业的价值取向，选聘那些能够不断学习、愿意在本企业长期工作、德才兼备、有敬业乐业精神的专业人员。二是合作精神。旅行社内部有不同的分工，无论是销售人员、旅游接待人员，还是计划调度人员，都必须与其他部门良好合作，才能为旅游者提供优质的服务。处理好与相关行业和部门的关系要求旅行社专业服务人员有较强的协调、沟通能力。旅行社在招聘时应重视应聘者的互助精神和合作能力，要求专业服务人员能在异中求同，有集体主义精神，能与各种类型的人建立良好的合作关系。三是对企业的忠诚精神。有些旅行社在招聘中以高薪、出国、晋升机会、舒适的工作环境等条件来挖人才，招揽一些所谓有实力的人加入企业，并不讲求应聘者的吃苦耐劳精神。其结果是吸引了那些只讲待遇、不求奉献、金钱至上的求职人员，一旦其他旅行社有更优厚的待遇，这些人便跳槽，给旅行社造成很大的损失。

(三)旅行社聘用员工的程序

1. 制订用人计划

(1)职务分析。旅行社人力资源开发部门依据旅行社的总体发展目标和经营管理活动的需要，对旅行社各个岗位的任务、责任、性质及任职人员应具备的条件进行认真的分析研究，并作出明确的规定。

(2)岗位要求。旅行社人力资源开发部门应在职务分析的基础上，用书面形式详细规定每个岗位的工作内容、职责、要求及其特性，并且明确规定每个岗位的操作规程、标准和具体要求。

2. 开展招聘活动

(1)部门申请。各部门根据本部门业务活动或管理工作的实际需要，依据旅行社的用人计划，向人力资源开发部门提出书面用工申请。申请文件中必须详细而具体地说明所申请用工的岗位的缺员状况、所需要招聘员工的知识结构、专业技能水平和人数。

(2)申请审核。人力资源开发部门根据旅行社的用人计划及相关规定，逐项审核部门的书面用工申请。审核完毕，决定是否同意进行招聘。如果拟招聘的岗位是部门经理、副经理或业务骨干，还应上报总经理批准。

(3)进行招聘。人力资源开发部门根据经过审核或批准的书面用工申请进行招聘。招聘活动分为两种：①内部招聘。指旅行社向企业内部员工通报相关岗位用人信息，接受其他部门和岗位的员工应聘。内部招聘具有员工信息真实、有利于激励员工士气和招聘费用低廉的优点。但是，内部招聘有可能造成旅行社管理队伍“近亲繁殖”的现象。②外部招聘。指旅行社向外界发布用工信息，吸引外界人员前来应聘。用工信息中一般应包括对旅行社的介绍、招聘的基本内容、岗位职责和要求等。外部招聘具有选择范围较广、有利于吐故纳新、调整现有员工结构和提高员工整体素质等优点。但是，外部招聘存在着招聘成本较高、旅行社与应聘者之间信息不对称及可能损害现有员工利益的缺点。

3. 挑选及录用员工

(1)挑选员工。旅行社在挑选员工时可采用两种方式：①履历表挑选。指旅行社根据需要，要求应聘者提交自己的履历表以及工作意向、个人特长、学历、学位、工作经验和个人照片，并依其履历表所提供的信息决定是否录用。为了保证应聘者提供的信息的可靠性，旅行社还可以要求应聘者提供以前工作的单位或就读的学校等出具的介绍信或推荐信。②直接挑选。指旅行社通过笔试、面试以及医学、心理学(职业心理测试、职业承受能力测试、人际交往能力测试等)等综合检查方式，直接对应聘者进行较为深入的考察了解，并以此作为是否录用的依据。

(2)签订合同。旅行社在经过挑选并决定录用后，应以书面形式正式通知被聘者。在经过被聘者的认可和接受后，双方依法签订录用合同。

二、旅行社员工的培训

(一)培训意义

1. 提高旅行社整体经营管理水平

旅行社的员工包括全体管理人员和各种业务人员，他们是旅行社经营管理活动和业务活动的主导力量，他们的知识水平、业务能力和经营管理水平直接决定着旅行社经营管理活动的成败。因此，加强对员工的培训必然会促进旅行社整体经营管理水平的提高，为旅行社的生存和发展奠定坚实的人力资源基础。

2. 培养员工的适应能力

作为以人力资源为主要资源的服务性企业，旅行社要求员工必须具有较强的适应能力。出于业务的发展和工作的需要，旅行社有时必须将员工从一个岗位调换到另一个岗位，或者将一些从事具体业务工作的员工提升到管理岗位上来。旅行社通过对员工的培训，培养他们的适应能力，使他们能够及时适应新岗位，顺利地在新岗位上工作。

3. 挖掘员工的潜在能力

潜在能力是指蕴藏在员工身上，但尚未被管理者及员工本人所察觉到的能力。旅行社通过培训，不仅能够提高旅行社整体经营管理水平、培养员工的适应能力，还能够有效地挖掘员工的潜在能力。一旦员工的潜在能力被挖掘，将会有效地提高工作效率，为旅行社经营和员工自身发展都带来较大的益处。

4. 增强旅行社的核心竞争力

进入知识经济时代，劳动者的个人智慧和知识终于从企业发展的资本意义上获得承认，人们开始意识到智慧和知识可以作为资本参与到企业创业和发展之中，而企业也认识到人力资源是形成企业竞争力的要素。旅行社是劳动密集型企业，人力资源的质量是旅行社的重要核心竞争力。因此，加强人力资源的培训将使旅行社增强其核心竞争力，在激烈的市场竞争中脱颖而出。

(二)培训内容

1. 职业道德培训

职业道德培训是旅行社人力资源培训的一项重要内容，主要具有以下功能。

(1)使员工了解国家发展旅游业的意义和旅行社在旅游业中的作用，帮助员工树立主人翁意识、职业自豪感和荣誉感。

(2)使员工了解本旅行社的经营目标、经营理念，自觉维护企业形象。

(3)培养员工正确的劳动态度和敬业精神，树立良好的服务意识，增强职业责任感，自觉养成良好的职业道德。

(4)增强员工的团队意识与合作精神，培养精益求精的工作作风。

(5)提高员工的遵纪守法意识和道德水准，自觉遵守国家的法律法规，遵守旅游行业规章和本旅行社的各种规章制度，坚持诚信原则，树立正确的价值观，培养高尚的道德情操。

2. 知识培训

旅行社应顺应时代，适应宏观和微观经营环境的变化，通过培训使员工掌握工作所必需的大量知识，实现旅行社人力资源的现代化和知识化。知识培训主要包括以下内容。

(1)旅行社专业知识。包括旅行社产品知识、旅行社市场知识、旅行社资本运营知识和旅游接待知识。

(2)旅游理论知识。包括旅游学知识、旅游经济学知识、旅游心理学知识、管理理论和消费者心理学知识。

(3)相关学科知识。包括地理、文化、自然、科技、历史、民俗、政治、社会、礼仪、外语、旅游电子商务等方面知识。

(4)法律法规知识。包括旅游法律法规、经济法律法规、消费者权益法律法规等。

3. 能力培训

旅行社通过能力培训使员工掌握完成本职工作所需具备的各种能力。这些能力主要包括以下内容。

(1)业务能力。指旅行社员工为开展相关的业务工作所必须具备的能力，包括旅行社产品设计与开发能力、旅游服务采购能力、导游接待能力、公共关系能力、谈判沟通能力、销售能力和应付突发事件能力。

(2)管理能力。指旅行社管理人员为保障正常经营活动实施有效管理活动的能力，包括决策能力、计划能力、组织能力、协调能力、信息汇集处理能力和财务管理能力。

(3)经营能力。指旅行社员工为实施经营活动所应具备的能力，包括市场开拓能力、创新能力、实践能力、资本运营能力和语言运用能力。

(4)学习能力。指旅行社员工为胜任工作岗位和实现个人发展所具备的学习各种知识和技能的能力，包括严肃的治学态度、严谨的学风和理论联系实际的学习方法。

(三)培训原则

为了保证培训工作有效进行，旅行社应当遵循培训工作的基本原则。这些原则主要包括以下几个方面。

第一，经常鼓励员工积极参加学习和培训。

第二，预先明确培训效果的衡量标准。

第三，积极指导员工参加学习和培训。

第四，应当主动地而不是被动地开展学习和培训。

第五，对不同层次、不同类别的对象采取不同的培训方式和方法。

第六，使参加培训者确实感到有所收获、有满足感。

（四）培训方法

1. 岗前培训

岗前培训是提高旅行社员工素质的重要措施。根据旅游行业的“先培训后上岗”的制度，新员工在进入旅行社之后应接受岗前培训。岗前培训的内容有旅行社介绍、敬业精神、服务观念、服务意识、操作规范、旅行社业务知识、导游知识、外事纪律、旅行社规范、规章制度等。

2. 在职培训

在职培训又称岗位培训，是指对具有一定业务知识和操作实践经验的员工进行有组织的集中教育，是不脱产或短期脱产的培训。在职培训的内容基本上贯穿整个旅行社工作的过程，开展在职培训能提高现有员工的业务素质。

3. 脱产培训

脱产培训是指旅行社员工离开工作岗位，到有关院校或培训机构接受比较系统的专业教育。脱产培训的内容包括语言、政策法规、旅行社业务知识、导游知识、管理知识、旅游经济学、旅游心理学、旅游市场学等，其特点是学习的知识比较系统、全面，对文化层次比较低或希望提高自己学历的员工较为适合。

4. 适应性培训

适应性培训又称应用性培训或转岗培训，是指旅行社针对一些员工因工作需要转岗而导致工作内容完全改变的情况进行的培训。适应性培训要求转岗的员工在短时间内掌握新的工作知识和技能，可采用请专家上门讲课、现场观摩等方法。

5. 专题性培训

专题性培训是指旅行社针对员工在某些知识领域的需求，聘请有关专家或由社内工作经验丰富的人员就某一个专题进行培训。专题性培训的内容包括外语知识、客源国家(地区)的相关知识、旅游目的国家(地区)的相关知识、旅游法律法规知识等。

【任务实施】

模拟旅行社人力资源部招聘活动

实训目的

模拟进行一次旅行社人力资源部招聘。

实训内容

学生分成若干小组，将关于招聘前的分析以及招聘程序的内容制作成卡片。

实训步骤

第一步：分成若干小组。

第二步：各小组成员按分工扮演人力资源部各岗位人员，并复述本岗位在招聘活动中的任务要点。

第三步：角色扮演。

第四步：总结招聘活动的实施情况。

实训成果

制作人员招聘的岗位分析表，完成招聘活动，撰写招聘总结。

【课后小测试】

一、理论测试题

1. 简述旅行社招聘程序。

2. 简述旅行社员工培训的内容。

二、实训操作题

根据提示，做出一份用时三天的培训方案。

×××旅行社新员工入职培训方案

为了满足我社发展需要，打造一个高素质、高效率和高执行力的团队，使我社在激烈的市场竞争中有较强的生命力，特制定本方案。

一、培训目的

本方案属于新员工入职制度之一，旨在帮助新员工尽快融入我社企业文化、树立统一的企业价值观念和行为模式、了解相关规章制度、培养良好的工作心态和职业素质，为其胜任工作岗位打下坚实的基础。

二、培训内容

请参照培训目的写出培训内容。

项目八　旅行社员工的绩效考评

【项目描述】

员工绩效考核和激励措施的实施是旅行社人力资源管理的重要组成部分。工作绩效是经过考评的工作行为、工作表现及其结果。本项目旨在引导大家了解旅行社绩效考评的理论以及操作方法。

>> 任务一　旅行社绩效考评的作用与原则 <<

【任务描述】

在认识旅行社员工的选聘与培训的基础上，认知旅行社绩效考评的作用与原则。

【任务目标】

知识目标：理解旅行社绩效考评的意义与特点。

技能目标：具有采用系统研究法和管理研究法进行学习与实践的能力。

素质目标：具有团队协作精神、认真的学习态度、良好的职业道德和吃苦耐劳的精神。

【理论引导】

一、绩效考评

工作绩效是经过考评的工作行为、工作表现及其结果。对于旅行社来讲，绩效就是工作完成的数量、质量及效率状况；对于员工来讲，绩效就是上级和同事对自己工作状况的评价。

绩效具有多重性的特点，这种多重性主要表现为多因性、多维性和动态性。绩效的第一个特性是多因性，即绩效的优劣受制于主客观多方面因素而非单方面因素的影响。一般来讲，影响绩效的因素有四个方面：激励、技能、环境、机会。其中，前两个是员工自身的、主观的、直接的影响因素，后两个是客观的、间接的影响因素。它们之间的关系可以用如下的函数关系式来表达：

$$P=f(S, O, M, E)$$

上式中，P 为绩效，S 为技能，O 为机会，M 为激励，E 为环境，f 代表函数关系。此函数关系式说明，绩效是上述四个变量的函数，是因变量，而四个变量是自变量。

激励和技能是影响绩效的直接因素，二者缺一不可。有技能而缺少干好工作的愿望，难以取得好的绩效；有干劲和热情而无必要的技能，也难以取得好的绩效。管理者要善于调动员工的积极性，并通过培训提高员工的技能，进而提高工作绩效。

环境和机会是影响绩效的客观因素，其作用是间接的。环境包括旅行社的内部环境和外部环境，如领导作风、规章制度、工资福利、工作氛围、教育培训、企业文化以及社会环境和经济状况等；机会则是可能对员工的利益(如工作岗位的分配、学习培训机会的提供等)产生直接和间接影响的偶然性因素。作为管理者，在对员工进行考评时，应当了解影响员工绩效的客观因素，并尽可能提供有利于绩效提高的条件。

绩效的第二个特性是多维性，即绩效要从多角度、多方面进行分析和考评，不能只抓一点，不计其余。如不仅要考评员工完成的工作数量，还要综合考评员工工作质量、工作态度以及团结、服从、纪律等各个方面，以全面评价员工的工作。

绩效的第三个特性是动态性，即员工的工作绩效是变化的。随着时间的推移，绩效差的可能变好，绩效好的可能变差。因此管理者不能以僵化的观点看待员工的绩效，要破除偏见、成见，以新的考评结论全面、客观地评价员工的绩效。

二、旅行社绩效考评的作用

(一)维持和提高工作效率

绩效考评是维持和提高工作效率的手段。将对员工的绩效考评作为奖优罚劣的依据，可以鼓励绩效突出的员工、鞭策绩效不良的员工，进而提高工作效率。

(二)贯彻按劳分配原则

绩效考评是贯彻按劳分配原则、建立合理的奖酬制度的基础。将客观、公正、全面的绩效考评结果与员工的工资、奖金及福利有机地结合起来，能使员工普遍感到公平合理，进而提高其对工作的满意度。

(三)调动员工积极性

绩效考评是合理使用员工、充分调动员工积极性、发现人才的重要依据。通过绩效考评，可以了解员工对现任职务的胜任程度、发现更适合员工的工作岗位，这就为员工的调动、轮岗、晋升、降职、淘汰提供了客观、公正的依据。

(四)完善员工培训计划

绩效考评是制订和调整员工培训计划的重要依据。通过绩效考评能够发现员工的长处和不足，以便对其长处加以保护和发扬、对其不足进行有针对性的培训，这对于提高培训工作效果和员工队伍素质都具有积极作用。

三、旅行社绩效考评的原则

绩效考评是每个员工在工作中都要面对的。每个员工都希望自己的工作成绩能够受到上级的承认并得到应有的待遇，希望通过自己的努力取得事业上的进步。同时也希望了解自己的不足，希望上级能够对自己今后的努力方向给予指导。总之，员工从根本上是寄希望于绩效考评的。为了满足员工得到公正评价的愿望、发挥绩效考评的积极作用，绩效考评工作应当遵循以下基本原则。

(一)明确化、公开化原则

考评的标准、程序和责任都应当有明确的规定，并且在考评过程中严格遵守这些规定。同时，考评的标准、程序和责任还应当向全体员工公开，只有这样才能使员工对考评工作产生信任感，理解、接受考评的结果，也只有这样才能保证考评的权威性。

(二)客观评价原则

考评应当依据明确规定的标准，针对客观的考评资料进行评估，尽量避免掺入主观因素和感情色彩。也就是说，首先，一定要把考评建立在“以客观事实说话”的基础上；其次，要把“客观事实”与既定的考评标准进行比较，而不是在员工之间进行比较。

(三)单头考评原则

对员工的考评应当由员工的直接上级进行，因为直接上级最了解员工的实际工作表现(成绩、能力和适应性)，也最有可能反映真实情况。间接上级(即上级的上级)对直接上级做出的考评结果一般不应轻易修改。当然，这并不排除间接上级在调查清楚疑问后，通过直接上级对考评结果进行必要的调整和修订。单头考评不仅有利于明确考评职责，而且把日常管理职责与考评职责有机结合起来，有利于今后加强管理。

(四)反馈原则

考评结果一定要反馈给被考评者本人，否则就起不到教育作用。在反馈考评结果的同时，应当向被考评者进行必要的解释说明，肯定成绩和进步、指出缺点和不足，为今后的努力方向提供参考性意见。

(五)差别原则

差别原则主要体现在两个方面：一是考评标准的不同等级之间应当有鲜明的差别界限；二是针对不同的考评结果，在今后的工资、晋升、使用等方面要体现明显的差异，即考评结果要与员工的发展前途挂钩，要能够鼓励先进、鞭策落后、带动中间。

【任务实施】

理解旅行社绩效考评的原则

实训目的

理解和记忆旅行社绩效考评的原则。

实训内容

学生分成5～8人的若干小组，制作本任务的理论点课件。

实训步骤

第一步：学生小组。

第二步：各小组复述绩效考评的原则。

第三步：总结要点。

实训成果

熟记旅行社绩效考评的原则。

>>任务二　旅行社绩效考评的种类及其内容<<

【任务描述】

在认识绩效考评的原则的基础上，理解旅行社绩效考评的种类及其内容。

【任务目标】

知识目标：理解旅行社绩效考评的种类及其内容。

技能目标：具有采用系统研究法和管理研究法进行学习与实践的能力。

素质目标：具有团队协作精神、认真的学习态度、良好的职业道德和吃苦耐劳的精神。

【理论引导】

旅行社考评的具体目的不同，考评的种类也各不相同。常见的对员工的考评可分为以下几种。

一、职务考评

职务考评主要从两方面入手：一是考察员工对本职工作的熟练程度，二是考察员工的工作能力和适应性，以决定是否需要调动工作或调整职务。伴随着职务的调整，岗位职务工资可能出现变化。

二、奖金考评

奖金是超额劳动的报酬，奖金考评实际上是对员工工作成绩的客观考评。

三、提薪考评

提薪考评的结果会影响员工的收入，但它与奖金考评不同。奖金考评是“回顾性”的，是根据被考评者过去的工作成绩决定报酬的多少；提薪考评则是“展望性”的，是预计被考评者今后可能发挥多大的作用，以决定未来相应的工资水平。提薪考评既然是预计今后可能的贡献，当然要参考过去的工作成绩，同时还要对工作能力的提高程度作出评价。

四、晋升考评

这是对晋升对象的特殊考评。晋升工作关系到旅行社管理者队伍的素质和旅行社的发展前途，因此历来受到旅行社的高度重视。晋升考评是对被考评者的全面、综合的考评，主要的依据是平时积累的考评资料。晋升审查过程中的重点内容也是依据平时积累的考评资料确定的。

综上所述，旅行社绩效考评的种类及其内容如表 3-1 所示。

表 3-1　旅行社绩效考评的种类及其内容

考评种类	考评因素	考评手段、方法	考评对象	主要目的
职务考评	职务熟练程度、能力、适应性	熟练度评定表、能力评定档案、适应性考察	符合考评条件者	工作安排
奖金考评	成绩、工作态度	考评档案	全体员工	分配奖金
提薪考评	能力、成绩、工作态度	考评档案	全体员工	决定提薪与否
晋升考评	能力、成绩、工作态度、适应性、人品	考评档案、晋升推荐书、面谈答辩、适应性考察、论文审查	符合晋升条件、被推荐的晋升对象	决定晋升与否

【任务实施】

理解旅行社绩效考评的种类及其内容

实训目的

理解和记忆旅行社绩效考评的种类及其内容。

实训内容

学生分成 5～8 人的若干小组，制作本任务的理论点课件。

实训步骤

第一步：学生分组。

第二步：各小组复述不同的绩效考评的种类及其内容。

第三步：总结要点。

实训成果

熟记旅行社绩效考评的种类及其内容。

【课后小测试】

一、理论测试题

1. 简述旅行社绩效考评的原则。

2. 简述旅行社绩效考评的种类及其内容。

二、实训操作题

2008 年 7 月，山东某旅行社对其持有导游证和旅行社经理资格证的人员进行了星级评定工作。旅行社组成 5 人考评小组，对参评导游认真进行了笔试和口试。星级评定考核内容包括自我介绍、导游词讲解、才艺表演、现场回答等几个方面。出于提高导游技能的考虑，在评定现场又增加了考官点评环节，点评导游在参评过程中出现的问题。

导游词讲解考核是对导游业务能力的考核；才艺表演考核要求导游在一分钟内表演才艺，以考核导游调动客人情绪的能力；现场回答考核侧重业务案例和安全知识两个方面。考评中，对地接和全陪导游作了不同的程序安排。在评定过程中，旅行社发现了一些适合做地接业务的好苗子，考评小组对他们提出了新的要求，在口试内容中重点强调旅游过程中的安全问题。不久，旅行社公布了星级导游评定结果：地接导游 5 星级 1 名、4 星级 2 名、3 星级 8 名、2 星级 3 名、1 星级 2 名，全陪导游 5 星级空缺、4 星级 3 名、3 星级 7 名、2 星级 15 名、1 星级 6 名；总计地接星级导游 16 名、全陪星级导游 31 名。不同星级的导游带团补贴不同，未参加星级评定的导游执行最低的带团补贴标准，高星级导游还享有优先带团权。

星级导游不是终身制的，旅行社对星级导游实行动态管理，根据带团质量和业务能力，每半年对星级导游进行一次星级评定。评定主要考虑以下几方面因素：①通过对参团游客上门回访和电话回访了解带团导游的服务情况；②带团导游获得口头或信件表扬的次数；③导游部门的反馈信息；④业务考核评价及导游的带团数量等。

你认为这家旅行社实行的星级评定的绩效考核制度如何？它在激励员工方面是否能够起到积极作用？

项目九　旅行社员工的报酬管理

【项目描述】

旅行社员工的报酬管理是旅行社人力资源管理的重要内容。本项目主要介绍旅行社确定报酬的依据和原则、报酬的构成与常见激励手段。

>> 任务一　旅行社确定报酬的依据和原则 <<

【任务描述】

在认识旅行社员工报酬管理重要性的基础上，熟悉旅行社确定报酬的依据和原则，掌握旅行社报酬的构成。

【任务目标】

知识目标：熟悉旅行社确定报酬的依据和原则。

技能目标：具有采用系统研究法和管理研究法进行学习与实践的能力。

素质目标：具有团队协作精神、认真的学习态度、良好的职业道德和吃苦耐劳的精神。

【理论引导】

一、旅行社员工的报酬

报酬是旅行社员工从其工作中获取的各种劳动收入的总和，包括工资、奖金和福利。旅行社是经营性企业，享有确定劳动报酬的自主权。如何设计员工报酬制度，使其符合企业的经营战略和财务状况，从而体现员工的劳动价值、最大限度地促进企业的经营效率，是旅行社人力资源管理中的重要问题。

(一)旅行社报酬政策和报酬水平的确定

旅行社员工报酬管理中，首先要确定旅行社的报酬政策和报酬水平，它受到多种因素影响，包括政策法规因素、社会因素、旅行社自身因素等。

1. 政策法规因素

现有的劳动和社会保障方面的政策法规中有很多关于劳动报酬方面的规定，如八小时工作制、同工同酬、加班酬金计算、带薪休假、社会保险、最低工资限制等。随着劳动和社会保障制度的健全和发展，这方面的规定会更多、更具体。旅行社在确定自身的报酬政策时，必须遵守这些规定。

2. 社会因素

社会和行业报酬水平是确定企业报酬水平的参照因素，企业可在横向比较中确定总体报酬水平。社会消费水平对确定企业报酬水平也会产生影响，旅行社应当考虑到物价涨落以及社会消费水平的提高对员工报酬期望值的影响，从而确定合适的报酬水平，同时要根据旅行社的人才供应情况进行适时的调整。

3. 旅行社自身因素

财务状况是旅行社确定报酬制度的基础。财力雄厚的旅行社有能力以较高的报酬吸引优秀人才，财力不足的旅行社则一般采取弹性较强、较灵活的报酬政策。员工的素质、观念及其对报酬的期望值等因素也直接影响企业的报酬政策和报酬水平。

(二)旅行社确定报酬制度的依据和制定报告制度的原则

报酬实质是企业对其员工(包括管理者)为企业所作的贡献(包括他们实现的绩效、付出的努力和创造)的回报和答谢。

1. 确定报酬制度的依据

(1)绩效考评的结果。员工的报酬必须与绩效考评的结果挂钩，这是旅行社确定报酬制度的基础。

(2)职位的相对价值。旅行社应当系统地评定各个职位的相对价值，依照职位对旅行社的相对重要性、工作性质、特殊技能及履行职责的风险等来评定职位的排列顺序，并以此作为获取报酬的依据。

(3)劳动力市场的供求状况。在市场经济条件下，劳动力市场的供求状况直接影响着人们对报酬水平的期望，它是调整劳动力流向，进而调节报酬水平的重要杠杆。由于我国社会主义市场经济体制尚在建立和完善过程中，劳动力市场的发育尚不够完善，其供求状况对企业报酬的影响目前还不够直接或明显。随着社会主义市场经济体制的进一步完善，劳动力市场的供求状况对报酬的影响将会越来越明显。

(4)居民的生活水平。旅行社在确定报酬制度的时候，必须考虑居民的生活水平。旅行社把自己的报酬水平确定在什么标准上、其与居民的生活水平相比是什么样的关系，这是旅行社管理者在确定报酬制度时需要考虑的因素。

(5)旅行社的财务状况。旅行社的财务状况直接影响着旅行社的报酬水平，尤其是非固定收入水平，如奖金、福利等。

2. 制定报酬制度的原则

(1)公平性原则。这是制定报酬制度的首要原则。员工对报酬分配的公平感是影响巨大的因素，强烈的不公平感会使员工士气低落、工作消极，令工作突出者的积极性受到打击，造成人际关系紧张、人才外流，妨碍旅行社的稳定和发展。

(2)竞争性原则。这是指旅行社的报酬标准在社会上和人才市场中要有吸引力，能够吸引和招聘到旅行社所需要的人才。

(3)激励性原则。报酬制度要贯彻按劳分配、多劳多得的原则，破除平均主义。

保护落后、奖懒罚勤只会使报酬失去激励作用。

(4)经济性原则。提高旅行社的报酬水平固然可以增强其竞争力和激励性，但同时也会导致人力成本的上升。所以，旅行社在制定报酬制度时要充分考虑经济制约因素，权衡成本与工作绩效的关系，使报酬的增长低于利润率的增长。

(5)合法性原则。旅行社的报酬制度一定要遵守国家的法律、法规和政策，尤其要符合劳动法等。

二、旅行社报酬的构成

(一)工资

工资制度改革是我国经济体制改革的一个重要方面，目前广泛实行的是岗位技能工资分配制度。岗位技能工资分配制度是以按劳分配为原则、以岗位工作评估为基础、以岗位技能工资为主体的工资制度。岗位技能工资由基本工资和辅助工资两部分组成，基本工资包括岗位工资和技能工资，辅助工资则包括奖金、津贴和各种补贴。

(二)奖金

奖金是对员工超额劳动的报酬，其形式是多种多样的。例如，按奖励内容可分为单项奖、综合奖；按奖励对象可分为个人奖、集体奖，按奖励时间可分为月度奖、季度奖、年终奖等。不管什么形式的奖金，都必须以员工所付出的超额劳动为基础、以绩效考评为依据，使之具有明显的针对性、差异性和激励性。

(三)福利

福利是报酬的一种补充形式，它往往不是直接以金钱支付的。福利的形式也是多种多样的，常见的福利项目有各类保险(劳动保险、医疗保险等)、带薪假期、节日赠品、后勤服务(免费工作餐、员工班车等)。福利通常不以按劳付酬为原则，而以公平或需要为原则，同一企业员工所享受的福利差别不明显。福利的作用主要是满足员工的安全需要，培养员工对企业的认同与忠诚。

【任务实施】

制作旅行社员工报酬方案(一)

实训目的

制作旅行社员工报酬方案(一)。

实训内容

依据本课关于报酬构成要点的内容，制作一份旅行社员工报酬方案。

实训步骤

第一步：分成小组。

第二步：各小组复述不同的报酬构成要点。

实训成果

完成旅行社员工报酬方案(一)。

>> 任务二 旅行社报酬与激励<<

【任务描述】

在认识旅行社报酬的构成的基础上，理解旅行社报酬与激励。

【任务目标】

知识目标：理解旅行社报酬与激励。

技能目标：具有采用系统研究法和管理研究法进行学习与实践的能力。

素质目标：具有团队协作精神、认真的学习态度、良好的职业道德和吃苦耐劳的精神。

【理论引导】

一、旅行社的报酬制度的作用

报酬制度的根本作用在于充分调动员工的积极性、创造性，对企业所需要的人力资源起到吸引来、留得住作用，归根到底就是激励作用，即激发员工的良好工作动机，鼓励员工创造优秀绩效的热情，使员工愿意为企业努力工作。

报酬的激励作用可分为短期激励作用和长期激励作用。短期激励作用是指报酬要能够激发员工做好当前的工作，实现良好的绩效；长期激励作用是指报酬要能够体现出企业对员工价值和地位的认可，培养员工对企业的认同感、归属感、忠诚心和责任心。在激烈的市场竞争条件下，员工的忠诚心和责任心对企业的发展非常重要。

建立有效的激励机制是一个非常复杂的问题。激励与报酬之间不能简单地画等号，不能认为报酬发得越多激励作用就越大。报酬虽然重要，但不是唯一的激励手段。常见的激励手段有以下几个。

(一)目标激励

美国著名社会心理学家马斯洛把人的各种需要归结为生理需要、安全需要、社交需要、尊重需要和自我实现的需要五个层次，其中自我实现的需要是人的需要的最高层次。目标激励就是通过设定科学的发展目标，激励员工为之奋斗，最终达成目标，满足自我实现的需要的一种激励手段。确立了发展目标，就明确了工作方向，促使广大员工在实现发展目标的过程中不断提高自身素质、实现自身价值。在进行目标激励时要注意两个方面：一是根据岗位职责和工作任务制定一个科学合理、切实可行的量化目标，防止目标不切实际、遥不可及。二是对员工在实现目标过程中的绩效情况给予动态反馈，并作出客观公正的评价，进一步坚定员工的信心、激励员工的热情，同时纠正员工工作的偏差。

（二）文化激励

企业文化是企业的灵魂，一个企业没有文化就如同一个人没有灵魂。优秀的企业文化无时不在、无处不在，不断激励着员工为企业发展竭尽全力、不懈奋斗。旅行社要深入挖掘长期以来形成的企业精神和经营理念，以“国家利益至上、消费者利益至上”的行业共同价值观为核心，积极构建符合企业实际、具有鲜明地方特色的优秀企业文化。通过加强企业文化建设，进一步增强员工的归属感和自豪感，用企业文化规范员工日常行为、以企业文化激发员工工作激情，逐渐把企业文化变成员工的内在信念，推动企业持续健康发展。

（三）物质激励

物质激励是最为直接有效的一种激励手段，而收入分配机制是否科学合理则是决定物质激励成效的关键。要通过建立科学的绩效考核体系，严格考核流程管理，实施公正的绩效考核，并把考核结果直接与员工薪资收入挂钩，逐步实现全员同工同酬，真正体现按劳分配的收入分配原则，用利益杠杆激励员工加倍努力，取得更好的业绩。同时，要积极开展评优树先活动，评选出责任心强、工作扎实、业绩突出的先进典型员工，让他们享受更加优厚的经济待遇，充分发挥先进典型的带动和激励作用，为广大员工树立身边的学习榜样，进一步增强赶超先进、争创一流的豪情，在企业内部营造比学赶超、干事创业的浓厚氛围。

（四）行为激励

行为是无声的命令，领导的行为对广大员工具有很强的导向作用。一位杰出的领导者，不仅能够正确地运用手中的权力，树立领导权威，还会以身作则、率先垂范，用自己的实际行动激励广大员工扎实工作。要求员工做到的，自己首先做好；禁止员工去做的，自己首先不做。企业领导者不仅要具备强烈的工作责任感和事业心，把企业的事当成自己的事来做，为促进企业发展不遗余力，还要积极学习企业管理和业务知识，切实提高自身素质，不断增强执行能力，用实实在在的行动带动每一名员工立足本职、兢兢业业、高效工作。

（五）情感激励

情感激励是通过强化情感交流沟通协调领导与员工的关系，让员工获得情感上的满足，激发其工作积极性的一种激励手段。为强化情感激励，企业领导必须深入一线、深入员工、交流思想、沟通感情，增进彼此的理解和信任。一是要尊重员工。受尊重是人的基本需要，要真正把员工看作企业的主人，切实把尊重员工落实到行动上，尊重员工的选择、创造和劳动，切实维护好员工的自尊。二是要信任员工。领导对员工的信任能够让员工真切地感受到自身价值的存在，获得努力工作的动力之源。要从内心信任员工，相信他们会把工作做好；要学会适度放权，放手让员工去做。三是要关心支持员工。时刻关注员工的工作和生活，积极为他们办实事、做好事、解难题，大力支持、鼓励和帮助员工做好日常工作。

激励手段多种多样，而且各有侧重。企业要结合实际，积极构建科学合理的激励机制，遵循民主、公正的激励原则，综合运用多重激励手段，充分调动员工工作积极性、主动性，深入挖掘员工工作潜能，切实提高员工工作绩效，不断促进企业健康快速发展。

【任务实施】

制作旅行社员工报酬方案(二)

实训目的

制作旅行社员工报酬方案(二)。

实训内容

依据本课关于激励手段的阐述，制作一份旅行社员工报酬方案。

实训步骤

第一步：分成小组。

第二步：各小组复述不同的激励手段。

第三步：在旅行社员工报酬方案(一)的基础上完善形成旅行社员工报酬方案(二)。

实训成果

完成旅行社员工报酬方案(二)。

【课后小测试】

简述旅行社确定报酬的依据和原则。

项目十　旅行社的企业文化建设

【项目描述】

独特的企业文化是旅行社在激烈的市场竞争中脱颖而出的关键。本项目主要介绍旅行社企业文化的构成要素与特点。

>> 任务一　旅行社企业文化的构成要素 <<

【任务描述】

在认识企业文化的基础上，理解旅行社企业文化的构成要素。

【任务目标】

知识目标：理解旅行社企业文化的构成要素。

技能目标：具有采用系统研究法和管理研究法进行学习与实践的能力。

素质目标：具有团队协作精神、认真的学习态度、良好的职业道德和吃苦耐劳的精神。

【理论引导】

一、企业文化内涵

企业文化是20世纪80年代由美国学者提出来的概念，虽然它已经在企业中得到了广泛的认同和运用，但目前还没有统一的定义。我们认为，企业文化是企业在长期的经营管理实践中逐步形成的共同的文化观念，是由企业领导者倡导、为全体员工所认同的企业的群体意识和行为准则。企业文化由物质文化、制度文化、精神文化三个层次构成。物质文化是见之于形、闻之于声、触之于物的表层文化，如企业内部的设备设施、企业环境、员工形象、产品形象等；制度文化是企业的领导体制、规章制度、组织结构及内外部人际关系等中间层文化；精神文化是由企业的经营哲学、行为准则、价值取向、道德观念等组成的内层文化(见图3-1)。

物质文化、制度文化和精神文化是紧密相连的。物质文化是企业文化的外在表现，是制度文化和精神文化的物质载体；制度文化则制约和规范着物质文化和精神文化，没有严格的规章制度，企业文化建设也无从谈起；精神文化是企业文化的核心和灵魂，是形成物质文化和制度文化的基础和原因，是决定物质文化和制度文化的企业之魂。

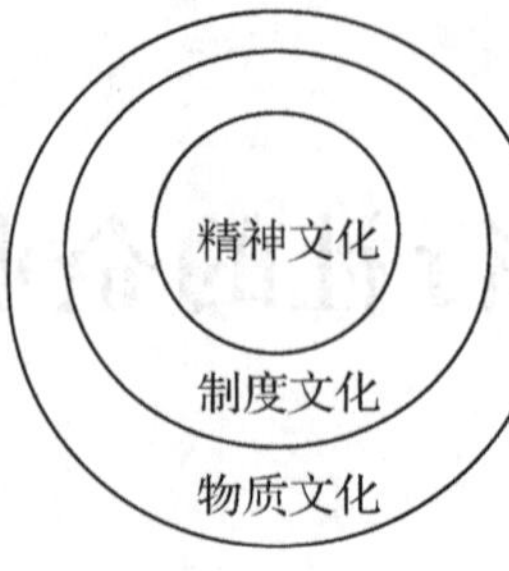

图 3-1 企业文化的构成

二、企业文化的构成要素

(一)企业目标

目标对人的行为具有导向、激励的功能，现代企业管理学强调通过目标的设置激发动机、引导行为，使员工的个人目标与企业目标结合起来，以激励员工的积极性。旅行社可以制定在一定时期内能够达到的明确具体的、对企业发展有重大意义的目标，以此提高员工的信心，进而激发员工的积极性。

(二)企业价值观

价值观是人们对生活、工作和社会实践的一种评价标准，即区分事物的好与坏、对与错、美与丑、可行与不可行的观念。对于旅行社而言，价值观为其生存与发展提供了基本方向和行动指南，它是旅行社领导者和员工据以判断是非的标准。在全体员工中培养和树立正确的价值观，对于统一员工的思想和增强企业的凝聚力具有积极意义。当前，随着我国市场经济体制改革的深入，人们的价值观发生了很大变化。在此过程中，旅行社应注意保持价值观中优秀的部分、扬弃不合理的部分，树立新的价值观。例如，要倡导拼搏精神、开拓精神、市场竞争观念、经济效益与社会效益统一的观念等。

(三)企业道德

企业道德是指员工在工作过程中调节内外关系的特定职业行为规范的总和，它以善良与邪恶、正义与非正义、公正与自私、诚实与虚伪等相互对立的道德范畴为标准来评价企业及其员工的各种行为，从而调整企业与员工、员工与员工以及企业与社会等方面的关系。旅行社作为服务性企业，要特别注意在员工中提倡企业道德，以维护企业的信誉和旅游者的权益。无论是企业还是员工，均不得为自身利益而做出违反企业道德的行为。

(四)企业精神

企业精神是指企业在为谋求生存与发展、实现自己的价值体系和社会责任而从事经营的过程中，所形成的一种人格化的群体心理状态的外化。它既是经过长期培育而形成并为员工所认同的一系列群体意识的信念和座右铭，又是企业的精神支柱和精神动力，通常以高度概括的几个字、几句话或口号、标语等形式表达出来。企业精神中，有的是对企业优良传统的总结，有的是针对目前企业存在的缺点而倡导树立的新风尚，还有的是适应形势发展需要而提出的奋斗方向等。

(五)企业民主

企业民主即企业的民主管理。作为企业文化的一个方面，它包括员工的民主意识、民主权利、民主义务等一系列参与企业经营管理的措施和活动。企业在强调总经理负责制的同时，还必须发扬企业民主。我国法律规定职工有参加企业的民主管理的权利，还规定职工代表大会是企业实行民主管理的基本形式。旅行社应当通过民主管理调动员工的积极性，提高经营管理水平。

(六)企业制度

广义地说，企业制度不仅包括硬性的或有形的管理制度，如管理体制、组织结构、规章纪律等，还包括员工在实际工作岗位上所形成的思想准则、习惯方式、道德规范等软性的或无形的、固定化的行为模式。

(七)企业环境

广义的企业环境包括竞争对手、顾客、相关单位以及政府的影响等，可以分为政治环境、经济环境、文化环境、工作场所和人的心理环境。旅行社应当努力创造条件，改善员工工作环境和生活环境，激发员工对企业的忠诚和工作的热情。

(八)企业形象

企业形象是指企业及其行为在人们心目中留下的印象和获得的评价。旅行社的企业形象有两个方面：一是无形形象，如通过过去的努力在顾客中及社会上形成的诸如经营能力、服务质量、工作效率等方面的印象；二是有形形象，如企业标志、员工着装、办公楼、营业厅以及公关活动等。

>> 任务二　旅行社企业文化的特点和作用 <<

【任务描述】

在认识企业文化的构成要素的基础上，理解旅行社企业文化的特点和作用。

【任务目标】

知识目标：理解旅行社企业文化建设的重要作用。

技能目标：具有采用系统研究法和管理研究法进行学习与实践的能力。

素质目标：具有团队协作精神、认真的学习态度、良好的职业道德和吃苦耐劳的精神。

【理论引导】

一、旅行社企业文化的特点

旅行社与工业企业不同，它没有物质产品生产过程；旅行社也不同于一般商业企业，它不销售物质产品。旅行社的产品是非物质形态的服务产品，因此旅行社企业文化是服务经营型文化。旅行社的经营活动以服务为中心，其提供的服务(产品)能否适应旅游者的文化需求与服务(产品)质量有着密切的关系。因此，旅行社企业文化的特点集中体现于下列几个方面。

(一)服务意识

旅行社的产品是旅游服务，旅游者评价其产品优劣的基本标准是满意程度。而影响满意程度的因素是多方面的，如旅游者的期望值、旅游者与旅游目的地文化背景的差异、接待设施情况和社会环境等。“客人总是对的”等流行于旅游业的口号反映出一个共同的价值观——向旅游者提供令人满意的服务是旅游业的生命所在，因此，培养员工的服务意识是旅行社企业文化建设的一项中心任务。由于我国服务业比较落后，加上受传统观念的影响，有些人轻视服务业，使有的从业人员产生自卑心理，在实际工作中表现为缺乏礼貌和热情；也有的从业人员为追逐消费回扣，不惜丧失道德，造成恶劣影响。这两种倾向都是旅行社必须教育员工克服的。

(二)文化意识

旅游既是一种物质享受，也是一种精神享受。旅游者到异国他乡旅游，其动机常常包含着强烈的文化猎奇色彩。为满足旅游者的文化需求，旅行社员工应对本国文化有深入的了解。旅游者来自不同的国家和地区，对中国文化的理解和欣赏角度不同。为了向旅游者提供有针对性的服务。满足他们的旅游目的，旅行社员工还应了解不同国家、民族的文化背景和价值观。因此，旅行社员工应具有强烈的文化意识、努力提高文化素养，这是旅行社企业文化建设的一项重要内容。

(三)协作意识

旅行社的产品具有高度的综合性，涉及旅游者在行程中的行、住、食、游、购、娱等诸方面。其中，许多服务是旅行社自身不能提供的，需要通过旅游服务采购来满足产品组合的需要，任何一个环节的服务质量都会直接影响旅行社最终的产品质量和形象。这就要求旅行社的各级管理人员及全体员工具有强烈的协作意识，以确保各个环节的服务质量的合格和整个服务过程的顺畅。

(四)经营意识

经营意识是每个企业都需要培养和树立的基本意识，对旅行社这样的企业尤为重要。旅行社的业务特点决定了旅行社经常面临市场供求关系不断波动和激烈市场竞争的强大压力，经营难度很大。为了保证生存与发展，旅行社需要在全体员工中明确市场导向观念、市场竞争观念和经济核算意识，即要求全体员工具有强烈的经营意识。

总之，企业文化要素的有机组合及其与旅行社行业特点的紧密结合，构成了旅行社企业文化的全部内容。

二、旅行社企业文化的作用

(一)观念导向

改革开放解放了生产力，同时改变着人们的观念。作为意识形态的一部分，观念的变化影响是深远的，尤其是当传统文化的观念与剧烈变化的现实冲突时。企业文化建设对弘扬优秀传统文化和推陈出新发挥着重要作用，它可以帮助旅行社员工树立科学的世界观与价值观，引导员工自觉地按规律办事，为实现企业的目标而努力。

(二)制度完善

仅仅依靠科学的世界观与价值观是不够的，为了保证企业的正常运转，还需要一整套适合企业特点的规章制度作为保证。旅行社企业文化建设通过民主与集中的形式，鼓励员工参与制定和修订企业的各项制度，从而实现企业制度的完善与落实。

(三)群体识别

企业作为市场经济活动的主体，在激烈的市场竞争中必须练好内功与外功。内功主要指企业应加强内部团结与合作，提高自身的凝聚力和战斗力；外功则是指在千变万化、错综复杂的市场竞争中，企业应当拥有自己的特色。旅行社企业文化建设也应重视上述两个方面。

(四)员工激励

生产力的解放归根到底是人的解放。为了充分调动旅行社员工的积极性与创造性，管理者不仅要用先进的世界观去教育每一个员工，而且要用生动活泼、丰富多彩的企业文化去熏陶每一个员工。旅行社企业文化建设不仅要用先进的观念鼓励员工，还应充分运用有效的物质回馈激励员工。总之，旅行社企业文化建设要立足于国家、企业、个人三者利益的有机结合，激励员工为企业的生存与发展付出自己最大的努力。

【课后小测试】

一、理论测试题

简述旅行社企业文化的构成要素。

二、实训操作题

美国罗森布鲁斯旅行社的企业文化由表层、中间层、内层三部分组成。

1. 大马哈鱼——罗森布鲁斯企业文化的表层部分

企业文化的表层是见之于形、闻之于声、触之于物的物质文化，如旗帜、员工制服等。罗森布鲁斯的物质文化反映了大马哈鱼的特点：逆流随潮流，不亦步亦趋。罗森布鲁斯以吉祥物鼓励员工创新，善于从错误中学习，不犯同样的错误；鼓励员工不能仅停留在为客人服务的层面，而要为客人提前着想，主动去了解每位客人的需要。

2. 顾客第二——罗森布鲁斯企业文化的中间层部分

企业文化的中间层是制度文化，即企业的领导体制、组织结构、规章制度等反映出来的指导思想。罗森布鲁斯的制度文化集中体现在其现任老板哈尔·罗森布鲁斯(Hal Rosenbluth)写的一本书中，书名为《顾客第二》(*The Customer Comes Second*)。其基本思想是强调没有幸福的员工，就很难有快乐的顾客；只有当企业将员工置于首位，员工才会将顾客置于首位。罗森布鲁斯的制度文化包括以下准则：

(1)严厉的爱。罗森布鲁斯一经发现所雇用的员工不称职，就尽快解雇，认为不解雇是对该员工以及其他员工不负责任。罗森布鲁斯把人品放在一个很重要的位置上。

(2)门户开放政策。当员工与主管再三商量而主管听不进时，员工可直接找主管的上一级领导，并且每一位员工都可以直接敲门找总经理。

(3)注重团队精神、团体荣誉。罗森布鲁斯分布在世界各地的员工都有集体主义精神，彼此配合默契、工作协调，像在一个大家庭里工作，环境充满乐趣。罗森布鲁斯强调每一位员工都重视团体荣誉、爱岗敬业，绝不可以因一己不当行为而使集体受损。

“我们对员工今天的投资就是对企业未来的投资。”罗森布鲁斯十分注重员工培训和对员工素质的提高。比如，每一位新员工都要到费城总部接受为期3天的培训，学习企业的哲学、价值观以及服务思想。培训中有一项安排是老板亲自为新员工倒下午茶，使员工感到自己是主人翁，而且从老板那里学到了敬业、服务的精神。对员工的重视使得在旅游业员工流动率平均高达50%的情况下，罗森布鲁斯的这一数据每年都在6%以内。

3. 领先群体，不断超越自我——罗森布鲁斯企业文化的内层部分

企业文化的内层是精神文化，它是指沉淀于内心的意识形态，包含了价值取向、经营哲学、行为准则等，是企业的灵魂，支配着企业的集体行动取向。罗森布鲁斯的精神文化是求新、求变、求精，创造需求，永远保持领先。

罗森布鲁斯对于创造需求的理解是一直走在市场前列的。麦当劳进入中国之前，中国吃汉堡包的人寥寥无几；而麦当劳进入中国之后，有很多中国人在吃汉堡包。所以需求有时候也是可以创造出来的。麦当劳的成功经验是：引入当地缺乏的制度、管理、品质控制，再掺入当地特色。罗森布鲁斯也本着这种精神，在成立后的 100 多年里，依托员工的创造力，把变化看作机遇，先后开发出几十种产品和服务项目，使企业成为旅游界有创见的引领者。而每一种创新都代表着旅游产业的新思路，都使客户从这些成果中受益并改写着“旅游管理”这个名词的含义。罗森布鲁斯企业管理的独到之处是“优秀服务，公司素质，技术水平，客户至上，全球实力”。

本案例中的企业文化建设对你有什么启发？作为未来的旅行社行业从业者，你对旅行社企业文化建设还有哪些建议？

参考答案

模块一

项目一

一、填空题

1. 1845 托马斯·库克　2. 国际旅行社、国内旅行社

3. 入境旅游业务、出境旅游业务、国内旅游业务　4. 入境旅游业务、国内旅游业务　5. 陈光甫

二、选择题

1. D 2. ABC 3. ABCD 4. ABCD

三、简答题

1. 按照旅游业务的分工，旅行社的业务范围可以分为：旅游经营业务、旅游批发业务、旅游零售业务、特殊旅游业务和旅游代理业务。

2. 旅游产品的特点是不可储存、不可转移，所以旅游业对供求关系的影响特别敏感。同时旅行也会受到政治、经济、物价、安全、疾病等因素影响。

项目二

一、填空题

1. 20　2. 旅行社　3. 有限责任公司、股份有限公司、个人独资企业、合伙企业　4. 3　5. 3 年 50%

二、选择题

1. D　2. C　3. B　4. D

三、简答题

1. 设立国内旅游业务和入境旅游业务的旅行社条件包括：①有固定的营业场所(拥有产权的营业用房，或者申请者租用的，且租期不少于 1 年的营业用房)；②有必要的营业设施(拥有两部以上的直线固定电话；拥有传真机、复印机；具备与旅游行政管理部门及其他旅游经营者联网条件的计算机)；③有不少于 30 万元的注册资本；④有必要的经营管理人员和导游；⑤具备缴纳 20 万人民币旅游服务保证金的能力；⑥符合法律、行政法规规定的其他条件。

2. 30 万。

3. 经营出境旅游业务的旅行社要具备下列条件。①旅行社取得经营许可权满两年；②未因侵害旅游者合法权益受到行政机关罚款以上处罚。

项目三

一、选择题

1.C　2.C　3.C

二、简答题

1. 申请设立旅行社，应提交法定的文件有：①申请书。内容包括申请设立旅行社的中英文名称及英文缩写、设立地址、公司类型、出资人、出资额和出资方式等。②设立旅行社可行性报告。可行性报告需反映申请人对市场情况、自身实力和旅行社发展前景等情况的估计和预测。③旅行社章程。内容包括旅行社名称、地址、联系方式；旅行社设立、变动、歇业和破产决策；旅行社的经济性质、注册资本和资金来源；旅行社的宗旨、目的和经营范围；组织机构及原则、劳动用工及人事管理、分配方案；财务管理制度；章程修改程序等。④旅行社法定代表人(经理)履历表。⑤银行账户开具的资金信用证明和《验资报告》。⑥经营场所证明。⑦经营设备情况证明。⑧工商行政管理部门出具的《企业名称预先核准通知书》。

2. 旅行社设立分社的，应当向分社所在地的工商行政管理部门办理设立登记，并自设立登记之日起 3 个工作日内向分社所在地的旅游行政管理部门备案。旅行社分社的设立不受地域限制。分社的经营范围不得超出设立分社的旅行社的经营范围。

项目四

简答题

1. 这种结构模式的特点是权力集中，上下级之间实行单线从属管理，业务部门和管理部门按照职能进行分工。其优点是：部门之间分工明确，每个员工从事自己熟悉的工作，熟练度提高后，容易成为业务骨干，这会大大提高工作效率，从而稳定公司内部的组织结构，减少了员工在部门间的流动，管理效率也很高。但这种模式也有缺点：员工内部流动性减少，不同职能部门的员工长期在某个部门工作，容易形成固定行为模式，形成本位主义，削弱旅行社实现整体目标的能力。同时，职能部门权力过大，容易干扰直线指挥命令系统，可能增加管理费用。此外部门之间的协调难度会加大，各部门以各自利益为主，内部矛盾会比较难协调。

2. 目标任务原则、命令统一原则、分工协作原则、精干高效的原则。

项目五

一、填空题

1. 需求；供给；竞争对手；环境　2. 交通方式　3. 旅游路径　4. 安全

二、判断题

1. 错误 2. 正确 3. 错误 4. 错误 5. 正确

三、单选题

1. D 2. C 3. C 4. B

四、多选题

1. BCDE 2. ABCDE 3. ABCD

项目六

一、填空题

可支配收入；闲暇时间

二、判断题

1. 正确 2. 错误

三、单选题

1. D 2. C

四、多选题

1. ABCDE 2. ABCDE 3. ABCDE

项目七

一、填空题

1. 阳光，sun；沙滩，sand；海水，sea 2. 森林；山；水 3. 实践；教育 4. 乡土乡情；县情市情；省情国情

二、判断题

1. 错误 2. 正确 3. 正确 4. 错误 5. 错误 6. 正确 7. 错误 8. 错误 9. 错误

模块二

项目一

一、选择题

1. A 2. D 3. D 4. A

二、名词解释

1. 指新产品以远高于产品成本的价格投放市场的策略。旅行社采取高价投放策略旨在迅速收回投资并取得丰厚利益。这种定价策略如同从鲜奶上撇取奶中精华——乳酪一样，故称“撇脂定价”。

2. 是指在新产品上市初期，将产品价格定得低于预期价格，以扩大市场占有率为目标的定价策略。

三、问答题

1. ①确定定价目标；②测定需求量；③量本利分析；④分析竞争者价格及产品；⑤选择定价方法；⑥确定最终价格。

2. 其优点在于：①能提高产品的价格，树立高价高质形象；②满足游客求名心理，可以在较短时期内收回成本，获取高额利润；③为旅行社留下降价的余地。其缺点在于：①新产品上市，未被了解，高价令人望而生畏，难以销售；②高价高利容易诱发竞争，吸引竞争者加入，加剧竞争；③适于少数高档知名产品，可能给消费者留有暴利的印象。因此，撇脂定价策略一般适合于新产品投放于市场初期，若要长期采用这一策略，产品需要不断进行创新。

四、案例分析

(1)成本导向定价法。 (2)略

五、实训操作题(略)

项目二

一、选择题

1. B 2. ABCD 3. ABCD 4. ABC 5. B

二、问答题

1. 间接销售的优点是：①影响面广。旅游中间商往往在客源地区拥有销售网络或同当地的其他旅游机构保持着广泛的联系，能够对广大的潜在旅游者施加影响。②针对性强。旅游中间商对所在地区旅游者的特点及其需求比较了解，能够有针对性地销售最适合旅游者需要的产品。③销售量大。旅游中间商是以盈利为目的、专门经营旅游业务的企业，具有较强的招徕能力，能够批量地购买和销售旅行社产品。

间接销售的缺点是：销售成本高。由于销售渠道中存在着一个或多个中间环节，导致旅行社产品的最终价格提高，容易对旅行社产品的销售量造成某些消极影响。

2. 直接销售渠道的优点：生产者可以了解旅游者意见；节省了中间环节费用；电话、网络销售突破了时空限制。缺点：生产者与旅游市场接触面有限，销售量有限，适应于生产规模小或接待量有限的企业。

间接销售渠道的优点：增加营销渠道销售环节，有利于把旅游产品快速推向市场，可以把旅游产品分销到更大的范围和更远目标市场，适用于规模大的旅游企业，生产规模小或供给能力有限的旅游企业不宜采取这种渠道模式。缺点：销售范围进一步扩大，渠道费用上升，管理成本高。

3. ①旅游法规及相关政策；②市场环境；③旅行社自身的实力条件；④旅行社

产品；⑤目标市场的距离；⑥旅游中间商的状况。

项目三

一、名词解释

1. 旅行社产品促销是旅行社为了鼓励消费者购买自己的旅游产品，运用各种推销方法与手段，将旅游产品的有关信息及时传递给客源市场中间商和潜在的旅游消费者，从而促进旅游产品销售、实现旅游产品价值的过程。它是旅行社借助各种媒介将旅游地、旅行社及旅游产品的有关信息传播给潜在购买者，促使其了解、信赖并购买旅游产品，以扩大销售的一种活动。

2. 广告促销是通过媒体将旅行社产品介绍给潜在消费者，激发其购买欲望，促进旅游产品销售，提高旅行社经营效益的宣传推介活动。

二、问答题

1. ①硬性广告销售方式；②软性广告销售方式；③直客销售方式；④门市销售方式；⑤展台销售方式。

2. ①提供旅游信息，沟通供求关系；②突出产品特色，强化竞争优势；③树立良好声誉，巩固市场地位；④刺激旅游需求，引导旅游消费。

3. ①旅行社广告促销；②旅行社人员推销；③旅行社公共关系；④旅行社销售促进。

项目四

一、名词解释

1. 旅行社产品售后服务是指在旅游者结束旅游活动后，旅行社为稳定和巩固老客户所做的一系列诸如征询意见、解决投诉、加强联系、积分奖励等工作，旨在主动解决客人遇到的问题和加强同客人的联系。

2. 显性投诉是指旅行社的顾客为了维护自身和他人的合法权益，以书面或口头等公开的形式向有关旅游行政管理部门或者旅行社提出投诉、请求处理的行为。

3. 隐性投诉是指当旅游者对旅行社的接待服务或有关接待人员不满时，旅游者不向有关主管部门或旅行社提出投诉，而是以“用脚投票”的方式来表达不满，具体而言就是不再购买该旅行社的产品，或者传播旅行社的负面形象。

二、问答题

1. ①积极处理投诉；②回访电话；③寄送意见征询单；④组织旅行社开放日活动；⑤游客招待会。

2. 一是高度重视，平等对待。二要仔细倾听，耐心对待。三要尊重客人，查清事实。四要积极反映，迅速答复。五要记录在案，积极改进。

3. 旅行社产品售后服务对旅行社保持已有客源和开拓新的市场都至关重要，

多种多样的售后服务有利于旅行社多途径争取每一位顾客，有利于旅行社产品的销售。做好售后服务工作，有助于提高旅行社的美誉度，培育客户对品牌的忠诚度；有助于改进产品设计、销售工作等中存在的问题；有助于扩大客源市场。

项目五

简答题

1. 计调业务是旅行社经营活动的重要环节；计调业务是旅行社实现降低成本的重要因素；计调业务实际是旅行社的经营内容。

2. 计调在提升旅游服务质量中的核心作用表现在：承担着旅行社产品开发设计工作；组织协调并保障旅行社业务正常运转；确保旅行社的采购渠道，并实行成本控制；监控旅游活动全过程；负责旅游活动结束后的收尾工作。

项目六

一、填空题

1. 铁路、公路、航空　2. 游览景点

二、简答题

经过考察确定采购对象；与酒店签订合作协议；整理相关资料交给相关部门；落实订房工作；报账结算。

项目七

一、填空题

汽车

二、简答题

1. 接听国内组团社或本地客人的咨询电话；确定旅游线路；询价、计价、报价；与国内组团社签合同；计划登录；编制团队动态表；向各接待单位发送计划；向国内组团社确认计划；编制概算；下达计划；选派地陪；编制结算；接团及监督管理；送团管理；报账登账；归档总结；售后服务。

2. 接听客人的咨询电话；介绍或设计旅游线路；询价、计价、报价；与游客签合同收全款；编制团号；向地接社预报计划；编制结算；订票作业；督促接待社书面确认；发出正式计划；选派全陪；最终确认；付款；发出团通知书；发团及管理；送团管理；报账登账；归档总结；售后服务。

项目八

一、填空题

1. 计价加利润法；利润分摊法　2. 双人标准间

二、操作题

1. 车：【接机 1 次×500 元+4000 元】/25 人=180 元/人

门票及观光车：510 元/人

住宿：【200+180×2 晚+180】/2 人=370 元/人，单房差 370 元

餐：8 正×20 元=160 元/人(餐标：20 元/人/餐)

导游服务费：100 元/人

保险：10 元/人

四川康辉内部计价=180+510+370+160+100+10=1330 元/人　单房差 370+80=450 元

2. 报价=1330+150=1480 元/人

项目九

一、理论测试题

1. 旅游计划的制订、与接待社的洽谈、对团队旅行游览全过程的质量监督、旅游结束后的总结控制

2. 旅游团(者)基本情况和要求、日程安排、旅游团(者)名单

二、实训操作题(略)

项目十

1. 准备时间短、日程变化小 、消费水平差别大 、讲解难度小。

2. 行李丢失、行李漏接或错送、行李破损

3. 单项委托业务、旅游咨询业务、选择性旅游业务

4. 批量小、批次多、预定期短、要求多、变化多

项目十一

1. 以地接社在客源地设立的联络处或者办事处为主导的批发商形态；以大型组团社包机(专列)为主导的客源地区批发形态；组团社与地接社密切合作的客源地总代表批发商形态

2. 单一旅游产品批发；机票+酒店商务度假产品批发；常规观光旅游产品批发；主题旅游产品批发

项目十二

1. 介绍旅游产品；提供旅游咨询服务；销售旅游产品；整理业务文件

2. 示范法；感知法；多种类出示法

项目十三

1. 导游服务独立性强、导游服务知识面广、导游服务差异性大、导游服务关联度高

2. 满足游客需求的原则、效益原则、按合同行事原则、合理而可能原则

项目十四

1. 漏接、空接、错接

2. 旅游团(者)要求变更计划行程、客观原因需要变更计划和日程

模块三

项目一

一、理论测试题

1. 旅游电子商务的特点：①超越空间限制；②信息实时更新；③成本相对稳定；④快捷方便，交互性强；⑤系统性；⑥系统内容和系统容量的扩展性强；⑦注重安全。

2. 旅游电子商务的主要功能：①实现旅游企业信息的网络传播与集成；②实现旅游企业的网络营销；③实现旅游企业客户关系的网络化管理；④实现旅游企业的电子化交易与合作。

3. 发展旅行社电子商务应遵循的原则：①确立“商务为本”的思想；②加速企业信息化建设；③适应与创新相结合；④建立以大型旅行社为核心的电子商务体系。

二、实训操作题(略)

项目二

一、填空题

1. 股东　2. 组织、指挥、监督

二、简答题

1. ①以利润最大化为目标；②以财富最大化为目标；③企业财富和社会效益最大化。

2. 财务预测、财务决策、财务计划、财务控制、财务分析。

项目三

一、填空题

1. 综合服务费、房费、餐费、交通费

2. 收入；支出

二、简答题

组团营业收入，主要包括综合服务费、房费、餐费、交通费等。为了实现利润最大化，旅行社要尽可能坚持收费后再接待的原则，要求旅行者或团体在出游前必须缴清旅行费用，否则取消其旅行资格。旅行社在核算营业收入时，要根据与旅行者或地接社达成的协议审核其旅行费用，完成核算任务。

三、实训操作题

74 元×25 人×2 天+88 元×25 人×2 天=8100 元。

项目四

一、填空题

1. 旅行社主营业务成本　2. 管理费用　3. 分解法、定额法、预算法。

二、简答题

1. 部门核算是以旅行社内部直接创造利润的业务部门作为核算对象，按部门归集和分配费用，计算出各部门盈亏情况的一种核算方法。采用部门核算法有利于旅行社认清自已在国内、海外的市场占有率，为企业经营管理及市场开发决策提供依据。同时提高各部门的工作积极性，增强内部的竞争意识，全面提高旅行社的经济效益。该方法适用于大型旅行社的成本费用核算。

2. ①固定成本。固定成本是不随业务量变动而保持稳定不变的成本，如工资、福利费折旧费、保险费等。②变动成本。变动成本是指总额随业务量变化而保持正比例变动的成本，如物料消耗、水电费等。

项目五

一、填空题

1. 综合服务费　2. 业务量、销售价格、固定费用、变动费用　3. 股份制；非股份制

二、简答题

1. 综合服务费收入、房费收入、城市间交通费收入、专项附加费收入、单项服务收入。

2. 一是企业的主营业务收入应如何确定以及有哪些开支可作为成本费用在税前列支。二是旅行社财务成果应如何分配。要做到税金按时足额上缴，企业留存和

利润分配同步、协调发展。

项目六

一、理论测试题

1. 广义上，人力资源是指能够独立参加社会劳动，推动整个经济和社会发展的人口总和，包括劳动年龄内具有劳动能力的人口和劳动年龄外参加社会劳动的人口。对于企业来讲，人力资源是指能够推动企业的发展，有利于企业实现其预期经营目标的员工的各种能力的总和。

2. 人力资源的开发管理是涉及旅行社生存与发展全局的战略性问题。旅行社必须充分认识加强人力资源开发与管理的主要意义。①加强人力资源的开发与管理是增强旅行社市场竞争力的需要。②加强人力资源的开发与管理是旅行社吸引优秀人才的需要。③加强人力资源的开发与管理是调动员工积极性，充分挖掘员工潜能的需要。

二、实训操作题(略)

项目七

一、理论测试题

1. 主要步骤包括制订用人计划、开展招聘活动、挑选及录用员工。

2. 旅行社员工培训主要包括职业道德培训、知识培训、能力培训。其中，职业道德培训是旅行社人力资源培训的一项重要内容，使员工了解国家发展旅游业的意义和旅行社在旅游业中的作用，帮助员工树立主人翁意识、职业自豪感和荣誉感。知识培训使员工掌握工作所必需的大量旅行社专业知识、旅游理论知识、相关学科知识、旅游法规知识，实现旅行社人力资源的现代化和知识化。能力培训使员工掌握完成本职工作所具备的各种能力，主要包括业务能力、管理能力、经营能力、学习能力。

二、实训操作题(略)

项目八

一、理论测试题

1. ①明确化、公开化的原则；②客观评价的原则；③单头考评的原则；④反馈的原则；⑤差别的原则。

2. 旅行社考评的具体目的不同，考评的种类也各不相同。常见的对员工的考评可分为以下几种。①职务考评。职务考评主要从两方面入手：一是考察员工对本职工作的熟练程度；二是考察员工的工作能力和适应性，以决定是否需要调动工作或职务调整。伴随着职务的调整，可能带来岗位职务工资的变化。②奖金考评。奖金是超额劳动的报酬，奖金考评实际上是对员工工作成绩的客观考评。③提薪考评。提薪考评的结果会影响员工的收入。但它与奖金考评不同。奖金考评是“回顾性”的，是根据被考评者过去的工作成绩决定报酬的多少；提薪考评则是“展望性”的，是预计被考评者今后可能发挥多大的作用，以决定未来相应的工资水平。提薪考评既然是预计今后可能的贡献，当然要参考过去的工作成绩，同时还要对工作能力的提高程度作出评价。④晋升考评。这是对晋升对象的特殊考评。晋升工作关系到旅行社管理者队伍的素质，关系到旅行社的发展前途，因此历来受到旅行社的高度重视。晋升考评是对被考评者的全面、综合的考评，主要依据是平时积累的考评资料。晋升审查过程中的重点内容也是依据平时的考评资料确定的。

二、实训操作题(略)

项目九

(1)公平性原则。公平性是制定报酬制度的首要原则。员工对报酬分配的公平感是影响巨大而又十分敏感的因素。强烈的不公平感会使员工士气低落、工作消极，使工作突出者的积极性受到打击，造成人际关系紧张、人才外流，妨碍旅行社的稳定和发展。

(2)竞争性原则。这是指旅行社的报酬标准在社会上和人才市场中要有吸引力，能够吸引和招聘到旅行社所需要的人才。

(3)激励性原则。报酬制度要贯彻按劳分配、多劳多得的原则，破除平均主义。否则，只能保护落后、奖懒罚勤，使报酬失去激励作用。

(4)经济性原则。提高旅行社的报酬水平，固然可以提高其竞争力和激励性，但同时也会导致人力成本的上升。所以，旅行社在制定报酬制度时要充分考虑经济制约因素，权衡成本与工作绩效的关系，使报酬的增长低于利润的增长率。

(5)合法性原则。旅行社的报酬制度一定要遵守国家的法律、法规和政策，特别要符合《劳动法》等。

项目十

一、理论测试题

旅行社企业文化主要由企业目标、企业价值观、企业道德、企业精神、企业民主、企业制度、企业环境、企业形象等要素构成。

二、实训操作题(略)

参考文献

[1]赵西萍．旅游企业人力资源管理[M]．天津：南开大学出版社，2001.
[2]利娌．模拟导游实训教程[M]．长春：东北师范大学出版社，2006.
[3]陈永发．旅行社经营管理[M]．北京：北京高等教育出版社，2008.
[4]姜锐，姜华．旅行社经营管理[M]．北京：冶金工业出版社，2009.
[5]刘建章，刘光荣．旅行社运营管理实务[M]．西安：西北工业大学出版社，2010.
[6]周艳春．旅行社运营操作实务[M]．上海：上海交通大学出版社，2011.
[7]师清波．旅行社经营与管理[M]．北京：中国铁道出版社，2012.
[8]陈锡畴，胡华．旅行社经营管理[M]．北京：机械工业出版社，2014.
[9]万剑敏．旅行社产品设计[M]．北京：旅游教育出版社，2014.
[10]黄宝辉．旅游线路设计实务[M]．长春：东北师范大学出版社，2014.
[11]胡宇橙．旅行社经营管理[M]．北京：清华大学出版社，2014.
[12]李娌．旅行社经营管理(第二版)[M]．北京：高等教育出版社，2014.
[13]郑向敏．旅行社计调业务[M]．上海：上海交通大学出版社，2014.
[14]毛惠媛，刘心．旅行社经营管理[M]．北京：清华大学出版社，2016.
[15]齐洪利．主编旅行社经营管理实务[M]．大连：大连理工出版社，2016.
[16]袁鹏，王晓娟，徐婷婷．旅行社经营管理[M]．成都：电子科技大学出版社，2018.
[17]祝胜华，何永生．研学旅行课程体系探索与践行[M]．武汉：华中科技大学出版社，2019.
[18]肖晓燕．旅行社经营管理[M]．北京：北京邮电大学出版社，2019.